Barbara Langmaack

EINFÜHRUNG IN DIE THEMENZENTRIERTE INTERAKTION

Das Leiten von Lern- und Arbeitsgruppen
erklärt und praktisch angewandt

Über die Autorin:
Barbara Langmaack ist Ehe- und Lebensberaterin in Hamburg. Sie berät Firmen in Organisations- und Konfliktsituationen war neben der Fortbildungstätigkeit ihr Hauptarbeitsfeld. Sie hat mehrere Arbeiten und Bücher zur Themenzentrierten Interaktion veröffentlicht. Bei Beltz lieferbar sind auch ihr Lehrbuch »Wie die Gruppe laufen lernt« (gemeinsam mit Michael Braune-Krickau), das 2009 in 8., vollständig überarbeiteter Auflage erschien und ihr Buch »Soziale Kompetenz – Verhalten steuert den Erfolg«.

Dieses Buch ist erhältlich als:
ISBN 978-3-621-28549-0 Print
ISBN 978-3-621-28550-6 E-Book (PDF)

6., neu ausgestattete Auflage 2017
5. Auflage 2011

Umschlagabbildung: www.stefanielevers.de (Gestaltung),
Stephan Engelke (Beratung), nach einem Entwurf von Katrin Dommermuth, Hamburg
Satz: Druckhaus »Thomas Müntzer«, Bad Langensalza
Druck und Bindung: Beltz Bad Langensalza GmbH, Bad Langensalza
Printed in Germany

Weitere Informationen zu unseren Autoren und Titeln finden Sie unter:
www.beltz.de

Inhalt

Zu wissen, dass wir zählen
mit unserem Leben
mit unserem Lieben
gegen die Kälte.
Für mich, für Dich, für unsere Welt.
RUTH COHN

Diese Verse von Ruth Cohn, die mit ihrer ersten Zeile zugleich Titel ihres Gedichtbandes sind, sind die meistzitierten Worte in den vielen Nachrufen nach ihrem Tod am 31. Januar 2010.

Diese Verse drücken in einem Satz aus, was lebendig zu vermitteln auf den Seiten dieses Buches versucht wird.

Wer weiß denn noch verbindlich, dass seine Person zählt?

Zählen wir doch auf, für wen wir zählen: Der eine, der uns einfällt, ist wichtig. Und wenn uns keiner einfällt?

Ruth Cohn hätte gesagt: »Dranbleiben!«

Abb.: Dr. Ruth Cohn, Hasliberg, Juli 1999. © J. vom Scheidt, München

Vorwort

Dieses Buch wird zum fünften Mal in der Taschenbuchreihe aufgelegt. Die Leitlinien der Themenzentrierten Interaktion, so wie ich sie dargestellt habe, stimmen weiterhin in ihrer ursprünglichen Aussage.

In einigen Kapiteln wird deutlich, dass seit der letzten Auflage die Zeit in schnellem Tempo weitergegangen ist, vor allem durch einschneidende Veränderungen auf dem Arbeitsmarkt und in der Arbeitsgestaltung sowie in der Gestaltung von Leben und Zusammenleben.

Beides, die Kontinuität von Inhalt und Aussage und das Reagieren auf Wandel und Veränderung von außen, gehört zum Grundgedanken von Ruth Cohn und von TZI.

Neben dem Streben nach ganzheitlichem Denken und Handeln, ausgedrückt im Ich-Wir-Es-Dreieck, steht das Wissen um die Störungsdynamik weiterhin im Mittelpunkt. Im Wesentlichen sind es diese beiden Strukturelemente zusammen mit der ethischen Grundeinstellung, ausgedrückt in den Axiomen, die das stabile Standbein der TZI ausmachen. Das Spielbein, das Einflüsse aus dem Umfeld und von einzelnen Persönlichkeiten aufgreift, will mitgestalten. Es ist der politische Ansatz, der versucht, Krisen als mögliche Chancen zu sehen und zu nutzen. So sind die Kapitel 5, 6 und 8 in besonderer Weise Indizien für die momentane rasche Veränderung in Wirtschaft und Politik sowie im Sozialgefüge. Sie verdienen von daher besondere Aufmerksamkeit. Mehr als die anderen Texte, aber gestützt durch sie, stehen diese Kapitel im Brennpunkt der Aktualität. Der Veränderung dem Umfeld entsprechend finden sich in Kap. 17 sowohl beibehaltene wie auch neue Praxisbeispiele.

Im begonnenen neuen Jahrtausend scheinen die Welle des persönlichen Aufbruchs und die Welle des wirtschaftlichen Wachstums der Siebzigerjahre abgeebbt zu sein und nicht mehr selbstverständlich. Verloren gegangen ist dabei auch ein großer Teil der autonomen Lebensgestaltung, die u. a. durch Berufswahl und Wahl des Lebensumfeldes ihren Ausdruck findet. Fast schwerwiegender noch zählt, dass die Finanzierung von sozialem Engagement eine Grenze von Bezahlbarkeit erreicht zu haben scheint – oder ist es doch eine Frage der Prioritäten- und Wertesetzung?

In diesem Zuge geraten auch Qualifizierung und Fortbildung in eine Rezession und das zu einem Zeitpunkt, an dem sie dringender denn je nötig wären, um Menschen zu helfen, konstruktive Antworten auf die neuen Herausforderungen auf dem Arbeitsmarkt zu finden.

1994 erschreckte die Zeitungsnotiz »An Frühpensionierung führt kein Weg vorbei« viele Menschen im mittleren Alter. Nicht nur in Japan waren damit 41- bis 51-Jährige gemeint. Heute – 2010 – wird diese Nachricht erweitert durch Überlegungen, das Ende der Berufstätigkeit nach oben hin zu öffnen. Immer öfter hört man die Benennung »Senioren« für Menschen ab 55, wobei gar nicht übersehen werden kann, dass 65-Jährige in der Regel keine »alten Leute« sind. Unter diesem Gesichtspunkt bekommt die Falldarstellung in Kapitel 4.3 noch einmal eine andere Dimension.

Der Globe, diese zweifache Bedeutung von Weltall und Augapfel, stellt uns verstärkt vor die Aufgabe, ohne Resignation die Balance zu suchen zwischen den Anforderungen des anfälligen Wirtschafts- und Politikklimas und der Fürsorge für den eigenen Augapfel als sensibles Organ und Symbol für das eigene Selbst. Dabei ist das Wissen um die anderen und um das Verbundensein mit ihnen unerlässlich.

TZI wird im Wesentlichen durch die Lehre und durch das Handeln der Lehrenden vermittelt. So können diese Texte bei der Allgemeingültigkeit auch nur Texte aus meiner Sichtweise sein, mit denen ich zugleich die Anregung gebe, auch bei anderen TZI-Lehrern und Interpreten zu schauen, zu erleben und zu lernen, die jetzt aktiv am Gestalten und Verbreiten der TZI beteiligt sind.

In der vorliegenden Auflage ist neben aktuellen Praxisberichten ein neues Text-Kapitel dazugekommen.

Es widmet sich der Entwicklung der Methode und versucht eine Einschätzung der Weiterverbreitung der TZI.

Einige Denkanstöße, wie die TZI auch in der Laptopgesellschaft auf die Lebens- und Arbeitsgestaltung Einfluss nehmen kann und einer Automatisierung das notwendige Gegengewicht zu psychisch erfüllendem Leben zur Seite stellt, sollen darauf hinweisen, wie das Umfeld der bedeutende Impulsgeber für die Anwendung der TZI bleibt.

Barbara Langmaack, Hamburg im September 2010

1 Zum Aufbau dieses Buches – Wo findet der Leser was?

Der Hauptinhalt dieses Buches soll das Konzept der TZI sein, welches einen Kompass anbietet, der Einzelnen oder Gruppen hilft, ethische Normen und zeitgemäße Wertorientierungen zum Maßstab ihres Denkens und Handelns zu machen.

Das Konzept der TZI allein als Methode darzustellen käme einem Hausbau gleich, dem das Fundament fehlt und der ohne Einbindung in die Umgebung dastehen müsste. Die TZI lebt von der Zusammengehörigkeit von Haus, Dach und Fundamenten, auf die die Umgebung Einfluss nimmt. Sie ist ein aus Axiomen, Postulaten und dem Vier-Faktoren-Modell bestehendes Ganzes.

Im folgenden Kapitel dieses Buches findet sich vor einer Einführung in das gesamte Ensemble die Einladung an die Leser, den persönlichen Lebensweg der Finderin und Lehrmeisterin der TZI, Ruth Cohn, nachzuvollziehen. Die drängende Frage nach gesund erhaltenden Lebensumständen und mehr Lebendigkeit, die sie sich stellte, führte letztendlich dazu, dass dieses Konzept so wurde, wie es wurde, und viele Menschen erreichte.

Im Text findet sich ein Abschnitt, der mit »Stammbaum der TZI« überschrieben ist. Damit ist die Frage nach dem gemeinsamen Nenner der Humanistischen Psychologie und dem Bindeglied der dort angesiedelten Methoden untereinander neu gestellt. Was ist Kern dieser Verfahren und wo knüpft Ruth Cohn mit der TZI an, womit beansprucht sie einen eigenen Ansatz, womit bereichert sie den humanistischen Gedanken?

In Kapitel 3 ist von den Axiomen als Fundamenten der TZI zu lesen, wonach wir uns in den Kapiteln 4 bis 16 der TZI als Kompass zum Leben, Arbeiten und Lernen zuwenden, ehe die Texte in Praxisbeispiele münden. Es ist von einzelnen Bausteinen die Rede, so von der Ich-Wir-Es-Balance, dem Globe, den Postulaten und der Themenfindung.

Auch zur Rolle und zum Selbstverständnis leitender Menschen finden sich hier TZI-orientierte Anregungen.

Einen Exkurs in die Praxisanwendung der TZI in verschiedenen Berufsbereichen bietet das Kapitel 17. Dabei soll deutlich werden, dass es sich um ein Konzept handelt, welches den Zielgruppen und den Arbeitsaufträgen entsprechend variabel anwendbar ist. Dieses Buch ist kein Leitfaden zum Planen und Leiten von Gruppen. Wer hier mehr erfahren möchte, sei hingewiesen auf Langmaack und Braune-Krickau, »Wie die Gruppe laufen lernt« (2010), im gleichen Verlag. Dort findet sich ein Leitfaden für die Durchführung von Seminaren unterschiedlicher Zielgruppen und Arbeitsaufträge auf der Grundlage der TZI.

TZI – gestern – heute und morgen Praxisanwendung im 21. Jahrhundert

Die TZI ist in den mehr als 30 Jahren, in denen sie in Europa gelebt und gelehrt wird, eine der bekanntesten Vertreterinnen der Humanistischen Psychologie geworden.

In vielfältigen Seminaren können persönliches Wachstum und Qualifizierung für den Beruf erworben werden. Auch das Lehren von TZI kann ein weiterer Ausbildungsschritt sein.

Als Ruth Cohn in den 70er-Jahren nach Europa kam, ging es dort im sozialen und politischen Gefüge um andere Inhalte als heute: Sie kam in ein geteiltes Deutschland, in dem der Krieg äußere sichtbare Schäden hinterlassen hatte, und – es wurde rasch für sie spürbar – vor allem deutliche Spuren in den Menschen. Sie traf auf eine Generation, die die Verbrechen des Krieges miterlebt hatte, im eigenen Leben als Kind oder junger Erwachsener. Aus diesem Erleben heraus waren sie am Wiederaufbau unmittelbar beteiligt. Mehr noch als nach wirtschaftlichem Aufbau wuchs das Bedürfnis nach autonomer psychischer Ausdrucksform. Erst einmal angestoßen, wurde die Anregung »Du darfst, du kannst …, sei du selbst«, zu der Ruth Cohn Lust und Mut machte, fast gierig aufgegriffen.

In den 80er-Jahren wurde dieses Drängen nach Emanzipation durch den Blick auf ein systemisches Weltbild und auf den Menschen als Beziehungswesen erweitert.

»Es war Glück und Zufall, dass TZI in diese geschichtliche Epoche traf«, sagte Ruth Cohn zur relativ raschen Verbreitung der TZI in diesen ersten Jahren in Europa.

Entsprechend dem damals noch wenig strukturierten Ausbildungskonzept sahen auch die Profile der ersten Ausbilder anders aus, bunter, exzentrischer, mutiger, sicher auch experimentierfreudiger. Sie hatten näher noch an der eigenen Person oder der ihrer Eltern erlebt, wie es sich anfühlt, nach auferzwungenen Wertsetzungen zu leben.

Diese Freiheit der TZI-Umsetzung, wie diese Lehrgeneration sie lebte, ist heute nicht mehr zu finden. Im 21. Jahrhundert geht es nicht mehr in erster Linie um persönliche Freiheit, wohl aber um konstruktive Verbundenheit mit Menschen und Systemen. Die gesellschaftliche Großlage ist ebenso einem Wandel unterlegen wie die sehr subjektive Anspruchslage des Einzelnen. Identität und Zugehörigkeit werden gefordert und zugleich verschlissen.

Aber die Grundgedanken und Anregungen der TZI werden sich auch bei weiterer Globalisierung nicht ändern. Es wird weiterhin darauf ankommen, die gesellschaftliche und ökonomische Großlage kleinschnittig so zu gestalten, dass der Globe, dieses Weltall und dieser Augapfel zugleich, am Leben bleibt und den Einzelnen individuell sein lässt.

Schon 1992 hat Ruth Cohn geäußert: »Ich halte es für möglich, dass in 50 Jahren die TZI nicht mehr angemessen ist.« Vielleicht aber wird man dann erst recht – in 50 Jahren – begeistert sein von der Einfachheit und Direktheit der TZI und ihr zentrale Bedeutung geben in einer medialen Welt.

2 Einstieg und aufmerksam werden

1. Was ist und wie entstand Themenzentrierte Interaktion?

> *»Zu wissen, dass jeder Mensch zählt, ob schwarz, weiß, rot, gelb oder braun. Die Erde zählt. Das Universum zählt. Mein Leid zählt, Dein Leid zählt. Wenn du dich nicht um mein Leid scherst und mir dein Kummer gleichgültig ist, so werden wir beide von Hunger, Massenmord, Krankheit ausgelöscht werden.«*
> *RUTH COHN*

In diesem Credo ist die Philosophie der Humanistischen Psychologie ausgedrückt, deren Wertmaßstäbe und Handlungsanweisungen auch Leitlinie für die *Themenzentrierte Interaktion* sind. Diese ist inzwischen unter dem Kürzel TZI im Lehr- und Lernbereich, im therapeutischen und sozialen Arbeitsfeld und in Wirtschaft und Politik als eine Methode des lebendigen Lernens bekannt geworden, die individuelle, zwischenmenschliche und sachliche Aspekte zu einem Konzept verbindet, das alle Chancen hat, Lebens- und Arbeitsprobleme nicht nur vordergründig auf der intellektuellen oder technischen Ebene zu verstehen und zu lösen, sondern Kopf, Herz und Hand gleichermaßen als am Geschehen beteiligt anzusehen und einzubeziehen. Andersherum ausgedrückt wird jedes Geschehen im Leben immer im Zusammenspiel von Verstand, Emotion, Körperwahrnehmung und Beziehung gestaltet und gewinnt erst aus allem im Verbund seine Bedeutung. Gleichzeitig wirkt die Umwelt, in der es geschieht, in das Geschehen hinein. Dieses Zusammenspiel und seine Untrennbarkeit zu akzeptieren, handzuhaben und Nutzen aus ihm zu ziehen, dazu bietet TZI ein Konzept an. Es ist vornehmlich Anregung und Leitfaden für die Praxis des täglichen Lebens, Lernens, Arbeitens und nicht eigentlich als therapeutische Methode konzipiert. In ihrem oben genannten Credo zielt sie allerdings auf Verhaltensänderung sowie auf Bewertungsänderung und erzielt damit allerdings nicht selten therapeutische Wirkung.

Der intellektuell klingende Name *Themenzentrierte Interaktion* wurde tatsächlich zunächst, so erzählt Ruth Cohn, die Urheberin der TZI, im Nachdenken darüber gesucht und gefunden. Er gewinnt schnell an Praxisbezug, wenn wir wissen, dass TZI dazu dient, Themen, Lernstoff, Sachen, Ideen, Zielformulierungen und andere Aufgaben ins Zentrum der beteiligten Personen zu stellen *(themenzentriert)*, um diese dann im Hin und Her zwischen allen Beteiligten zu bearbeiten *(interaktionell werden zu lassen)*. Darüber hinaus setzt sich die TZI mit diesem Namen sowohl von »themenlosen« Therapiegruppen wie auch von akademischen Arbeitskreisen oder Konferenzen ab. Erstere präferieren den Einzelnen und sein Thema, für die anderen beherrscht das Thema, an dem die Gruppe arbeitet, die Personen. So genannter »Stoff« wird per Einwegkommunikation vermittelt.

Die Theorie und die Methodik der TZI verdanken wir der Psychotherapeutin Ruth Cohn, die sie von 1955 an in den USA entwickelte. Ruth Cohn arbeitete zunächst ausschließlich im therapeutischen Rahmen und hatte wenig Kontakt zu damals sich konstituierenden nicht therapeutischen Gruppen. TZI entstand genau genommen durch Situationen und Probleme in ihrem Beruf als Psychotherapeutin und durch ihre Erfahrungen mit Kindern, mit Eltern und in Schulen. Es war Ruth Cohns Idee, mehr Menschen therapeutisch zu erreichen, als dies über die Couch des Analytikers möglich war. Sie suchte nach einem Konzept, das überall »funktioniert« und das Menschen wenn möglich uneingeschränkter leben ließ und therapeutische Betreuung nur in Ausnahmefällen nötig machte. Wie wir aus Ruth Cohns Lebensdaten (Kap. 1.2) erfahren werden, war sie schon in den Anfängen ihrer Praxis mit der Tatsache konfrontiert – die später erst recht für ihre Wahrnehmungen in Europa zutraf –, dass die Einzeltherapie nicht ausreichte, um einmal verlorene psychische Gesundheit wiederzuerlangen. Sie fragte damals und bis heute nicht danach, wie man diese Einzelbehandlung intensivieren und zugleich kostengünstiger gestalten könne, sondern stellte eine ganz andere Frage:

- »Was muss man tun, damit Menschen nicht erst in psychotherapeutischer Einzelbehandlung wieder zu relativ gesunden Menschen werden oder nur in Extremsituationen auf besagter Couch landen?«

Oder positiv ausgedrückt:

- »Dem ursprünglich gesunden Menschen ein solches Leben ermöglichen, in dem er gesund bleiben kann – wie kann das gelingen?«

Diese Frage ließ Ruth Cohn nicht mehr los, die Antwort darauf ist das Konzept der TZI, wie es hier im Zusammenhang dargestellt werden soll. Wer sich auf TZI einlässt, wird mehr als eine Methode oder bloße Moderationstechnik erfahren, auch ein Mehr an Entwicklungs- und Veränderungsanstößen für sein eigenes Leben. Die Wertehaltung der TZI macht aus einer reinen Methode eine Leitlinie für ganzheitliches Leben. Die einzelnen TZI-Elemente werden in der Lebensgestaltung spürbar.

2. Die Quelle im Blick behalten: Wer war Ruth Cohn?

»Wer ist Ruth Cohn?« hieß es noch in der vorherigen Ausgabe dieses Buches.

Ruth Cohn ist am 30. Januar 2010 im Alter von fast 98 Jahren gestorben.

Trotz der geänderten Überschrift bleibt für mich die Frage in der Gegenwartsform, denn ich kenne nur wenige sozialpsychologische Konzepte, bei denen der ethische Hintergrund, die Methode und die Person, die dieses initiiert hat und verkörpert, so untrennbar miteinander verwoben sind. Das wichtigste Instrument ist immer der Mensch und dies besonders da, wo es sich unmittelbar um Einzelne und um Gruppen und deren erfülltes Leben handelt.

Auf dem Hintergrund des Lebens und Erlebens von Ruth Cohn erhalten die Überzeugungen und Arbeitsinstrumente ihre eigentliche Berechtigung und ihr Gewicht. Nicht aus den Augen verlieren sollten wir dabei das ursprünglichste Anliegen Ruth Cohns, nämlich ein Konzept zu entwickeln, welches dem gesunden Menschen erlaubt, gesund zu leben.

»So hat uns Ruth Cohn nicht nur die TZI hinterlassen, sondern auch den Auftrag, diesen Schatz weiterwachsen zu lassen, angepasst an die Entwicklung der Menschen und des Globes«, so formulierte Matthias Kröger in seiner Trauerrede.

Ruth Cohn soll auf den folgenden Seiten auch immer wieder selbst zu Wort kommen, denn keine theoretische oder methodische Anregung kann persönliche Authentizität ersetzen. Ruth Cohns eigenes Werk »Gelebte Geschichte der Psychotherapie« ist ein kaum zu übertreffender Beweis hierfür.

In ihrem Wirken und in ihren Werken hat diese herzenskluge Frau uns mehr als eine Methode hinterlassen. Sie hat unserem Denken und Handeln unbekannte Räume geöffnet. Wer daher TZI ausschließlich als eine erlernbare Methode ansieht, dem verweigert sie sich. Die Kernaussagen der TZI müssen ins Leben integriert werden. So hat Ruth Cohn es gewollt und vermittelt.

Ruth Cohn als Repräsentantin einer geschichtlichen Epoche

1912: In einer wohlhabenden jüdischen Familie in Berlin geboren: »Meine Kindheitserinnerungen von Recht und Ungerechtigkeit, von sinnlosen Normen und Wahrheitsliebe, von Schuld, Reue und Vergebung, sie fanden Platz im Heimatrahmen eines ökonomisch sicheren und menschlich im Wesentlichen liebevollen Elternhauses.« (Cohn & Farau 1989)

1932: Als noch nicht 20-Jährige wurde Ruth Cohn mit dem Raum gewinnenden Nationalsozialismus konfrontiert.
»Mich faszinierte die Möglichkeit, Menschen, denen es schlecht ging, von ihren Leiden zu befreien und gleichzeitig ihre Lebensgeschichte kennen zu lernen. Ich betrachtete

mich damals als Lyrikerin, suchte jedoch, quasi ›nebenbei‹, nach einem ›realistischen‹ Beruf, in dem ich in oben gesagter Weise arbeiten konnte.« (Cohn & Farau 1989)

1933: Ruth Cohn verließ Deutschland als knapp 20-Jährige am 31. März, dem Tag vor dem ersten Judenboykott. Sie ging in die Schweiz, wo sie ihre Universitätsstudien fortsetzte. Zentral jedoch war das außerakademische Studium der Psychoanalyse in der Internationalen Gesellschaft für Psychoanalyse. Innerlich und äußerlich nah an den Ereignissen in Deutschland wuchs ihr Wunsch, einen Weg zu finden, um nicht nur einige wenige Privilegierte zu heilen, sondern die psychodynamischen Kenntnisse für größere Kreise zugänglich machen zu können. Ihr eigenes Erleben, ihre Lebensumstände in Berlin und als jüdischer Flüchtling blieben die emotionale Basis für ihre Suche nach solchen Möglichkeiten. »Und durch all die Studienjahre war da die quälende Frage, ob man nicht Psychoanalyse und psychodynamische Kenntnisse nutzen könne, um großen Menschengruppen zu helfen, anstatt nur einzelnen Patienten.« (Cohn 1990)

1941: Ruth Cohn emigrierte in die USA. Ihr erster Praxisraum dort war ein schäbiges Hotelzimmer. »Man hatte mir gesagt, dass appearances notwendig seien, z. B. eine Renommieradresse, um eine Praxis zu eröffnen. Dies traf nicht zu, weil ich von Anfang an nicht daran glaubte«, sagte sie zu diesem Bündel von Wichtigkeiten (Cohn & Farau 1984; Cohn 1990). Sie behielt Recht, die Patienten kamen auch ohne Renommieradresse. In ihrer Praxis – und nicht nur dort – ließ sie sich konfrontieren mit einer Situation, die nicht nur in New York und den USA galt, sondern später auch in Europa: Es gab weit mehr Menschen, die einer Psychotherapie bedurften, als es Therapeuten gab, die die notwendige Zeit und die Couch, die für all diese Menschen nötig gewesen wäre, zur Verfügung stellen konnten. Ganz zu schweigen von den Kosten, die die breite Masse gar nicht bezahlen konnte. Die Sehnsucht, diese Situation zu ändern, hat sie nicht mehr losgelassen. Damals hatte sie die Antwort auf die drängende Frage nach mehr psychischer Gesunderhaltung noch nicht gefunden. Diese formulierte sich erst Schritt für Schritt und erhielt Klarheit in einem Traum, den wir im methodischen Zusammenhang erfahren.

1946: »Man sagte mir, dass ein Gesetz vorbereitet würde, nach dem nur Ärzte Psychoanalyse praktizieren dürften, mit der möglichen Ausnahme von Kinderanalyse. So bereitete ich mich auf Kinderanalyse vor. Ich wollte nicht einsehen, dass Probleme von Kindern geringfügiger sein sollten als die von Erwachsenen, nur weil Kinder kleiner sind.«

1955: Praktisch die Geburtsstunde der TZI: ein Workshop zum Thema »Gegenübertragung«. Eine neue und für diese Zeit »unmögliche« Sache war, dass Ruth Cohn als Leiterin ihre eigenen Schwierigkeiten mit einer Patientin einbrachte.

Es war die Abkehr von der damals für Therapeuten bestimmenden »neutral-abstinenten« Haltung der klassischen Psychoanalyse; ein Mutsprung hin zu Sichtbarkeit und menschlich-partnerschaftlicher Verhaltensweise einer Therapeutin. Ruth Cohn demonstrierte Studierenden mit einem eigenen Fall ihre Schwierigkeiten mit einer Patientin. »Es war eine schwere, doch zweifellos die fruchtbarste Entscheidung meines professionellen Lebens.«

Durch eine große Anzahl solcher Gegenübertragungsworkshops führten ihr Denken und Handeln zu einer Arbeitsstruktur, die Gruppenleitenden aller Berufe und Tätigkeiten zu einer speziellen Ausbildung in dieser Weise helfen sollte.

1964: Die erste beständige TZI-Gruppe wurde gegründet. Es waren erfahrene Therapeuten, die seelische Probleme besprechen wollten und dabei die körperlichen einbezogen. »Dein Körper gehört dir!« Dieser Satz, den sie als 16-Jährige an einem Kiosk in Berlin gelesen hatte, hatte Ruth Cohn erschreckt und verzaubert zugleich und von da an nicht mehr losgelassen. »Mit der holistischen (ganzheitlichen) Auffassung vom Menschen habe ich erkannt, dass nicht nur Krankheit von jedem Punkt der Seele und des Körpers her entstehen kann, sondern auch Gesundheit.« (Cohn & Farau 1989; Cohn 1990)

1966: Mit zehn erfahrenen Kollegen Gründung des Ausbildungs- und Praxis-Instituts WILL (Workshop Institute for Living-Learning) in New York (Cohn 1990).

1969: Anlässlich eines Kongresses kam Ruth Cohn erstmals wieder nach Deutschland und machte »ihre Methode« als Referentin bei den Lindauer Psychotherapietagen bekannt. Sie fand damit unerwartet großen Anklang hauptsächlich bei Ärzten und Psychotherapeuten, von denen später mehrere die ersten TZI-Lehrer im deutschsprachigen Raum wurden.

1972: Nach Workshop-Reisen in Europas deutschsprachigen Ländern und in London: Gründung von WILL-Europa, dem europäischen Verein zur Verbreitung und Lehre von TZI mit Sitz in der Schweiz. Ruth Cohn ist in diesen Jahren »Pendlerin« zwischen Amerika und Europa, in denen sie TZI bekannt macht. Ruths Gabe, Menschen mit dem, was ihr am Herzen lag, in ihren Bann zu ziehen, kam ihr und ihrer Sache hier zugute. Sie selbst drückte es so aus: »Ich fand das Europa in den Sechzigerjahren sozusagen als ein therapeutisches Entwicklungsland vor und offen für meine Idee.«

1973: Im August 1973 begegneten sich Ruth Cohn und Werner Rietz, Leiter von verschiedenen Institutionen der politischen Bildung in Vlotho. Ruth Cohn begleitete einen Modellversuch, den Werner Rietz ins Leben gerufen hatte.
Vier Monate arbeitete sie täglich mit unterschiedlichsten Zielgruppen wie Eltern, Lehrern und Parteienvertretern und fand hier überzeugende Möglichkeiten für ihren Ansatz der »Bevölkerungstherapie«.

1974: Von diesem Jahr an lebte Ruth Cohn in der Schweiz: »Ende 1971 wurde mir klar, that you can't burn the candle at both ends.« Eine Praxis in New York und eine Lehrtätigkeit auf zwei Kontinenten wurden zu viel. »So suchte ich in Amerika und Europa nach einem Ort, an dem ich gern leben würde und wo ich am besten mit TZI arbeiten könnte. Das fand ich nach einigen anderen Versuchen in der École d'Humanité, einem internationalen humanistisch-holistischen Internat im Berner Oberland. Dies ist der Wohnsitz meines Lebens und Wirkens geworden.« (Cohn & Farau 1989; Cohn 1990)

1979: Ruth Cohns Arbeit wurde mit der Verleihung der Ehrendoktorwürde durch die Universität Hamburg geehrt: »To the Doctor of Doctors!«, telegraphierte die WILL-New-York-Gruppe zu diesem Anlass (Festschrift für Ruth C. Cohn 1980).

1993: Verleihung des großen Verdienstkreuzes der Bundesrepublik Deutschland in Anerkennung ihrer Verdienste um die seelische Entwicklung und Gesunderhaltung mit Breitenwirkung.

1994: Verleihung der Ehrendoktorwürde der Universität Bern, Fachbereich Psychologie. In ihrer Dankesrede geht Ruth Cohn auf das Zu-viel-Verantwortung-Tragen für andere als ein unverantwortliches Tun ein, wenn dabei die Verantwortung für sich selbst vernachlässigt wird. Damit löste sie bei ihren akademischen Zuhörern ziemlich ungewöhnliche Fragen aus, die sie mit der ihr eigenen Ernsthaftigkeit, Klugheit und dem ihr immer zur Verfügung stehenden und nie verletzenden Humor beantwortete.

2001 bis 2010: Als Ruth Cohn körperlich gebrechlicher wurde – und nicht nur deshalb –, zog sie zu ihrer Freundin und Kollegin Helga Herrmann nach Düsseldorf, wo sie auch am 30.01.2010 gestorben ist.
Aber sie war auch dort und bis ins hohe Alter aktiv an der Entwicklung von TZI interessiert und beteiligt.
Ihre Trauerfeier war Trauer und Feier, so wie es ihr entsprach und gebührte.

3. An wen wendet sich die TZI?

Die Themenzentrierte Interaktion richtet sich

- an Menschen, die wissen wollen, wie man Arbeits- und Lernsituationen so strukturieren kann, dass die Menschen nicht nur vom Kopf her beteiligt sind, sondern sich als ganze Person ernst genommen fühlen;
- an solche, die wissen wollen, was man tun kann, damit politi-

sche und wirtschaftliche Maßnahmen humane Ziele verfolgen und dementsprechende Wege gehen;
- und an solche, die nicht überzeugt sind, dass Hans nicht mehr lernt, was Hänschen nicht gelernt hat, sondern die an Wandel und Entwicklung glauben und dies verwirklichen wollen.
- Sie wendet sich auch an Menschen, die sich mit ihrem eigenen Denken und Handeln authentisch zeigen wollen. Hierzu gehören auch solche Menschen, die mit der Ungleichbewertung von Mann und Frau und der maskulinen Dominanz – auch ausgedrückt in der Sprache – nicht einverstanden sind. Trotzdem werden sie hier die »männliche« Sprache immer an Stellen finden, wo sonst Schrägstriche oder Doppelformulierungen zum Ausgleich nötig wären. Diese dienen zwar der Sache, indem sie Aufmerksamkeit für das eigentliche Problem wecken. Sie dienen aber nicht der Lesbarkeit und führen zu einem Schreibstil, der den Fokus beim Lesen verschiebt.

TZI will vom positivistischen Wissenschaftsansatz wegführen, der davon ausgeht, dass nur die so genannten objektiven Wahrnehmungen glaubwürdig seien und messbare Relevanz hätten. TZI geht davon aus, dass auch subjektive Phänomene, solche, die nur von der Person selbst wahrgenommen und bezeugt werden, Realität sind und Wirklichkeit beinhalten. Bei TZI geht es immer um das Zusammenführen von Objektivem und Subjektivem und um die gleiche Wertigkeit beider. Von daher sind auch Menschen angesprochen, die äußere und innere Realität besser aufeinander abstimmen wollen.

Hier trifft der Kopfmensch auf denjenigen, der sich mehr von seinen emotionalen Eindrücken leiten lässt. Sie könnten neugierig aufeinander werden, sich akzeptieren und anfreunden, denn je mehr ein Mensch seine Emotionen in sein Tun einbeziehen kann, umso leistungsfähiger wird er.

Den objektiven Fragen »Wie lautet unser Auftrag? Was ist unser Lernziel?« gesellen sich die subjektiven Fragestellungen hinzu: »Was bedeutet dir dieser Auftrag, dieses Lernanliegen? Was geht er jeden Beteiligten persönlich an? Wie viel Angst oder Freude macht er mir?«

Ein weiterer Anwendungsbereich ist die Schulung der Wahrnehmung, sowohl innerer wie äußerer Faktoren. Sie in Worte zu fassen und als Grundlage für Verhalten und Entscheidung zu nutzen sind das Lernziel und Anliegen der TZI. Eingedenk der oben genannten Vernetzung von objektiven und subjektiven Faktoren, von Sachinteresse und persönlicher Betroffenheit antwortet die TZI auf lebensfördernde Fragen:

Ich als Person bin angesprochen

Wie kann ich mich selbst so leiten, dass die entwicklungsfördernden und heilenden Kräfte in mir angeregt und die destruktiven Tendenzen reduziert werden, dass ich meine Hoffnungen und Wünsche zulassen kann und mich meiner Aggression stelle? In den angesprochenen Personen soll die Sehnsucht nach eigener Regieführung ihres Lebens geweckt werden.

Ich in Leitungsfunktion bin angesprochen

Wie kann ich andere so leiten, dass diese einerseits in höchstem Maße selbstbestimmt handeln und mitentscheiden, andererseits aber sich auch für die anderen, ihre Interessen, Fähigkeiten und für die gemeinsame Aufgabe und deren Erfüllung verantwortlich fühlen?

Ich als Vorgesetzte bin gemeint

Wie kann ich in Institutionen und Betrieben die Arbeitsnotwendigkeiten und die Zielorientierung mit der Achtung vor den Bedürfnissen der Mitarbeiter verknüpfen?

Ich als Lehrer bin gemeint

Wie kann ich das Lehren von Sachinhalten mit der Förderung des Persönlichkeitsprofils verbinden, sowohl im Elementarschulbereich wie auch in der Hochschul- und Erwachsenenbildung? Wie kann ich zum Lernen und Arbeiten im Team anregen?

Wie kann ich in Arbeitsteams und bei Tagungen kooperativ mit anderen umgehen und den Sieger-Verlierer-Spielen so wenig Chance wie möglich geben?

Der Anspruch an dieses Lern- und Arbeitsprogramm mag hoch erscheinen und in der Tat setzt er ein hohes Maß an Veränderungswillen voraus. Der ist umso intensiver, je mehr der Mensch eine Sinnkrise hautnah spürt und dadurch in Unruhe gerät, je mehr ihm deutlich wird, dass er persönlich daran beteiligt ist, ob Dinge und Menschen sich zum Nutzen für alle weiterentwickeln oder ob sie unheilvolle Wege gehen, und je mehr ihm bewusst wird, dass solche Veränderung über lange und oft steinige Wege führt.

Aber die TZI macht sich mit ihrem Konzept das »Gehen in kleinen Schritten« zu eigen. Das mag sich für diejenigen, die gern große Sprünge machen und Resultate lieber heute als morgen sehen, wie eine Zumutung anhören. Für die anderen bietet es die Zuversicht des langen Atems, gibt ihnen die Gewissheit, auch auf einem längeren Weg zum Ziel zu kommen. Es ist wie bei einem Schiff. Das Ruder nur um weniges nach rechts oder links korrigiert hat eine einschneidende Wirkung auf Ziel und Route. Jede Bewegung zählt und zeigt Wirkung. Wie ein Schiff bei unruhigem Wetter nicht einfach stehen bleiben wird, heißt es auch bei persönlichen Veränderungsprozessen: »Warte nicht, bis Verunsicherung und Angst vorbei sind. Vielleicht kommt es nie dazu! Tue es stattdessen einfach mit der Angst und schau, was passiert.«

»Sie handelten, ohne nachzudenken, jetzt denken sie nach und können nicht mehr handeln.«

Dies las ich auf einem Brunnen in Villingen. TZI bietet ein Kommunikationsmodell an, in dem Denken und Nachdenken vor eigenverantwortetem Handeln geschehen sollen.

Blickt man auf die Entwicklungsprozesse innerhalb der Welt mit dem Auge der Technik, so hat man mitunter den Eindruck, dass sich diese Welt ins Unermessliche erstreckt, sich aber gleichzeitig ihrer Selbstzerstörung nähert. TZI wendet sich nicht zuletzt

Abb. 1: Navigation

an Menschen, die sich dieser Entwicklung nicht verschließen und auf die Wirksamkeit der kleinen Schritte, auf die geringe Navigationsänderung und ihre Wirkung setzen, die nachdenken wollen, ehe sie handeln.

4. Der Stammbaum der TZI

»Da steht Ihr nun also, meine Töchter –
ohne Fußspuren, in die Ihr hineintreten könntet,
ohne Ideale, denen nachzustreben es sich lohnte,
ohne ein gemeinschaftliches Werk,
an dem Ihr Euch beteiligen könntet.«
GERNOT BÖHME, Philosoph, an seine Töchter.

Mit Stammbäumen hat das so seine Bewandtnis. Sie sind Janusköpfe. Von der einen Seite her rufen sie uns zu, dass wir dazugehören dürfen oder gar müssen. Von der anderen Seite vermitteln sie Freundlichkeit und Distanz, Eifersucht oder Streitigkeiten. Verwandtschaft wird enger oder weiter gesehen: »Da gab es vor sechs Generationen mal einen ...« oder »Nein, den Namen kennt keiner«. Zugegeben, Stammbäume haben weiße Flecken und sind unvollständig und vom langen Weitererzählen verfälscht, aber sie sind auch ein Fundus, der bis in die Gegenwart aktuell ist.

»Die Vergangenheit klopft so lange an die verschlossene Tür, bis du ihr öffnest und eine plausible Antwort gibst«, lehrt uns C.G. Jung (Erinnerungen, Träume, Phantasien).

Meistens verbinden Stammbäume nicht nur Menschen miteinander, sondern beziehen sich auch auf Häuser und Orte. Der Stammbaum der TZI tut das nicht. TZI ist und war da, wo Menschen sie entwickeln und lehren und andere Menschen dafür interessieren. Wohl aber sind mit der Geschichte der TZI wichtige Orte im Leben von Ruth Cohn und entscheidende Ereignisse an diesen Orten verbunden: Deutschland vor dem 1. Weltkrieg, die Nachkriegsjahre in Berlin, die Schweiz als neutrales Zufluchtsland, Amerika nach dem 2. Weltkrieg und wieder Deutschland, das lange geteilte Land, dessen zwei Teile seit ihrer Wiedervereinigung Mühe haben, zueinanderzufinden. Außer in den deutschsprachigen Ländern hat die TZI es schwer, Fuß zu fassen, und auch in Amerika hat das Interesse an persönlicher Entwicklung eine andere Richtung genommen.

Der Stammbaum der TZI reicht weit zurück und allerhand lebende Geschwister geben ihm auch Breite. Daher kann der Leser in diesem Rahmen auf einen vollständigen biographischen Stammbaum nur aufmerksam und bestenfalls neugierig gemacht werden. Darüber hinaus muss er sich selbst in eine Suchbewegung begeben, die ihn befähigt, Stellung zu beziehen und die eine oder andere Methode für sich auszuprobieren.

Ich spreche auch deshalb von Stammbaum und Verwandtschaft, weil hier wie da Abgrenzungen schwerfallen und sowohl Verwobenheit wie auch Eigenständigkeit deutlich werden müssen.

Wo immer Ruth Cohn von anderen Kollegen spricht, hat man nie das Gefühl, sie habe eine Methode abgeguckt oder Teile daraus übernommen. Auch hat sie sich nicht von anderen Ansätzen verwirren lassen.

Sie hat die Überlegungen durch sich hindurchgehen lassen, geprüft und als schöpferischen Impuls genutzt. Eine Kollegin, Helga Hermann, drückt dieses Vorgehen so aus: »Das Im-Fluss-der-Zeit-Sein ist für mich der Schlüssel zu Ruth Cohns Erfolg.«

Die Geschichte der TZI ist eng mit der Geschichte der Psychotherapie der Sechziger- und Siebzigerjahre verwoben. Das Milieu der damaligen Therapieszene war Triebfeder für zwei wiederkehrende Fragen:

- Wie ist es dazu gekommen, dass so viele Menschen therapiebedürftig geworden sind,
- und welcher Weg führt da heraus?

Die erste Frage ist mehr aus der gesellschaftlichen Situation und aus der Geschichte zu verstehen.

Auf die zweite Frage hat Ruth Cohn mit ihrer TZI einen innovativen Impuls gegeben.

Die Psychologie in ihren Anfängen ist ein Kind der Philosophie. Schon im Katholizismus des Mittelalters war man sich darüber einig, dass die Seele eine unanzweifelbare Realität sei. Doch waren es später gerade die Kirchen, die einen erbitterten Kampf gegen die Psychologie als Wissenschaft führten. Ihr Seelenverständnis war lange ein ganz anderes.

Dann allerdings folgten mehrere hundert Jahre Verleugnung dieser Realität Seele. Die Aufklärung und der zunehmende Einfluss der naturwissenschaftlich-mechanistischen Wissenschaft ließen die seelischen Vorgänge schließlich ganz in den Hintergrund treten.

Die Tiefenpsychologie als 1. Kraft

Erst J. M. Charcot, ein Lehrer Freuds, bereitete den Boden, auf dem Freud später seine Tiefenpsychologie entwickeln konnte, die den theoretischen Hintergrund für die Psychoanalyse bildete. Erst hiermit trat die Psychologie endgültig aus dem Schatten der Philosophie heraus. Sigmund Freuds damalige sensationelle Thesen vom Ödipuskomplex, vom »Todestrieb« als der Grundlage jeder schöpferischen Tätigkeit, von der sexuellen Ätiologie der Neurose, seine Libidotheorie und seine Praxis der Nutzung des freien Einfalls – um nur einige Thesen zu nennen – haben u. a. heute Kultur stiftende Funktion. Auch Freuds Ich-, Überich- und Es-Theorien und die von seiner Tochter beschriebenen Abwehrmechanismen sind längst Allgemeingut geworden und wirken in besagtem Stammbaum weiter. Um diese Linie zu vervollständigen, dürfen hier zwei Namen nicht unerwähnt bleiben, die die Gedanken Freuds aufgriffen und unter eigenem Namen eigene Gedanken weiterentwickelten: Carl Gustav Jung und Alfred Adler, beide auch Wegbereiter heutiger Therapieformen und Impulsgeber für die TZI.

Carl Gustav Jung nennt seine Lehre »analytische Psychologie« und weicht in einigen wichtigen Punkten von Freud, seinem ehemaligen Lehrer, deutlich ab. Für Jung ist das Unbewusste im positiven Sinne der Boden aller schöpferischen Fähigkeiten. Außerdem unterscheidet er das individuelle vom kollektiven Unbewussten, wobei Letzteres sich auf die so genannten Archetypen stützt, die die Beziehungen zwischen den Menschen prägen. Freuds sexuell gebundene Libido wird von Jung als seelische Energie schlechthin gesehen.

Den Akzent der Therapie auf die aktuelle Situation und nicht so sehr auf die Biographie zu legen – wie Freud es getan hat – verbindet Jung mit der Individualpsychologie Alfred Adlers. Dieser beschrieb auch als einer der Ersten den Aggressionstrieb als kompensierende Kraft, der dann wirksam wird, wenn andere Triebziele frustriert werden. Ein weiteres Forschungsergebnis Alfred Adlers ist die Zusammengehörigkeit der Psychologie der Person als solcher und der Kommunikation, die er als miteinander verwoben ansah. Auch Adler trennte sich von Freud und gründete seine eigene Fachgesellschaft.

Im gesamten Stammbaum aber stehen diese drei, Freud, Jung und Adler, mit ihrem Namen für die so genannte Tiefenpsychologie, die als 1. Kraft im Gesamtbild der Psychotherapie bezeichnet wird.

Die Erkenntnisse der oben beschriebenen Tiefenpsychologie Freuds und seiner Nachfolger waren insofern von großem Einfluss, als darin der Mensch mit seiner subjektiven Wahrnehmung, in der auch unangenehme und zunächst wertlos scheinende Gefühle Raum haben, ernst genommen wird. Die »frei schwebende Aufmerksamkeit« des Psychoanalytikers fand auch in der TZI einen wichtigen Platz, dieses Zuhören vom Standpunkt des anderen aus, ohne die eigene Gefühls- und Gedankenwelt dabei zu verdrängen.

Dagegen unterscheidet sich die TZI insofern gravierend von der Psychoanalyse Freuds, als diese sich wenig mit der Notwendigkeit ethischer Reflexion auseinandersetzte, ja eine ethische Axiomatik sogar ablehnte.

Die TZI ist sich mit den Tiefenpsychologen darin einig, dass die Aggression ein nicht wegzudiskutierender Faktor im Menschen sei, Uneinigkeit hingegen herrscht bzgl. des Umgangs damit. Während Freud vornehmlich eine individuelle Spannungsminderung anstrebt, stärkt die TZI ein verbindliches moralisches Bewusstsein.

Eine weitere gravierende Abweichung von Freuds Theorie finden wir im Umgang mit Übertragungen. In der Psychoanalyse überträgt ein Patient Verhalten und Eigenschaften ihm bekannter Menschen ohne Überprüfung auf den – ihm (noch) nicht bekannten – Therapeuten, der mit diesem Material therapeutisch arbeitet. Die TZI löst solch verzerrende Übertragungen möglichst schnell auf und schafft reale Beziehungen, in denen der Leiter als Mensch weitgehend sichtbar wird. Wir nennen das »ausgewählte Offenheit«.

Von der Tiefenpsychologie unterscheidet sich die TZI zudem durch die Themenvorgabe. Wenn wir methodisch mit TZI arbeiten, einigen sich die Teilnehmenden auf ein Thema. Handelt es sich dagegen um ein tiefenpsychologisch orientiertes Gespräch, so entwickelt sich das Thema erst im Verlauf des Sprechens.

Der Behaviorismus als 2. Kraft

Während die Psychoanalyse den Menschen durch seine biologischen Grundlagen determiniert ansieht, ist der Behaviorismus, in der Psychotherapielandschaft als 2. Kraft bezeichnet, stark naturwissenschaftlich-technisch orientiert. In den Sechziger- und Siebzigerjahren spielte er in den USA eine bedeutende Rolle.

J.B. Watsons Behaviorismus verfolgt eine Denk- und Handlungsrichtung, die in der Psychologie eine objektive Naturwissenschaft erblickt, die mit gezielter Beeinflussung eines Menschen dessen ungünstige Verhaltensweisen zu ändern sucht. Was Dinge wie Empfindungen und Emotionen angeht, so sagt Watson zunächst, er wisse gar nicht, was das sei. Dagegen spielen die Umwelt und ihre Änderungen als Einflussfaktoren eine große Rolle bei Problemen der Lebensgestaltung.

Die TZI griff das durchaus auf, fühlt sich aber lediglich dem Behaviorismus Maslows, der ein anerkannter Vertreter dieser Richtung war, verbunden.

Die Humanistische Psychologie als 3. Kraft – ihre Impulsgeber für die TZI

»Ich gehörte der humanistisch-therapeutischen Richtung an, die ich damals Erlebnistherapie nannte. Es fiel mir damals kein anderer Begriff ein, mit welchem ich Gestalttherapie, Bioenergetik, Transaktionsanalyse, Psychodrama und TZI zusammenfassen konnte«, erzählt Ruth Cohn von ihrem ersten Besuch bei den Lindauer Psychotherapietagen, einem Ereignis, das am Anfang ihrer Rückkehr nach Europa stand. Damit war die TZI als Haltung und Methode nach Deutschland zurückgekehrt, wo sie in den Wirren der Weltkriege als Idee ihren Anfang genommen hatte. Die USA hatten ihre ganz eigene Vorgeschichte, die aber wesentlich von europäischen Immigranten mitgeprägt wurde!

In den nächsten Jahren verbreitete sich im deutschen Sprachraum für die oben genannten Methoden und für einige mehr der Begriff »Humanistische Psychologie« (HP). Einen wesentlichen Impuls für die rasche Entwicklung gab auch das Entsetzen über so viele »gestörte« Menschen speziell im Vietnamkrieg.

Die HP bezeichnet sich als »dritte Kraft«, d.h. als Ergänzung, Alternative und Gegenbewegung zur Psychoanalyse und zur Verhaltenstherapie. Zu dieser dritten Kraft zählen sich im Wesentlichen: Fritz Perls (Gestalttherapeut, durch den Ruth Cohn ein ganz persönliches Impass-Erlebnis hatte), Carl Rogers (Klientenzentrierte Gesprächstherapie), Fritz Berne (Transaktionsanalyse), Virginia Satir und Abraham Maslow, der der Humanistischen Psychologie den Namen gab und diese maßgeblich prägte und beschrieb. Als ein wichtiger Impulsgeber galt auch Harry Stock-Sullivan mit seiner interpersonellen Beziehungstheorie, den Ruth Cohn schon als Studentin kennen lernte. Er zeigte schon damals ein Konzept, das den Therapeuten nicht abstinent-neutral, sondern empathisch auf die Patienten eingehen ließ.

Um Zugang zum eigenen Körper zu finden, was in der damaligen bürgerlichen Gesellschaft eher verpönt war und Kindern verboten wurde, war die Begegnung mit Elsa Gindler von großer Bedeutung. Durch das Lernen bei ihr wurden Cohn die Grundlagen für ein Verständnis von Ganzheitlichkeit vermittelt.

Man kann diese Therapeuten als den Geschwisterkreis von TZI ansehen. Geschwistern gleich haben sie einen gleichen Ansatz, und solange dieser gewahrt ist, die axiomatische Grundhaltung stimmt, sind ihre Methodenansätze auch miteinander kombinierbar.

Die Gruppenarbeit einer anderen Methode ist z. B. dann TZI-gemäß, wenn Autonomie und Chairmanship gelebt werden können, wenn Regression und Übertragung aufgelöst werden und der Leiter als Mensch erkennbar wird.

Nicht kompatibel wäre dagegen ein Verhalten, welches Regression eher fördert, oder Situationen, in denen der Leiter vorwiegend deutet oder das bei anderen zulässt.

Auch bei einer gewissen Homogenität kann die HP bis heute nicht von sich behaupten, eine eigenständige Schule zu sein. Vage theoretische Aussagen – vor allem auch der Folgegenerationen – haben immer wieder zu Unklarheiten und Missverständnissen geführt, auch unter den Geschwistern. Die Gemeinsamkeit wird eher durch Negation ausgedrückt. Bugental, der erste Präsident der Gesellschaft für HP, äußerte sich etwas drastisch wie folgt: »Wir sind es leid, Psychologen zu sein, wenn Psychologie daraus besteht, den Menschen als eine größere weiße Ratte oder einen langsameren Computer zu betrachten.« (1967)

Die HP ist auch ein Zeichen des Protestes gegen eine Zivilisation, die den Menschen von seinem Ursprung wegführt, die ihn von der Natur entfremdet und zu technischen und wissenschaftlichen Höchstleistungen treibt, deren Sinn er kaum noch nachvollziehen kann.

So wurde die HP Mitte des 20. Jahrhunderts mit einer Welt konfrontiert, in der fast alles machbar ist und in der neben Faszination auch Angst und Schrecken herrschen. Die Frage, ob wir uns und die Welt erhalten oder vernichten wollen, war noch nie so aktuell. Dies geht mit einer zunehmenden Bewusstheit für die eigenen Belange und für ein Miteinander in Freiheit einher, wobei es nötig wird, das Denken und Handeln aus dem nur einseitig naturwissenschaftlichen Blickwinkel herauszuführen.

Ruth Cohn ist aus dem Kreis der HP nicht wegzudenken. Sie wurde von Kollegen angeregt und hat ihrerseits deutlich die HP beeinflusst und zur Akzeptanz der Ganzheitlichkeit von Leib und

Seele in weiten Kreisen der Pädagogik und der Therapieszene beigetragen. So gehört die TZI zwar in den Kreis der HP, ist aber dennoch unabhängig von ihr, insbesondere insofern sie keine Therapie sein will.

Durch die weitere Arbeit an begrifflichen Klärungen und aus unzähligen Praxiserfahrungen entdeckte Ruth Cohn, dass ihre humanistische Überzeugung die persönlich wichtigste Grundlage für die Entwicklung der TZI geworden ist.

Ruth Cohns Denken, und eigentlich die ganze HP, ist von der Existenzphilosophie (Heidegger, Buber) geprägt, in deren Mittelpunkt die Betrachtung und Erforschung der menschlichen Existenz stehen. Dabei fühlt sie sich mehr dem »amerikanisch-frohen« als dem »europäisch-verzweifelten« Existenzialismus zugehörig. »Ganz im Hier und Jetzt zu leben, sich voll einzusetzen für das, was als wertvoll erscheint, sei es ästhetisch oder materiell, seien es sexuelle oder freundschaftliche Beziehungen oder persönliche Leistungen«, so drückt Ruth Cohn diese Wegbeschreibung in eine humanere Lebensrichtung aus. Sie fügt dem »Sapere aude« der Aufklärung, diesem »Bediene dich deines Verstandes«, die weiterführende Aufforderung hinzu: »Bediene dich ebenso deiner Gefühle und der Signale deines Körpers.«

Auch wenn es sich dabei um einen mehr indirekten Einfluss handelt, so ist die existenzphilosophische Auffassung vom Menschen an den Axiomen abzulesen, am deutlichsten aber in der Anwendung des methodischen Handwerkszeugs zu erfahren.

Allen Zweigen dieser Bewegung gemeinsam ist ein anthropologischer Optimismus, der auf die positiven menschlichen Möglichkeiten *(human potential)* und auf die Fülle ihrer Entfaltung setzt, indem er dem Menschen von Kindheit an Gutes zutraut und ihn ermutigt, anstatt ihm von vornherein mit Misstrauen und Demütigungen zu begegnen.

Diese positive Einstellung übersieht dabei nicht die so genannte Mängelseite. Der Ansatz der HP – anders als die Psychoanalyse – lässt diese zu, überprüft sie auf ihre Entstehungsgeschichte und akzeptiert sie als den Teil des Menschen, den dieser nicht positiv leben kann oder vielleicht bei sich noch gar nicht wahrgenommen hat.

Sowohl Kritiker als auch Befürworter in der Diskussion um die Anerkennung der Mängel in dieser Form haben immer wieder Schwierigkeiten mit der Aufarbeitung der so genannten Schattenproblematik.

Aber nahezu alle Zweige der Humanistischen Psychologie gehen davon aus, dass die Möglichkeit der Destruktivität eine Realität des Menschen ist. Gerade sie ist das Humanum. Jedoch die wesentliche Aussage, um den Schatten zu überwinden bzw. mit ihm zu arbeiten, heißt: »Veränderung ist möglich – auch was den Schatten angeht – und die ersten Schritte beginnen immer bei der Person selbst.« Selbstverständlich steht die Veränderung Einzelner immer in Wechselwirkung mit der Umgestaltung von sozialen Strukturen. Doch auch wenn diese auf sich warten lassen, setzt die HP auf autonome und sozial verantwortliche Menschen, die solche Prozesse anschieben.

In der gegenwärtigen pluralistischen Gesellschaft leben wir ein hohes Maß an Individualität, indem wir eigene Werte und Ziele verfolgen – und dafür in der Regel nicht verfolgt werden –, aber das kann nur gelingen, wenn die Individualität eine bezogene ist. Auch das gilt für alle Zweige der HP, erscheint mir aber in der TZI besonders eindeutig im methodischen Konzept angewandt.

Die HP vertritt darüber hinaus die These, dass Wertneutralität, wie die Psychoanalytiker sie für sich als Anspruch nehmen, zwar in therapeutischen Zusammenhängen eine Forderung sein kann, dass es aber darüber hinaus unmöglich – und auch nicht nötig – sei, sich Werten gegenüber neutral zu verhalten. Ehe es im Kopf recht formuliert ist, ist die Bewertung schon geschehen. Wichtig und TZI-gemäß erscheint mir dabei, die Bewertungen auf ihren Realgehalt zu überprüfen und gegebenenfalls zu korrigieren.

Fragt man Ruth Cohn heute nach dem, was sie hinterlassen möchte, so bekommt man eine rasche wie auch präzise Antwort: »Ich habe versucht, die jüdisch-christliche Botschaft von Versöhnung und Liebe als humanistische Wertvorstellung für unser Jahrhundert und unsere Lebensumstände auszudrücken.«

Es sind die Impulse aus vergangenen Jahrhunderten, an die sie anknüpfte und die sie in der genialen Einfachheit und vielschichtigen Tiefe der TZI ins neue Jahrhundert getragen sehen will.

Ihrem Idealbild nach ist der Mensch eine Person, die

- ihre Vergangenheit kennt;
- ihre Zukunft entwickelt;
- in der Gegenwart handelt;
- sich von der Gleichheit untereinander tragen lässt und die Andersartigkeit anderer akzeptiert;
- die Chance, voneinander zu lernen, nutzt und
- nicht stehen bleibt, wenn es Entwicklungsmöglichkeiten gibt.

3 Die Axiome

»Werte kann man nicht theoretisch vermitteln,
Werte muss man leben.«
VIKTOR FRANKL

Wie jedes Konzept zum Handeln bedient sich auch die Methodik der TZI einer ethischen Grundlage, die sowohl als antreibende Kraft als auch als Begrenzer zu verstehen ist: Sie beeinflusst die Kommunikation im Dialog, die Art und Weise, wie wir miteinander umgehen, und die Auswahl methodischer Schritte bei der Leitung von Gruppen.

Wenn ich eine ethische Richtlinie suche, muss ich Antworten finden auf die Fragen:

- »Wie soll ich mit anderen leben?«
- »Was soll ich tun?«
- »Was soll ich nicht tun?«

Und zwar solche Antworten, die mich motivieren, aus dem »Du sollst …« ein »Ich will …« oder »Ich werde versuchen …« zu entwickeln.

Eine solche Richtlinie bilden die Axiome und von daher hat sie ihre zentrale Bedeutung für die TZI. Ihre Präsenz und Umsetzung in Alltagshandlungen sind Orientierung dafür, wie im Privatleben und im Beruf Entscheidungen getroffen werden, bei der der Mensch und eine nachhaltig lebensfähige Umwelt als Maßstab gelten. Sie sind weder Glaubenssätze noch willkürliche Setzungen, ihre Inhalte ergeben sich aus der Überzeugung und dem Wissen, dass menschliches Leben und Zusammenleben eine unendlich alte, aber immer noch gültige Prägung kennen, die es zu erhalten, fortzuschreiben und mit dem aktuellen Lebensumfeld in Übereinstimmung zu bringen gilt.

Es ist nicht bekannt, warum Ruth Cohn diese Wortwahl »Axiom« bzw. »Postulat« gewählt hat. Sie verstärken jedoch die Wertgebundenheit und sind damit nicht verhandelbar und nicht deutbar. Sie schließen methodische Entscheidungen von vornherein aus. Dieses noch einmal zu betonen, scheint mir in einer zunehmend virtuellen Arbeitswelt wichtig.

In diesem Zusammenhang ist auch ausdrücklich zu betonen, dass TZI nicht politisch oder religiös gebunden ist. Umso ausgeprägter und unverzichtbarer ist ihr verbindliches Wertefundament.

Den sich wandelnden Lebensformen und den veränderten Schwerpunkten in den Lebenszielen – individuell sowie sozial und global – stehen die Axiome im Wesentlichen gleich bleibend als Richtlinie zur Verfügung. Die immer präsente Frage nach Sinn und Wert lässt wohl Umwege und unebene Wegstrecken zu Entwicklungszielen zu, aber keine Rückwege. Es ist für jeden, der in dieser Hinsicht wacher geworden ist, eine tägliche Herausforderung, die inhaltlichen Forderungen und Freiheiten in verantwortbare Taten und Entscheidungen umzusetzen. Das beginnt mit der Auswahl der Lebensmittel und anderer Konsumgüter, die ich kaufe, und führt ebenso zu Entscheidungen im gesellschaftlichen Umfeld und im politischen Handeln. Der Ernstfall der Axiome ist immer der Alltag der Menschen und das, was in ihrem Lebensvollzug geschieht.

Und wenn sich etwas im Sinne von gesünderen Lebensbedingungen für alle verändern soll, dann hilft meines Erachtens der Satz, der Fritz Perls zugeschrieben wird, nicht weiter: »Tu du dein Ding und ich tu meins!«, sondern eher die Forderung, die da lautet: »Misch dich ein!«, und die fordert Günther Hoppe, einer der ersten TZI-Lehrenden als dringend notwendige Zusatzregel.

Angesichts der Globalisierung und einer Vision von Weltgemeinschaft kommen wir und alle, die dabei sein wollen, erst gar nicht umhin, uns um die Wertsetzungen im Kontext einer Weltgemeinschaft zu kümmern. Die TZI darf hier mit ihren zentralen Aussagen weder auf lokale Ebenen noch auf die Anwendung in einem Verein reduziert werden.

Ohne diese Setzung von axiomatischen Werten würde TZI zu einer Technik oder beliebigen Methode werden, die auch unabhängig von Wertsetzungen anwendbar wäre.

1. Axiome – keine alltagsfremden Sprüche

Die TZI als Lebens-, Lern- und Leistungskonzept legt die Werte, um die es ihr in allen drei Bezügen geht, in drei Axiomen fest. Axiome – so wie der Begriff hier verstanden sein will – sind nicht verhandelbare Voraussetzungen zum Denken, Beurteilen und Tun, wie sie von Menschen, die die TZI umsetzen wollen, anerkannt und vertreten werden.

Die Axiome sind als begriffliches Konzept untereinander kompatibel und wir finden sie ebenso als gültige ethische Ansage in anderen psychosozialen Methoden.

Das Handeln auf diesem Wertehintergrund kann sich auf alle Aspekte des Lebens beziehen

- auf Kaufen und Verkaufen in wertorientiertem Hin und Her;
- auf Arbeitsanweisungen, Stellenbeschreibungen oder Beurteilungen, die den Menschen als ganzheitliches Wesen im Auge haben;
- auf Konfliktlösungen im privaten und beruflichen Bereich, aus denen alle Beteiligten mit einem sie befriedigenden Ergebnis herausgehen.
- Es geht auch um die Art und Weise, wie wir Menschen aus unbegründeten Abhängigkeiten entlassen und Hilfestellung zu ihrer freien Entscheidung anbieten. Die sinnvolle Verteilung von Abhängigkeit bzw. Unabhängigkeit unter allen Beteiligten halte ich für einen wichtigen Beitrag zu demokratischem Leben.

Die Axiome selbst – drei an der Zahl – stehen in gegenseitiger Ergänzung zueinander und sind daher auch im Verbund untereinander zu betrachten und umzusetzen.

1. Das existenziell-anthropologische Axiom

> »Der Mensch ist eine psychobiologische Einheit und ein Teil des Universums. Er ist darum gleichermaßen autonom und interdependent. Die Autonomie des Einzelnen ist umso größer, je mehr er sich seiner Interdependenz mit allen und allem bewusst wird.« (FARAU / COHN, 1984)

Dieses Axiom drückt die Grundaspekte menschlichen Seins aus: Der Mensch hat physische, emotionale und intellektuelle Bedürfnisse und Erfahrungen, die nicht voneinander getrennt werden können, sondern sich immer als Facetten der gleichen Einheit Mensch präsentieren. Wenn ein Teilbereich angerührt wird, reagiert der ganze Mensch.

Selbst bei einem Ereignis wie Magenschmerzen stellt sich rasch ein Bündel von Gefühlen körperlichen Unwohlseins ein, mit dem gleichzeitig der Gedanke »Was könnte es wohl sein?« einhergeht und dem die Einschränkung des Lebensgefühls als psychische Komponente folgt. Dieses banale Beispiel zeigt, was mit dem Begriff der Ganzheitlichkeit, von der im Text öfter die Rede sein wird, gemeint ist.

Bei der Ganzheitlichkeit im hier gemeinten Wortsinn geht es darum,

- dass intellektuelles Lernen, sog. »Stofflernen, das Lösen von Sachaufgaben oder das Anstreben von Arbeitszielen immer emotional gestützt, getragen oder gestört wird und dass es uns dabei körperlich gut oder schlecht geht«;
- dass emotionales Erleben begrifflich verstanden und gedanklich nachvollzogen werden will;
- dass wir Intellekt haben und sind; wenn dieser nicht zu seinem Recht kommt, sind wir verwirrt;
- dass wir Gefühl haben und sind; wenn es sich nicht ausdrücken darf, stehen wir unter Druck;
- dass wir Seele haben und sind; wenn sie nicht schwingen darf, macht sie uns undurchlässig;
- dass wir Körper haben und sind; wenn wir ihm keine Achtung schenken, macht er uns krank.

Auf dem Hintergrund einer psychosomatischen Ganzheit der Person gehören rationales Denken, Gefühlswelt und Körper immer untrennbar zusammen. Somit ist der Mensch nur ganzheitlich zu denken und zu behandeln und in keiner Lebenssituation in Teilbetroffenheit zu spalten.

Durch eine verlorene Balance zwischen diesen Kräften wird das Menschliche im Menschen bedroht: seine Liebesfähigkeit, seine geistigen Fähigkeiten, seine intuitiven Kräfte. Aber das Erleben des Menschen vollzieht sich nicht nur in ihm selbst, er ist immer auch in Kontakt mit seinen Beziehungswelten, die wiederum untereinander korrespondieren: Partner, Familie, Berufswelt, Gesellschaft, Menschheit. Je mehr er sich dieser Zusammenhänge und Abhängigkeiten bewusst wird und sich auf sie einlässt, umso mehr Möglichkeiten hat er, das zu entwickeln, was in ihm angelegt ist, seinen Wünschen nachzugehen, zu wählen und zu entscheiden Dabei sollte er kritisch aufnehmen, was ihm durch Gemeinschaft, Kultur und Kunst zuwächst.

2. Das ethisch-soziale Axiom

> »Ehrfurcht gebührt allem Lebendigen und seinem Wachstum. Respekt vor dem Wachstum bedingt bewertende Entscheidungen. Das Humane ist wertvoll; Inhumanes ist wertbedrohend.« (COHN, 1975)

Dieses Axiom hat einen unübersehbaren Bezug zu unserer momentanen geschichtlichen Situation, in der, wie in keiner anderen Zeit, fast alles als machbar gilt und wir wachen Verstandes herausfinden müssen, was von dem vielen Machbaren das Lebendige bewahren und fördern hilft und was ihm eher schadet. Wenn wir uns dabei vornehmlich um die Dinge, die auf technischen Mehrwert angelegt sind, kümmern, auf die Möglichkeiten, mit denen wir die Welt ausbeutend beherrschen können, dann werden nicht nur Bodenschätze und kosmische Hülle vergewaltigt und zerstört, sondern mit ihnen auch Seele und Geist. Ein Fortbestand wird nur möglich, wenn politische und wirtschaftliche Aktivitäten auf ethischen Überlegungen basieren, eben auf oben genannter Ehrfurcht, bei denen die so genannte unbelebte Materie, flüssig, fest oder gasförmig, ebenso am »Leben« erhalten wird wie die belebte. Das darf als Aufgabe nicht nur »denen da oben«, die ihre Macht oft genug als »Expertenwissen« rechtfertigen, zugeschoben werden. Das ist Gestaltungsarbeit, die jeder zu leisten hat und für die jeder in seinem Umfeld Verantwortung trägt.

3. Das pragmatisch-politische Axiom

Dieses ist das praxisbezogene Axiom.

> »Freie Entscheidung geschieht innerhalb bedingender innerer und äußerer Grenzen. Erweiterung dieser Grenzen ist möglich!«

Ruth Cohn selbst interpretiert dieses Axiom so: »Freiheit im Entscheiden ist größer, wenn wir gesund, intelligent, materiell gesichert und geistig gereift sind, als wenn wir krank, beschränkt oder arm sind oder unter Gewalt und mangelnder Reife leiden.« (Cohn 1975, S. 120)

Mit dieser Aussage und Begründung ergänzt das dritte Axiom die beiden vorausgegangenen, indem es auf die Bedeutung vorgegebener Grenzen für die freie Entscheidung hinweist.

Besonders den zweiten Satz dieses Axioms – »Erweiterung dieser Grenzen ist möglich« – müssen wir kritisch im Auge behalten, sind wir doch meines Erachtens auf bestimmten Gebieten längst an den »Grenzen des Wachstums« angelangt, es sei denn, wir erschließen neue akzeptablere Ressourcen oder besinnen uns auf die hier benannten ethischen Wertsetzungen und erkennen früh genug, wo Grenzüberschreitungen in neue verhängnisvolle Abhängigkeit führen.

Jeder Situation sind Grenzen gesetzt. Aber jede Grenzsituation unterliegt auch Wandel und Veränderung, die es jeweils neu auszuloten gilt. Krankheit, Aufenthalt in fremder Umgebung, Arbeitslosigkeit oder ein großer persönlicher oder genereller Fortschritt z. B. verändern bestehende Grenzen im persönlichen und kommunikativen Umgang. Politische Ereignisse verändern Grenzen im gesellschaftlich-wirtschaftlichen Bereich. Mit neuen Grenzsetzungen sind auch neue Verantwortungen zu übernehmen. Wir sind nicht Opfer unseres Schicksals, wir sind beteiligt an Grenzverschiebungen im privaten und öffentlichen Bereich.

Und noch auf einen weiteren Aspekt im Umgang mit Grenzen soll hingewiesen werden: Oft versäumen wir, den uns gegebenen Raum überhaupt voll zu nutzen. Viel zu früh richten wir uns innerhalb vermeintlicher Grenzen ein, ohne auszuloten, welcher Raum uns wirklich, ohne Schaden zu nehmen oder anzurichten, zur Verfügung steht. Die Aussage dieses dritten Axioms will auch hier zur kreativen Ausgestaltung des vorhandenen Freiraums Mut machen.

Eine der hauptsächlichen Wachstumschancen ist und bleibt gerade auch im 21. Jahrhundert die geistig-seelische Ebene.

Wie wir schon anfänglich gehört haben, sind die Axiome nur im Verbund denkbar. Dadurch wird die Beliebigkeit ihrer Auslegung, aber auch deren Simplifizierung vermieden. Sie weisen auf den Zusammenhang hin, den wir auch in der Erläuterung und Anwendung des Ich-Wir-Es-Dreiecks im folgenden Kapitel finden werden, ebenso wie in Postulaten und Hilfsregeln.

Mit der Festlegung auf die Axiome versteht sich TZI, wie am Anfang des Kapitels ausgeführt, als gelebte Ethik, die zum einen um der Freiheit des gefährdeten Menschen und um der Gesundung des beschädigten Menschen willen Ehrfurcht vor den Kräften für das Leben gebietet, zum anderen aber in erster Linie einen Beitrag zum Gesundbleiben leistet.

Damit gehört sie zu den sensiblen Gütern, bei deren Erstellung, weit über alles Methodische hinaus, das Wirksamwerden von Werteinstellungen von entscheidender Bedeutung ist und sich direkt auf die Qualität des Lebens und Zusammenlebens auswirkt.

Mit der Humanistischen Psychologie gemeinsam hat die TZI einen auf den Menschen orientierten Optimismus, der auf die positiven Möglichkeiten und auf die Fülle ihrer Entfaltung setzt, indem er dem Menschen von Kindheit an Können und Entwicklung des noch nicht Gekonnten zutraut und ihn ermutigt, anstatt ihm von vornherein mit Skepsis und Demütigung zu begegnen.

Diese wachstumsorientierte Werteinstellung: »Das Humane ist wertvoll; Inhumanes ist wertbedrohend«, impliziert damit eine bewertende Stellungnahme zu Gedanken und zu Handlungen des Menschen.

Menschsein ist eine höhere Evolutionsstufe als die der Tiere und der Pflanzen. Die Gabe des Erfindens und Konstruierens, des Denkens und Entscheidens, die frei gewähltes Handeln in sich birgt, die gleichzeitig aber die Verantwortung für diese Fähigkeiten trägt, ist allein dem Menschen vorbehalten bzw. wird nur von ihm gefordert. Nur der Mensch kann sich zum bewussten Veränderer von Fakten in der Welt machen, in aufbauender wie in zerstörender Richtung. Nur die Umsetzung der gedanklichen Wertschätzungen in konkrete und selbstverantwortete Handlungen kann eine positive Veränderung in kleinen Schritten bewirken.

Um sich in diesem Sinne mehr Klarheit zu verschaffen, können folgende Fragen helfen:

- Welche Überzeugungen und Antriebsimpulse leiten mich im Denken und Handeln?
- Von was möchte ich, dass es auf jeden Fall erhalten bleibt, für mich und auf dieser Welt?
- Was tue ich dafür?
- Was unterlasse ich dafür?
- Wie sieht die Hierarchie meiner Werte aus?

Das Menschenbild der TZI kann in einer erweiterten und umformulierten Aussage so zusammengefasst werden (Quelle: D. Stollberg):

1. Du kannst, wenn du willst.
2. Der Mensch führt Situationen herbei, nimmt sie wahr oder vermeidet sie.
3. Die Realität geschieht hier und jetzt. Die Wirklichkeit ist immer das Gegenwärtige, von Vergangenheit und Zukunft beeinflusst.
4. Auch Schmerz, Leid, Konflikt und Tod gehören zum Leben; sie sind nicht durch Vermeidung oder scheinbare Beseitigung zu bewältigen.
5. Du *bist* dein Körper und hast nicht etwa einen. Seelische Vorgänge sind ein Aspekt körperlicher Vorgänge und umgekehrt. Hinwendung zu dem, was da ist, kennzeichnet eine lebensbejahende Einstellung, die Gemeinschaft und Zusammenarbeit fördert.

Es kann keine ethischen Rezepte geben. Aber der Ansatz, mit den Axiomen Ernst zu machen und sie in Handeln umzusetzen, will dazu beitragen, aus der Unübersichtlichkeit und Theoriegebundenheit ethischer Orientierung herauszuhelfen und ein Fundament zu bilden, auf dem jeder sich für eine verantwortbare Lebensform entscheiden kann. So wird jeder als Person deutlich, die

- ihre Vergangenheit kennt;
- ihre Zukunft entwickelt;
- in der Gegenwart handelt;
- die sich von der Gleichheit untereinander tragen lässt und die Andersartigkeit anderer nutzt als die Chance, voneinander zu lernen und Entwicklung bei sich und anderen zu fördern.

Man hört gelegentlich, TZI sei in die Jahre gekommen, nicht mehr aktuell für die Lebens- und Arbeitsgestaltung im neuen Jahrhundert. Das mag unter Umständen zutreffen, wenn man TZI als Arbeitsmethode erstarren lässt.

Die hier dargelegten Axiome dagegen sind ein lebendiger Schatz, auf den wir als Kompass für Verhalten und Tun zurückgreifen können.

4 TZI – Ein Grundkonzept zum Leben und Leiten

1. Das Dreieck einüben

Die Anregungen zum Leben und Zusammenleben, wie die TZI sie gibt, sind, wie wir schon gehört haben, Ausdruck und Anwendung einer bewussten Haltung, gestützt von den Axiomen. Sie finden in einem bewusst nachvollziehbaren Konzept ihre Umsetzung.

TZI als Handlungskonzept geht von einer relativ übersichtlichen Grundstruktur aus, bei der alle Einzelelemente im Kontext zueinander stehen.

Einem Kompass gleich kann das Konzept als Wegweiser zum Planen und Leiten von Gruppen, Arbeitsteams und Unterrichtseinheiten ebenso genutzt werden wie für die individuelle Lebensgestaltung. Es dient der Förderung ganzheitlicher Kommunikation mit sich selbst und anderen. Die widerstrebenden Kräfte im Menschen und zwischen Menschen, ihre Gefühle und Sinne haben gleiche Wichtigkeit und Entscheidungsmitsprache.

Diese Aussagen und Erfahrungen beruhen auf der Arbeitshypothese, dass

- jede Person (hier »Ich« genannt),
- jede Interaktion von Menschen untereinander (hier »Wir« genannt),
- jede Sache, jeder Lernstoff, jede Arbeitsaufgabe, mit der diese Menschen zu tun haben (hier »Es« genannt), von grundsätzlich gleicher Wichtigkeit sind und im Zusammenleben, besonders in der strukturierten Gruppenarbeit, gleichen Stellenwert haben.

Diese oben genannten Faktoren – Ich, Wir und Es – verdeutlichen die ganzheitliche Sichtweise von Lernen, Leben und Zusammenleben und werden meist in der einfachen Grafik eines gleichseitigen, unbetonten Dreiecks dargestellt, wie es inzwischen zur Standardskizze und zum »Markenzeichen« der TZI geworden ist (Abb. 2). Auch Gruppentheoretiker und Praktiker, die die TZI nicht explizit zu ihrem Konzept gemacht haben, erkennen dieses Dreieck an und setzen es ein.

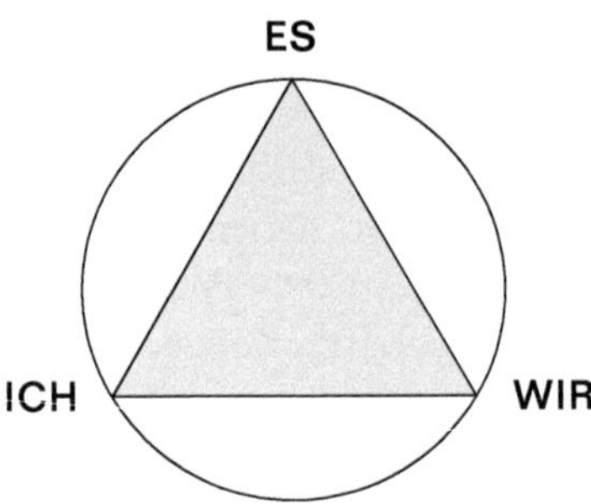

Abb. 2: TZI-Dreieck

»Eines Nachts«, so erzählt Ruth Cohn über die Entwicklung dieser Grafik, »träumte ich von einer gleichseitigen Pyramide. Im Aufwachen wurde mir klar, dass ich die Grundlage meiner Arbeit erträumt hatte. Die gleichseitige Traumpyramide bedeutete mir: Vier Punkte bestimmen meine Gruppenarbeit. Aus der Pyramide wurde aus darstellerischen Gründen ein Dreieck, der vierte Punkt durch einen Kreis dargestellt.«

Nur eine Pyramide, nichts drum herum, keine aufregende Geschichte ist damit verbunden. Es gehört enorme innere Wachheit dazu, um darin die gesuchte Grundlage der Gruppenarbeit zu erkennen. Ruth Cohn beschreibt ihre »Pyramide« als einen geometrischen Körper, der von vier gleich großen Dreiecken gebildet wird. Im Sprachgebrauch der Geometrie handelt es sich um einen Tetraeder (Vierflächner).

Die Gestalt dieses Raumkörpers war die Lösung, um im Zusammenhang darzustellen, was nach ihrer Erfahrung das Leben und die Gruppenarbeit bestimmt.

Ruth Cohn entschloss sich, die räumliche Figur aus ihrem Traum in ein gleichseitiges Dreieck zu verwandeln, das von einem

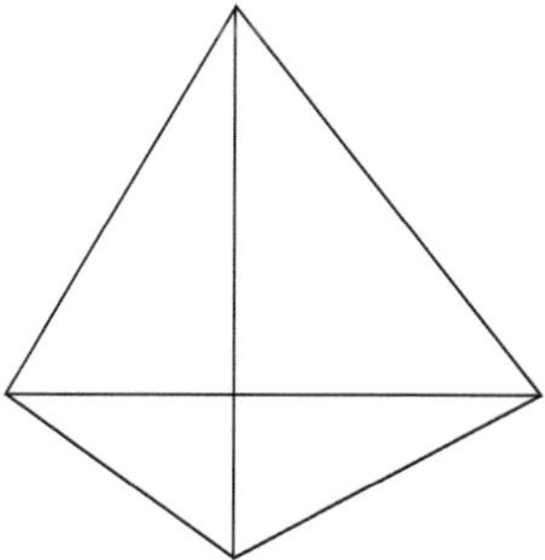

Abb. 3: Tetraeder

Kreis umschlossen ist (Abb. 2). Der Kreis steht für eine vielschichtig-transparente Kugel, als Zeichen für den Globe.

> »Dynamische Balance« als Begriff geht über die Stimmigkeit in Gruppen hinaus. Gleichgewichtsstörungen entstehen auch in jedem Einzelnen durch Missachtung des Wechsels von Arbeit und Ruhe, Geben und Nehmen, durch zu viel Zeit mit Kindern und zu wenig Zeit mit Erwachsenen, oder umgekehrt, durch zu viel Training und zu wenig Ausübung …
> Dynamische Balance ist ein allgemeiner Lebensbegriff, die Notwendigkeit, Gegenpole im Leben einzubeziehen, wie es auch der chinesischen Yin-Yang-Philosophie entspricht. Leben ist gekennzeichnet durch sich bewegende Neuorientierung und nicht durch Statik. Der Begriff der dynamischen Balance ist eine Aufmerksamkeitshilfe, lebendiges Lernen/Lehren und lebendiges Leben zu begünstigen.«

Die klärende Frage, um dieses zu erreichen, heißt immer:

- »Welche der drei Ecken des Dreiecks muss stärker mit Leben gefüllt werden, damit dieser Mensch oder diese Gruppe zufriedener und effektiver zugleich in einem Globe leben kann?«

Das Dreieck wäre unvollständig und in seiner Anwendung unbrauchbar, wenn wir es nicht in den Globe hineinstellen würden, der alle drei Ecken tangiert und alle Umfeldfaktoren symbolisiert. Globe und Chairman bzw. Chairperson sind im Übrigen die einzigen Begriffe, die nicht übersetzt sind.

2. Das Kräftespiel von Dreieck und Eisberg

Das Dreieck als Kernstück der TZI soll in diesem Kapitel auf seine Alltagsrelevanz hin angeschaut werden. Wir wissen bereits aus den Axiomen, dass das Dreieck darauf hinweist, dass Menschen nur theoretisch in Kopf und Seele, in Körper und Gefühl aufzuteilen sind und dass ihre eigene Wirklichkeit immer mit der Wirklichkeit der Welt, in der sie leben, zu tun hat und von ihr, als der im Moment gültigen Realität, gesteuert wird. Selbst Robinson – dieser bekannte Schiffbrüchige, der allein auf seiner Insel überlebte – kam nicht umhin, sein Alleinsein zu meistern, seinen Körper zu pflegen und zu nähren und dabei die Realität »seiner« Insel als Impulsgeber zu nutzen und gleichzeitig sie als Widersacher im Auge zu behalten.

Nun geschieht es aber nicht von selbst, dass Ich, Wir und Thema gleichwertig beachtet werden und dass obendrein die Impulse aus dem Globe Berücksichtigung finden. Dieses Bemühen um Balance zwischen allen vier Punkten ist ein aktiver Akt, der dem Menschen als Aufgabe zugemutet wird, hat er sich einmal auf diesen selbst bestimmten Weg begeben. Es geht dann darum, eine Lebensbalance zu finden, die Bewegung zulässt und die die Unbequemlichkeiten, die Veränderungen mit sich bringen, nicht scheut.

Es liegt in der Natur der Sache, dass Balance nicht Statik bedeutet, dass Menschen und ihr Umgang miteinander nicht ein für alle Mal in eine sachlich und psychisch ausgewogene Position gebracht werden können. Damit wäre jede Chance für Veränderung und Wachstum vertan. Dynamische Balance im TZI-Sinn ist der fortlaufende Wechsel von Verlieren, erneutem Suchen und Wiederfinden der Balance.

Für einen kürzeren oder längeren Zeitraum ist ein Gleichgewicht erreicht, das für alle stimmt. Immer aber droht das Aus-der-

Balance-Geraten: Ein eiliges Sachziel dominiert die Ich-Wir-Aspekte, ein Forschungsthema nimmt alle gefangen, sichtbare Resultate sind gefordert, und das Bedürfnis, der Befindlichkeit Ausdruck zu verleihen, ist im Moment, wie es scheint, nur lästig. Oder aber Beziehungsthemen lassen jeden realen Anspruch in den Hintergrund treten, machen sich als Sympathie oder Antipathie im Raum breit und beeinträchtigen das Sachergebnis.

Gelegentlich lassen wir uns auch von realen oder vermeintlichen Forderungen der Umwelt aus der Balance bringen, setzen unsere persönlichen Maßstäbe, was Verdienst und Anerkennung angeht, zu hoch. Dann wird vom Körper signalisiert: »Hier stimmt etwas nicht!« Eine Krankheit gibt uns Signal, dass das Dreieck an der Ich-Ecke unbalanciert ist.

So merkwürdig es klingen mag: Dieses Verlieren und Wiederfinden von Balance ist notwendig zum Leben. Es veranlasst uns, Neues zu tun, kreativ zu werden, einen Schritt über die Angst hinaus zu wagen, um in unbekannte Bereiche vorzudringen und dabei das Leben im Fluss zu halten.

Manch einer möchte »zum Augenblick sagen: ›Verweile doch, du bist so schön‹«. Er würde damit in eine ungesunde Statik geraten. Mit diesem Zitat aus Goethes »Faust« möchte manch einer die unbequeme Unbalance beschwören. Aber wie Faust würde er damit in die Fänge des Mephisto geraten, in denen er seine Lebendigkeit drangeben müsste. Eine lebendige, nicht immer problemlose Dynamik hätte einer Stagnation Platz gemacht, die ihrerseits problematisch wäre.

Das Dreieck, als Hilfsmittel für die Diagnose und zur Darstellung der Selbststeuerungsprozesse eingesetzt, zeigt auf, wo Stagnation einzutreten droht oder wo eine zu heftige Dynamik den Blick für die Zusammenhänge versperrt.

Um diese Dynamik aus der Praxis heraus zu verstehen, wenden wir uns an späterer Stelle einem Fallbeispiel zu und lassen uns vom Dreieck der TZI als Diagnoseinstrument leiten. Wir werden verstehen, warum ein Mensch in Unruhe geraten kann, und wir werden anhand des Dreiecks nachvollziehen, wie man neue Balance findet.

3. Was hat es mit dem Eisberg auf sich?

Ehe aber mit dem Beispiel aus der Praxis die Relevanz des Dreiecks für den Alltag aufgezeigt wird, möchte ich auf ein anderes, oft als Symbol genutztes Bild hinweisen, auf einen »Eisberg« nämlich, der im übertragenen Sinne folgende Zusammenhänge versinnbildlicht:

Wo immer Menschen zusammenleben und -arbeiten, spielen sich die Ereignisse zwischen ihnen auf mehreren Ebenen ab. Auf der ersten Ebene handelt es sich um die *sachlogischen Zusammenhänge* und um gemeinsame Themen und Interessenbereiche, um Arbeitsanliegen und Aufträge, um Lernaufgaben, um Zielsetzungen und Informationen und um organisatorische Dinge. All diese vielschichtigen »Dritten Sachen« (ich entleihe mir diesen Ausdruck von Bert Brecht), die Menschen miteinander verbinden, entzweien oder zu Erfolgen führen, sind relativ problemlos zu beschreiben. Wir finden sie im Dreieck an der mit »Es« bezeichneten Ecke. Sie lassen sich relativ klar in Worten ausdrücken, sind hinterfragbar und zeigen bei ihrer Bearbeitung meist sichtbare Ergebnisse.

Diese sachlichen Themen können ebenso Lern- oder Forschungsgebiete sein, wie die Entwicklung eines technischen Systems oder die Organisation von Arbeitsabläufen, Konferenzen oder pflegerische Versorgung.

Wer aber im Lebensvollzug und Arbeitsprozess mit Menschen zu tun hat – und das hat nahezu jeder –, der weiß aus eigener Erfahrung, dass da immer noch etwas anderes mitläuft, das sich nicht immer so mühelos ausdrücken und beschreiben lässt. Auf dieser zweiten, eher verborgenen Ebene handelt es sich um *psychosoziale Zusammenhänge.* Im Dreieck finden wir sie an der Ich- und Wir-Ecke. Hier kommt es auf die Sozialkompetenz und auf das persönliche emotionale Repertoire an, das der Einzelne entwickelt hat oder entwickeln muss und ins Spiel bringt. Manchmal lassen sich die Dinge auf dieser Ebene genauso einfach feststellen und ausdrücken wie die auf der Sachebene.

Meist aber sind sie viel komplizierter und verborgener und nur schwer in Worte zu fassen. Es geht hier nämlich um Freude und Sympathie, um Ärger oder Antipathie, um den Wunsch nach Anerkennung und Lob, hier geht es um Status (Wer hat hier welches Vorrecht, wer hat das Sagen?) oder um Tabus (Was darf man, was tut man nicht?), auch wenn es zunächst den Anschein hat, als sei das alles auf der Sachebene geregelt. Die ganze Bandbreite der Ängste und Wünsche ist hier zu finden. Hier entstehen Misstrauen und Zuversicht. Die Inhalte dieser psychosozialen Ebene sind gekennzeichnet durch alles, was zwischenmenschlichen Beziehungen Charme und Lebendigkeit gibt, aber eben auch Ärger und Ablehnung.

Die Vorgänge auf dieser Ebene geben entscheidende Impulse für das Geschehen auf der sachlogischen Ebene. Energiequellen liegen hier dicht neben Energiebremsen, meist weniger bewusst, dafür umso schneller aktiviert. Ein kleines Ereignis auf der Sachebene kann schon Impulse auf der unteren Ebene wandeln.

Beide Ebenen stehen in enger Wechselbeziehung und sind nicht voneinander zu trennen. Mal mehr, mal weniger, drohen sie sich auch gegenseitig ihre Aufmerksamkeit zu stehlen. Vernachlässigen wir über eine längere Zeit die eine oder andere Ebene, so lässt die Arbeitsenergie schnell nach und die Zusammenarbeit droht zu stagnieren. Auch wenn wir noch so ausdrücklich dazu auffordern: »Bleiben wir doch sachlich!«, die »unsachlichen« Energien aus der zweiten Ebene drängen sich auf, spielen mit und sind letztendlich ausschlaggebend. Wo wir ihnen zu wenig Raum geben oder sie gar ignorieren, binden sie unbewusst einen guten Teil aller Energien und schaffen sich häufig durch scheinrationale Argumente Luft. Dann werden Beziehungsschwierigkeiten aus der zweiten Ebene in Sachaussagen gekleidet, die keinen Sinn machen.

Die Analogie zu einem Eisberg liegt nahe. Sein sichtbarer Teil umfasst ja bekanntlich nur etwa ein Siebtel der Gesamtmasse. Der größere Teil liegt unter der Wasseroberfläche verborgen, was den Eisberg zunächst relativ harmlos erscheinen lässt.

Wenden wir dieses Bild auf die Zusammenarbeit zwischen Menschen an, so handelt es sich beim sichtbaren Teil um die Aufgaben- und Sachebene, während sich alles andere als emotionale und soziale Faktoren im unteren Teil zunächst unsichtbar hält und dort in seinem Umfang schwer auszumachen ist.

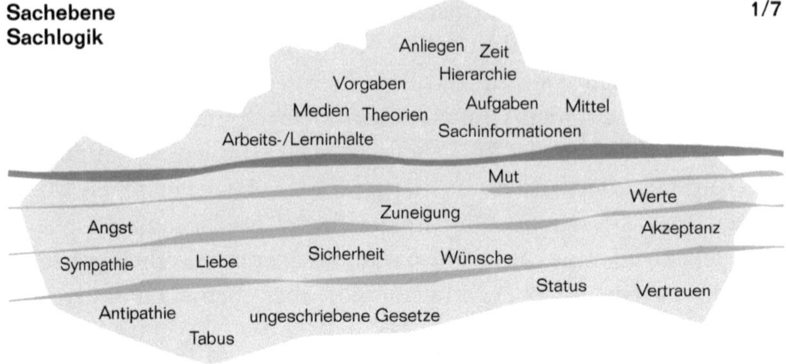

Abb. 4: Eisberg

Bleiben wir beim Bild des Eisbergs, so wissen wir auch, dass die Gefahr des Zusammenstoßes und des Kenterns vom unteren Teil ausgeht und nicht von der sichtbaren Spitze und deren Größe beurteilt werden darf. Nur ein gutes Echolot und eine sorgfältige Navigation, sprich eine hohe Aufmerksamkeit, Kenntnis und Gespür für die verborgene Ebene, schützen vor Auflaufen oder Kentern. Will man also auf der Sachebene Ergebnisse erzielen, so muss man ein gewisses Gespür für das Geschehen unterhalb der Oberfläche entwickeln. Erkennen und Einbeziehen der psychosozialen Ebene helfen der Lösung mehr, als sie zu leugnen oder zu verdrängen. Die Vorgänge auf der psychosozialen Ebene lassen sich nicht separieren und bestimmen entscheidend die Geschicke der Sachebene.

Freilich hinkt der Vergleich mit dem Eisberg, ließen wir seine Interpretation so stehen. In seinem unteren Teil sind nämlich auch alle Energiequellen enthalten, die die Arbeit auf der Sachebene fördern: Motivation, Neugier, Freude am Tun, Kreativität, Lust an Erfolg und Anerkennung, Sicherheit und Solidarität für alle Beteiligten. Nicht selten wird der Eisberg zum Vulkan, wenn dort liegende Bedürfnisse zu lange unterdrückt und ständig verletzt werden. Dann bedarf es nur eines kleinen zusätzlichen Funkens, um den Ausbruch zu provozieren – und damit »das Eis zum Kochen« zu bringen.

Es ist klar, dass bei neuen Gruppen und Beziehungen dieser Eisberg gewissermaßen in zerbrechlichem Zustand ist, weil viele noch ungeklärte Themen im Raum sind.

Jede Gruppe, jedes Arbeitsteam, das Sachprobleme zu lösen hat, muss immer aufs Neue für das »soziale Innenleben« sorgen und dafür Spielregeln entwickeln. Diese müssen den Sachaufgaben gerecht werden, vor allem aber müssen im Katalog gegenseitiger Absprachen solche enthalten sein, die die Bedürfnisse und Ängste aus der psychosozialen Ebene aufgreifen. Das Dreieck der TZI bekommt hier seine zentrale Wichtigkeit. Es dient als Kompass, um jederzeit festzustellen, ob wir sachlich und emotional auf dem richtigen Kurs sind:

»Sind alle zufrieden mit dem, *was* wir tun (Es), und sind alle auch zufrieden mit der Art und Weise, *wie* wir es tun (Ich und Wir)?«

Für viele Menschen ist die Sachebene – dem Es des Dreiecks gleich – die bekanntere Ebene, auf der sie sich sicher fühlen. Sie betonen diese Ebene mitunter auch dann, wenn eigentlich die psychosoziale Frage drängt und unbequem wird, wenn sie etwas über ihre Gefühle sagen müssten oder wollen. Das gilt allerdings auch umgekehrt: Wer zur Sache keinen Zugang findet, lenkt gern auf fehlendes Vertrauen ab. Während die einen also »zur Sache« kommen wollen, können sich andere Teilnehmer ihr noch nicht zuwenden, weil es für sie auf der psychosozialen Ebene noch Blockaden und Verunsicherungen gibt, z. B. zu wenig Vertrauen, um offen über »die Sache« sprechen zu können, oder die Sorge, zu den Verlierern zu gehören. Wenn dann noch Termindruck, Vorgaben übergeordneter Instanzen oder ungewohnte Arbeitsmethoden dazukommen, sind Spannungen in der Gruppe gar nicht zu vermeiden.

Wie groß der untere Teil wirklich ist und wann die Gefahr eines Zusammenstoßes besteht, ist nur mit einem guten Echolot – d. h. Gespür für und Kenntnis über psychische und soziale Prozesse – auszumachen. An tragfähige Sachlösungen kommt man nur wirklich heran, wenn man sorgfältig navigiert und ggf. in kleinere Boote (d. h. kleinere Schritte) umsteigt, um nicht im emotionalen Bereich aufzulaufen. Wenn Teile des Eisberges unter Wasser abbrechen, kommt auch der sachorientierte sichtbare Teil ins Schwanken. Eine gesunde psychosoziale Ebene, auf der der Einzelne auf seine »Kosten« kommt, ist eine wichtige Voraussetzung für die Leistungsfähigkeit auf der Sachebene.

Der Kreis, der das Dreieck als Globe umgibt, kommt dem Wasser gleich, in dem der Eisberg schwimmt. Wie ein Eisberg ohne Wasser nicht denkbar ist, würde das Ich-Wir-Themen-Dreieck ohne Globe zu einem unrealistischen Werkzeug degradiert. »Wer den Globe nicht kennt, den frisst er«, haben wir an anderer Stelle von Ruth Cohn gehört.

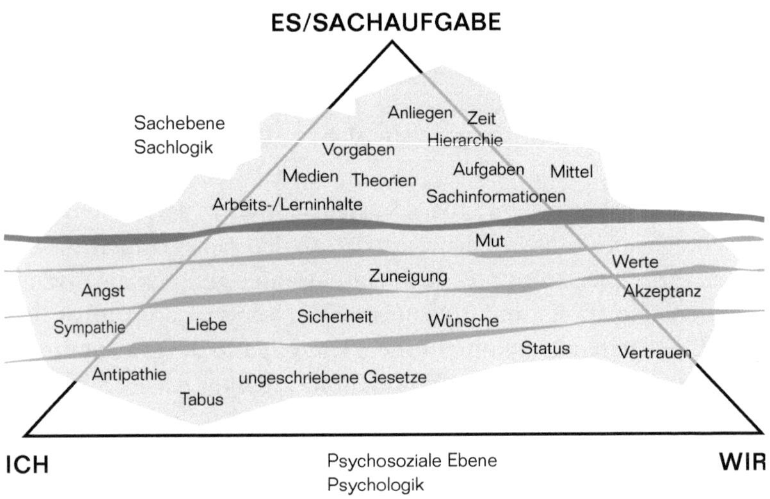

Abb. 5: Eisberg und Dreieck

Der Globe umfasst alles:

- das Zeitbudget, das uns zur Verfügung steht;
- die finanziellen Möglichkeiten;
- die Gesetze und ihre Grenzen;
- die politische, familiäre, berufliche Landschaft und die Hierarchien darin;
- das Alter, das Geschlecht, die Schichtzugehörigkeit der Menschen, mit denen wir arbeiten;
- die gemeinsame Vergangenheit und Gegenwart.

Wie wir den Eisberg nur zweidimensional darstellen können, so fehlt uns auch für das Dreieck die dritte darstellende Ebene. Stellen wir es uns aber in seiner Mitte auf einer Nadel schwebend vor, so bekommen wir einen Eindruck seiner Balancefähigkeit und seiner Balanceanfälligkeit.

Nur selten leben und handeln wir in einem ausbalancierten Dreieck. In der Arbeitswelt, in der die so genannten Sachzwänge vorherrschen, dominiert meist das Hinschauen aufs Thema und aufs Umfeld. Damit wird das Dreieck zu einem Sachtorso degradiert. Man konzentriert sich im Wesentlichen auf die Eisbergspitze und tut strikt die Dinge, die zur Zielerreichung notwendig sind.

Dabei wird schnell übersehen, dass die Bedürfnisse aus dem Ich- und aus dem Wir-Aspekt sehr wohl vorhanden sind und darauf drängen, ihren Raum zu bekommen. Wenn sinnvolle, gut durchdachte und notwendige Dinge nicht funktionieren, dann meist deshalb, weil auf der emotionalen Ebene etwas blockiert: Rivalität, Angst, Neid oder Zuneigung regieren aus ihrem Schattendasein und lehnen sich gegen ein Handeln in die gewünschte Richtung auf. Dabei hat die emotionale Ebene noch nicht einmal immer Recht, aber meistens die Macht.

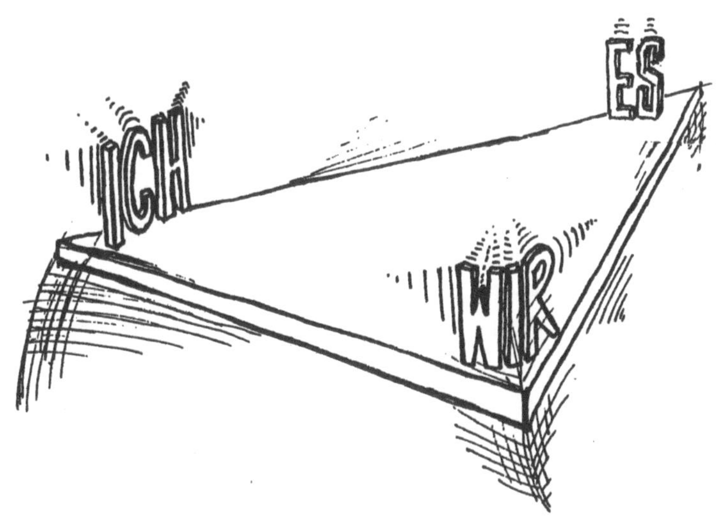

Abb. 6: TZI-Dreieck im Balancespiel

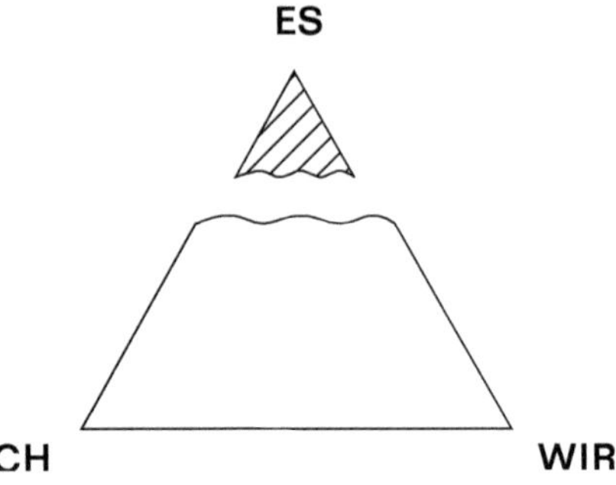

Abb. 7: Sachtorso

Während Arbeitsbereiche als Inseln der Sachlichkeit erlebt werden, führen persönlichkeitsorientierte Angebote auf nie gekannte Inseln der Emotionalität und bilden ihrerseits einen Torso, dem die Realitätsbezogenheit fehlt.

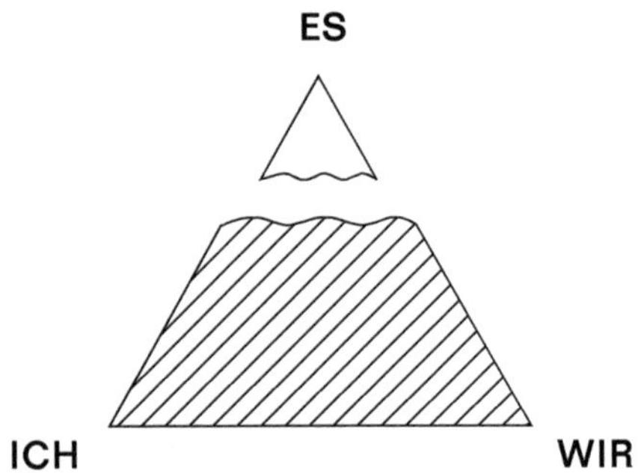

Abb. 8: Beziehungstorso

Die Realität der Umwelt, die Realität der Dinge und die Realität der individuellen Innenwelt bestimmen aber gemeinsam unser Leben, vor allem auch unsere Arbeitswelt.
Dieses sucht die TZI mit dem Balancegedanken des Dreiecks und der Autorität des Globes als Rahmen und Grenze zu verwirklichen.

Wir werden auf dieses Grundkonzept des Dreiecks auch in anderen Zusammenhängen im Verlauf der weiteren Kapitel zurückgreifen, ergänzt durch andere Grundelemente, die TZI ausmachen.

Zunächst wollen wir uns die »Eisberglogik« und die »Dreieckswahrheit« an einer Alltagsgeschichte verdeutlichen.

4. Auf dem Weg zu neuem Gleichgewicht

Eine Falldarstellung soll uns in das Berufsfeld eines Wirtschaftsunternehmens mitnehmen, genauer gesagt zu einem seiner langjährigen Mitarbeiter, der an der Schwelle zwischen Beruf und Nachberufsleben steht und nach neuem Gleichgewicht im Sinne des Dreiecks sucht.

Hier ist seine Geschichte, die Geschichte seines Unbehagens und seiner Unzufriedenheit, aus der er herauskommen wollte.

»Morgens, wenn ich aufstehe«, so schilderte er seine Situation, »dann denke ich, welch eine prima Firma, die mir mit 55, im besten Alter und gesund, alle Freiheit gibt und noch 75 % des Gehalts. Und abends, wenn ich nicht ins Bett finden kann, denke ich: unmögliche Firma, schickt mich einfach weg, braucht mich nicht. Für Jüngere Platz machen! Eine Wut packt mich. ›Reorganisation‹ nennen die das. Ich finde es ja eigentlich gut, aber warum trifft es gerade mich? Wer reorganisiert mich? Bin ich nun arbeitslos oder pensioniert?«

Er erklärte mir die Unternehmenspolitik, die er eigentlich befürwortet, er rechnete mir seinen Lebensstandard vor, der ihm noch vieles erlaubte. Trotzdem, er könne sich seine Unruhe nicht erklären.

»Und meine Frau erst – irgendwie ist alles aus dem Lot geraten«, schloss er seinen Bericht.

Aus dem Lot geraten, die Balance verloren, das war die unmittelbare Erfahrung, die dieser Mensch und seine Familie gerade machten. Seine Tage waren voll gepackt mit allem Möglichen, er wusste selbst nicht, wie sie verflossen. Nur die Unruhe wuchs.
Steigen wir aus dem Gespräch aus, um uns die Frage nach dem Im-Lot-Sein genauer zu stellen.

Marie Jahoda, die 1907 in Wien geborene und im April 2001 gestorbene Sozialwissenschaftlerin, die sich mit großem Engagement mit der Arbeitslosigkeit, ihrer Auswirkung sowie mit der Humanisierung der Arbeit befasste, weist uns auf eine Antwort hin, die in gewisser Weise mit dem Gedanken der Dreiecksbalance korrespondiert:

»Der Mensch braucht so viel Arbeit,
dass er den Kontakt zur gesellschaftlichen,
politischen und kulturellen
Realität nicht verliert.«
(MARIE JAHODA 1985)

Jahoda greift damit eine Aussage Freuds auf, der Arbeit – das Es in der TZI – für das stärkste Band des Menschen an die ihn umgebende Realität hielt, Arbeit im weiteren Sinne des Wortbegriffs. Es entspricht – den Globe – der Auffassung der TZI, dass Arbeit auch heute noch eines der wichtigsten Felder ist, in denen der Mensch sich erlebt und entwickeln kann.

Die Arbeit zu verlieren, vor allem, wenn es mehr oder weniger unfreiwillig geschieht und ohne Übergang in andere Tätigkeitsbereiche, stellt die Identität des Menschen – das Ich – infrage. In der Begrifflichkeit der TZI ausgedrückt, heißt diese Aussage weiter:

- Das Ich kann nur im Wir einer Gruppe politisch, kulturell oder produzierend tätig sein.
- Das Wir der Gruppe wiederum bietet einen Aktionsraum und ein Echo für die Individualität meines Ichs.
- Menschen kommen in interaktionellen Kontakt zueinander durch gemeinsame Themen, durch eine gemeinsame Aufgabe.

Die These von Marie Jahoda, in den Dreißigerjahren aufgestellt, hat ihre Gültigkeit bis heute nicht verloren. Wenn wir sie auf dem Hintergrund der TZI ansehen, so müssen wir sie allerdings zunächst um eine ebenso wichtige Komponente erweitern, nämlich um den oben genannten Kontakt zur eigenen Person. Die Aussage würde dann heißen:

Der Mensch braucht so viel Arbeit,
dass er den Kontakt zur gesellschaftlichen,
politischen und kulturellen Realität nicht verliert
und ebenso den Kontakt zu sich selbst,
zu seiner inneren Realität, zu seinen Fähigkeiten,
zu seinen Wünschen und Befürchtungen.

Wo das Dreieck von Themen spricht, nennt Marie Jahoda es Realitäten; das schließt auch das Umfeld, den Globe, diesen vierten Faktor, den wir in der TZI als Kreis um das Dreieck kennen, mit ein. Die Wichtigkeit der Arbeit legt Jahoda in fünf Erlebnisbereichen dar, die wiederum mit dem TZI-Dreieck korrespondieren:

Jede normale Arbeit, jede Tätigkeit bietet eine Vielzahl von Erlebnissen, die in ihrem Zusammenspiel die Ich-Wir-Themen-Balance ermöglichen und den Kontakt zur Welt herstellen. So verstanden ist irgendeine Form von Tätigkeit für jeden Menschen unverzichtbar.

Solange man einer Berufstätigkeit nachgeht, sind diese Erlebnisbereiche im Arbeitsfeld abgedeckt und man kann sich nur schwer andere Lebensinhalte gleicher Qualität vorstellen.

»Lässt sich solche Ich-Wir-Es-Balance nicht anders herstellen? Muss es denn immer Berufstätigkeit sein?«, wird sich mancher Leser fragen. Nein, es muss kein Beruf im engeren Sinn sein, und ebenso ist relativ unwichtig, ob man die Tätigkeit liebt oder ob man sie zeitweilig auch ablehnt, auf ihre Routine schimpft. Auch ist es unwichtig, ob sie geistiger, praktischer oder sozialer Natur ist, ob sie lange dauert oder ob sie nur Stunden füllt. Wie immer ich zu meiner Tätigkeit stehe, sie bietet Erlebnisbereiche.

Der *1. Erlebnisbereich* ist die ordnende Gliederung der Zeit, des Tagesablaufs, die eine äußere Struktur gibt. Der Ärger über den frühen Wecker wechselt sich mit der Vorfreude auf den Sonntag ab. Berufliche Termine blockieren private, Dienst- und Ferienreisen unterbrechen die eintönige Routine. Und schließlich kann man nur von »Feierabend« sprechen, wenn vorher Arbeit war.

Zu diesem Erlebnis der ordnenden Gliederung der Zeit gehört auch der eigene Rhythmus: Wann kann ich eigentlich welche Tätigkeit am besten, wann braucht mein Körper Essen und wann Schlaf? Und wie kann ich das zeitlich koordinieren mit fremdbestimmten Terminen.

Der Einzelne erhält die Impulse zur Gliederung seines Tages aus dem ihn umgebenden Umfeld, aus Arbeitsaufgaben und von anderen Menschen. Sie stellen sich als Wünsche und Ansprüche von Vorgesetzten und Kollegen, von Familie, auch vom eigenen Hobby dar. So entsteht aus diesem Erlebnisbereich das terminliche Netz eines Tages- und Jahresablaufs.

Herr S. hatte nach seiner Kündigung von alledem nur noch wenig übrig behalten. Niemand erwartete oder vermisste ihn im beruflichen Rahmen. Im privaten Bereich dagegen drang er in Zeitstrukturen ein, die ursprünglich ohne ihn konzipiert waren. Das muss ihn auf der Ich-Ebene betroffen und seine Person infrage gestellt haben.

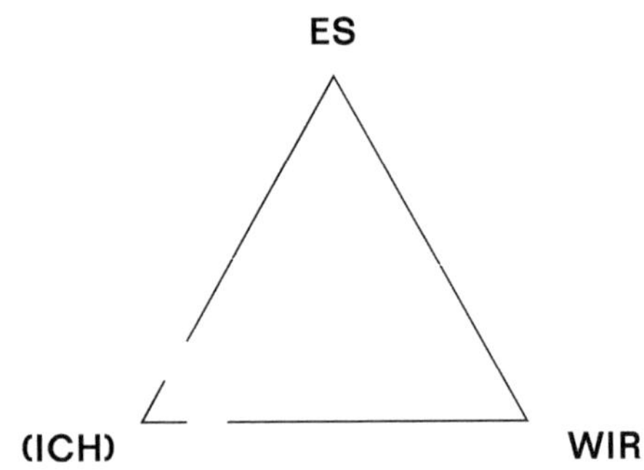

Abb. 9: Ich-Defizit

Im *2. Erlebnisbereich* geht es um die Erfahrung der Arbeitsteilung mit anderen, um gegenseitige Absprachen und um Aufeinander-angewiesen-Sein, um das Sich-gegenseitig-Ergänzen. Man ist Teil des Ganzen, man gehört dazu. Die Art und Weise der Zusammenarbeit bestimmt das Arbeitsergebnis.

In der Sprache des Dreiecks ausgedrückt: Es handelt sich um das Wir-Erlebnis, das aus immer neuen Kontakten und Konstellationen aus Ich und Du und Du zum Wir wächst. Über die ganze Bedeutung dieses Wir und seinen Platz im Dreieck lesen wir im Kap. 5.

Herrn S. war das Wir, das aus dem Kollegenkreis bestand, genommen. Er hatte niemanden mehr, der mit ihm kooperieren wollte oder musste.

Um das Stichwort Kooperation und Interaktion geht es in diesem zweiten Erlebnisbereich. Man ist beteiligt daran, wie das Wir als Ganzes funktioniert oder eben auch nicht funktioniert. Das Wir des Herrn S. bestand nur noch aus ihm und seiner Frau und bot, da es tagesfüllend war, zwar nie gekannte Erlebnisbereiche, die aber erst neu erobert und eingeübt werden mussten.

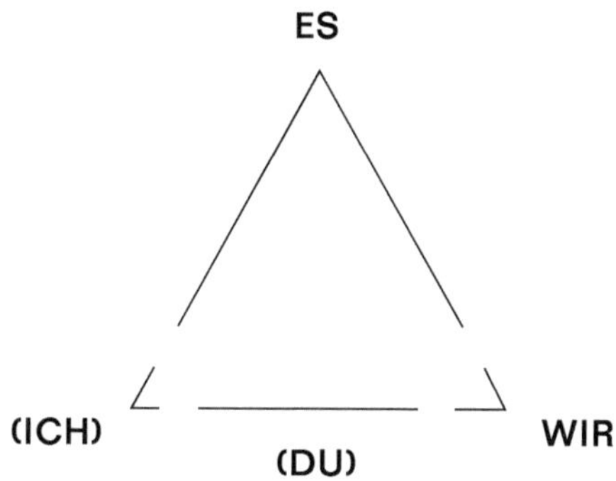

Abb. 10: Ich-Du-Wir-Defizit

In diesem Bereich mache ich die Erfahrung meiner Wirkung auf andere und die des gegenseitigen Feedbacks. Hier beherrschen Konkurrenz und Wettbewerb die Szene. Menschen erleben sich nicht nur in der Kooperation mit anderen, sondern auch in Rivalität. Jeder will seine Einflussnahme auf die Probe stellen, will wissen, wie weit er an der Ausgestaltung der Aufgabe beteiligt sein kann, was er erreichen kann. Hier geht es um Funktionen und Status. Der verborgene Teil des beschriebenen Eisbergs regiert diesen Erlebnisbereich.

In der Sprache der TZI ausgedrückt heißt das: »Ich bin ich und du bist du, und wie gehen wir mit unseren oft widerstrebenden Bedürfnissen um, damit wir uns nicht in Gewinner und Verlierer auseinanderdividieren?« Es handelt sich um einen Ich-Du- oder Ich-Ihr- oder Wir-Ihr-Konflikt.

Herr S. hatte mit alledem nichts mehr zu tun und in seine Erleichterung darüber mischte sich ein Wehmutsgefühl: Wo war denn nun für ihn, den gesunden 55-Jährigen, die Herausforderung, die er so liebte, das Lob, von dem er auch abhängig war, und woran maß er nun seinen Erfolg?

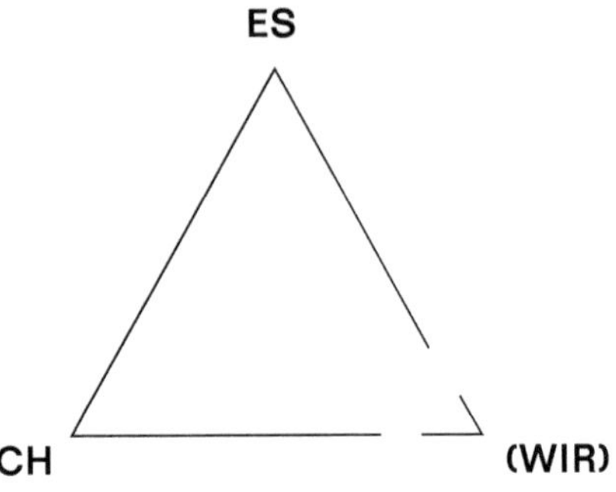

Abb. 11: Wir-Defizit

Der 3. *Erlebnisbereich* bringt den Menschen mit dem Produkt seiner Arbeit zusammen und mit der Institution oder Firma, mit dem Globe, für den er diese Arbeit tut. Er identifiziert sich mit ihr oder distanziert sich von ihr, er bezieht Stellung. TZI hilft zu Bewusstsein für das eigene Tun im Hinblick auf ein zufriedenes, weil vom Wert überzeugtes Arbeiten. Es weist auf die Gestaltung und Verantwortung der Themen und Sachinhalte hin in Verbindung zur eigenen Person.

Im Zeitalter der Anonymität und Entfremdung müssen wir vermehrtes Bewusstsein erlangen für lebensfördernde und lebenserhaltende Arbeitsprozesse und für die Beziehung zum Produkt. Auf dem TZI-Dreieck verknüpft sich im 3. Erlebnisbereich die Ich-Bewusstheit mit der Themen-Bezogenheit: Ich und das Thema und der Globe stehen in Beziehung und bedingen einander.

Am Ergebnis mitzugestalten, das allerdings lässt sich auch außerhalb von Erwerbsarbeit erleben. Auf dieser Ebene könnte Herr S. sich am ehesten weiterhin einsetzen, z. B. in ehrenamtlicher Sozialarbeit, und so seine Ich-Es-Balance und seine Wir-Bezogenheit zurückerobern.

Dieser letzte *Erlebnisbereich* deckt auch die Auseinandersetzung mit Theorien und Texten, mit praktischen Entwürfen und kreativen Neuschöpfungen ab, auch die Auseinandersetzungen mit Werten und Wertvorstellungen, mit geistigen und religiösen Standpunkten.

Es ist ein Teil der Ich-Leistung, die bezogen auf die Impulse aus dem Globe geschieht. Der Mensch nimmt diese aus seinem Umfeld und gibt sie auch in dieses wieder hinein. In der fünften Erlebnisebene scheint unser Gesprächspartner nicht so abhängig von seiner verlorenen Berufstätigkeit. Er könnte ja nun erst recht Zeitun-gen und Bücher lesen, Vorträge besuchen und sich fortbilden, aber dann?

Schließlich führt ja nur der Austausch mit anderen zu neuen Gedanken, vertieft das Gehörte, das Gelesene und regt zu weiterem Interesse an. Das können Familie und Freundeskreis nur schwer auffangen, auch weil zunächst einmal neue Interessen gefunden werden müssen.

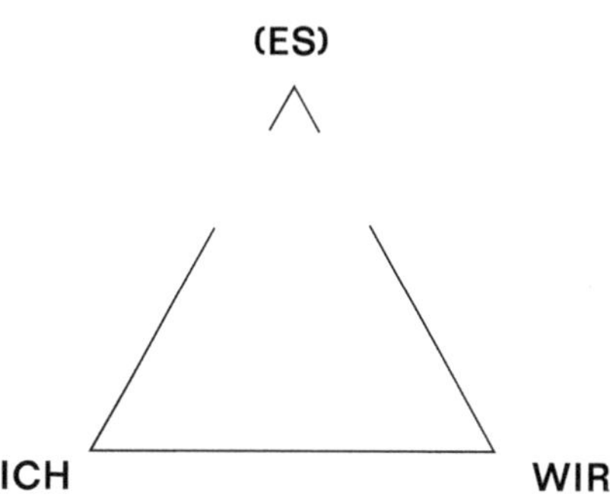

Abb. 12: Themen-Defizit

Nach diesem Exkurs in die Erlebnisbereiche der Arbeit und ihre Wirkung auf die Dreiecksbalance verstehen wir unschwer, was den Vorruheständler in Unruhe versetzt hatte. Seine Kränkung über die vorzeitige Entlassung, die er selbst befürwortet hatte, blieb noch lange Zeit ein wunder Punkt.

Es stimmt eben: Wenn auf der Sachebene einschneidende Veränderungen – hier war es die Entlassung – eintreten, so stottert der psychosoziale Motor. Wenn Themen sich wandeln oder gar wegfallen, geraten Ich und Wir aus der Balance. Er musste sein Leben neu ordnen. Damit gelangten auch die Ich-Wir-Aspekte in eine neue Balance. Das Ergebnis sah so aus:

»Ich bin wieder im Lot. Das ungeliebte ›Geschenk Ruhestand‹ habe ich so aufgeteilt: Ich habe mich selbstständig gemacht. Ich berate Firmen auf ähnlichem Sektor wie früher, ich lehre an der VHS und ich begleite junge Auszubildende, alles gegen Honorar.«

Auf das TZI-Dreieck und auf die Erlebnisebene bezogen, hat er sein neues Thema im firmenähnlichen Gebiet entdeckt, kann dabei auch manches Vertraute wieder aufnehmen und weitergeben. Er tut es gegen Honorar, was seinem Ich zu einem neuen Selbstwert verhilft und ihm eine neues Wertgefühl für seine Person gibt. Für seine Wir-Bedürfnisse, den Wunsch nach Zugehörigkeit, nach Mitbestimmenkönnen, in Gemeinschaft etwas entwickeln zu können, kann er bei dieser Tätigkeit nicht so viel bekommen. Er arbeitet viel allein. Bei rasch wechselnden Trainingsgruppen gibt es nur ein »Wir auf Zeit«. Kollegen oder Mitarbeiter hat er nicht.

Die Zufriedenheit des Dazugehörens kommt aus einem neu entdeckten Freizeitbereich, in dem er sich sozial engagiert. »Selbst da kann ich meine betrieblichen Kenntnisse nutzen, und es muss jemand tun, der kein Honorar fordert. Das befriedigt mich sehr. Ich nehme mehr, als ich gebe, obwohl ich doch nichts bekomme.« Seine Wir-Realität heißen nun außer seiner Familie auch noch »Ambulante Behindertenhilfe« und »politische Stadtteilarbeit«. Nun muss der Zeitplan für den Monat wieder bewusst gestaltet und mit der Familie vereinbart werden. Urlaub hat wieder seinen berechtigten Platz und merkwürdigerweise ist die Gartenarbeit keine Last mehr. Zu Mediennachrichten und Fachzeitschriften sagt er nicht mehr: »Das geht mich doch alles nichts mehr an.« Das Leben und Zusammenleben gehen ihn wieder etwas an.

Herr S. wirkte immer noch unruhig, aber diese Unruhe hat einen kreativen Touch bekommen, sie ist nach vorn gerichtet.

Wir haben hier am Eisberg- und Dreiecksmodell die Grundbedingungen menschlichen Wohlbefindens zueinander in Beziehung gesetzt und an einem Praxisbeispiel kennen gelernt. Dies lässt sich unschwer auf andere Lebenssituationen und Problemfelder übertragen. Wir werden dieses Vorgehen im Praxisbeispiel »TZI in der Beratung« wiederfinden. Hier ging es um einen Vorruheständler, eine Berufsgruppe, die in ihren Gestaltungsmöglichkeiten noch wenige Vorbilder hat. Ebenso könnte es um Menschen gehen, die in ein Altersheim umgezogen sind, plötzlich erkrankt oder gar versehrt sind, oder auch um Menschen, die ganz einfach von einem Land in ein anderes gezogen sind. Immer drohen sozusagen Spitzen des Dreiecks abzubrechen, überbetont zu werden, sodass das Leben aus dem Lot gerät. Jedes Mal geht es darum, die Balance zu verlieren und neue Balance herzustellen, Schwerpunkte zu verlagern.

Was immer auf dem Arbeitsmarkt geschieht, was immer sich gesellschaftlich wandelt, wie »vernetzt« wir auch noch werden, wie reduziert persönlicher Kontakt sein wird, die Dreiecksbalance wird nicht zu ignorieren sein, wird ein Kompass sein für ein Leben, das auf Entwicklung ausgerichtet ist. So wie das Dreieck uns im Buch begleiten wird, so begleitet es jeden Einzelnen im Leben. Jede Nichtbalance führt zur Entfremdung vom eigenen Ich.

Dynamische Balance ist – wie wir gesehen haben – zunächst einmal eine Notwendigkeit im Leben eines jeden Menschen, um sich subjektiv »rund« zu fühlen. Jedes Leben ist gekennzeichnet durch das Zueinander der Dreieckspunkte, und ausgewogenes Lebensgefühl wird dadurch erreicht, dass die zurzeit unterbeteiligten Aspekte ins Licht der Aufmerksamkeit gerückt werden.

5. Die Dreiecksbalance in der Gruppenarbeit

Besonders in der Gruppenarbeit dient diese dynamische Balance als Prinzip und als Kompass beim Planen und Steuern von Prozessen und zur Prozessreflexion. Eine neue Gruppe beginnt ja nie als Gruppe. Sie entwickelt sich über den mehr oder minder langen Weg von einer Anzahl Ichs über erste Kontaktaufnahmen zu anderen, schließlich bis zu einem Wir, zu einem Gefüge, dem sich die Teilnehmer emotional und thematisch zugehörig fühlen.

Erst durch solche Zugehörigkeit wird es für die Teilnehmer möglich, konstruktive und echte Entscheidungen darüber zu treffen, woran man auf welche Art arbeiten will und welche Ziele, sprich Themen, man verfolgen will.

Diese Ich-Wir-Es-Entwicklung einer Gruppe – beim Ich beginnend – kann wie in Abb. 13 (s. S. 72) dargestellt werden:

Solange ein dynamisches Gleichgewicht dieser Faktoren immer wieder erarbeitet wird, existieren optimale Bedingungen für die Interaktion in der Gruppe und für die Erfüllung der zu leistenden Aufgabe.

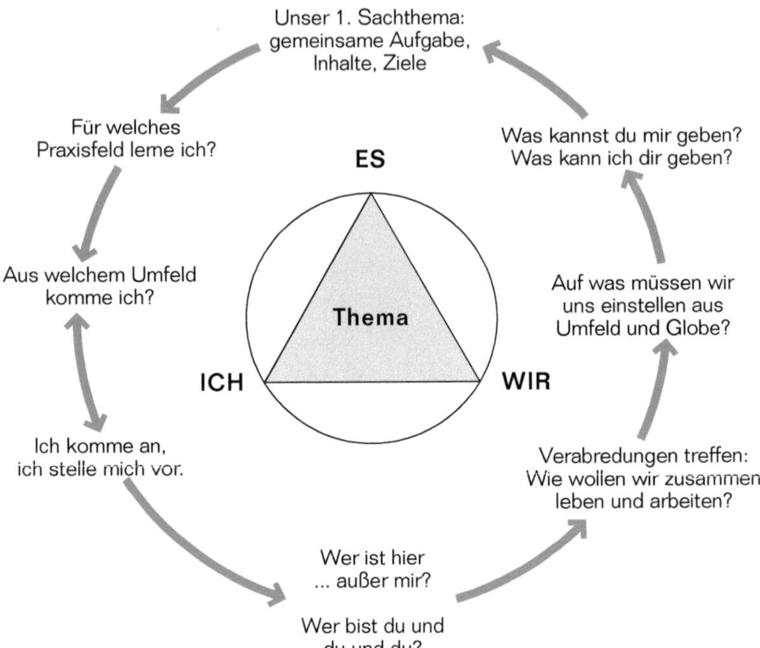

Abb. 13: Aufbau der Arbeitsfähigkeit im Dreiecksverlauf

Selbstverwirklichung, Kooperation und Aufgabenlösung gehen Hand in Hand. Das Dreieck ist darum für die TZI-Leitung eine ständige Hintergrundfigur. Es gehört darüber hinaus zur Kunst des Gruppenleitens, die Ansprüche und Energien dieser drei Faktoren in den Bezug zum Umfeld zu stellen. Das gelingt nicht in jeder Sitzung. So wie es kopflastige Lebensperioden eines Menschen gibt, so gibt es auch theorielastige Gruppensitzungen oder solche, in denen Vereinzelung geschieht oder das soziale Netz zu eng zu werden droht. Das Dreieck ist im Leben und im Gruppenleben nicht im Sinne von statischer Gleichheit zu verstehen, es trägt auch in der Gruppenarbeit den allgemein gültigen Tatsachen Rechnung, dass am Thema nicht mit voller Energie gearbeitet werden kann, wenn der Einzelne oder die Gruppe von Problemen belastet ist. Im Praxisteil werden wir diesen Balancegedanken für die Gruppenarbeit wiederfinden.

5 Menschen wachsen weiter. Notizen zur Ich-Findung

Wenn ich anderen Menschen begegnet wäre,
dann wäre ich ein anderer geworden.
Hätte ich andere Bücher gelesen,
würde ich anders denken.
Als Sohn eines anderen Landes
hätte ich andere patriotische Gefühle.
Von einer anderen Religion umfangen,
spräche ich andere Gebete.
In einem anderen Jahrhundert beheimatet,
strebte ich anderen Idealen nach.
Wäre ich auf andere Fragen gestoßen,
würde ich andere Antworten suchen.
Von welchen Voraussetzungen bin ich abhängig?
Welche Fäden halten mich am Leben?
An welchen Bedingungen hängt meine Existenz?
(OTTO und FELICITAS BETZ: Tastende Gebete)

Nachdem wir das Dreieck als Zusammenspiel aller Aspekte von Kommunikation in seiner Ganzheit kennen gelernt haben, wollen wir zunächst dem Ich volle Aufmerksamkeit schenken.

1. Das Ich als Summe der Persönlichkeit

Je realistischer die Kenntnis eines Menschen über sich selbst, je zufriedener er mit seiner Identität ist, je mehr er seinen Wert kennt und schätzt, umso mutiger und gelassener kann er sich seinen Aufgaben an Themen und mit Menschen stellen, ohne seelische Energie auf falschen Kampfplätzen zu lassen, z. B. auf solchen, bei denen man um Geltung und Ansehen kämpfen muss.

Ich-Identität ist keine feste Konstante, die man einmal erlangt und behält. Selbst wenn ich das wollte, wäre es kein anzustrebendes Ziel. Das hieße, wie im anderen Kapitel schon beschrieben, lebendiges, in stetigem Wandel befindliches Leben mit statischem Sein zu verwechseln. Der Prozess der Individuation führt Schritt für Schritt weiter. Oft ist Entwicklung die Folge mehr oder weniger zufälliger Fahrtänderungen, vom Wind der »Verhältnisse« vorgegeben und auf ein fremdbestimmtes Ziel hin gerichtet.

Eine Antwort auf die Frage »Wer bin ich?« bekommt man, wenn man mehrmals die eine Frage stellt, in mehreren Lebensphasen, in unterschiedlichen Situationen.

»Was tue ich,
was lasse ich,
wo grenze ich mich ab,
welche Aufgaben sind meine?«

Die TZI ist ein aktiv zu beschreitender Weg, um Identität zu entwickeln und um bislang ungelebte Aspekte zu integrieren, ohne der Hybris anheimzufallen, dieses Ich völlig neu kreieren zu können. Die Stationen der Individuation entwickeln eine Geschichte, die der Mensch mitbestimmend fortschreibt, ob es ihm bewusst ist oder ob es durch ihm unbewusste Gestaltungskräfte geschieht. TZI weckt vorhandenes Wachstumspotenzial im Menschen und ermutigt ihn zu größerer Eigenregie.

Nicht immer herrschte diese Erkenntnis und konnte auch genutzt werden. In traditionellen Gesellschaftsstrukturen bis ins 20. Jahrhundert hinein war die Identität des Menschen unseres Kulturkreises in ihrer Festlegung und Stabilisierung ein Ausdruck des sozialen Umfeldes. In der mittelalterlichen Ständegesellschaft bestimmte schon die Geburt darüber, ob man seinen Lebensunterhalt durch Arbeit verdienen musste und welche Art Arbeit es sein würde, ob man Handwerker oder gar Leibeigener war oder ob man sich freiberuflich niederlassen konnte. Ebenso war es mit der Eheschließung und der Religionszugehörigkeit. Allzu schnell gerät in Vergessenheit, dass das Leben sich ohne großen Wechsel in einem festgelegten Rahmen bewegte. Nur innerhalb dieser vorgegebenen Räume war für die meisten eine individuelle Entwicklung möglich.

Die Möglichkeiten eines Wachstums darüber hinaus erreichten die breite Masse nie.

Die Folge dieser Einengung war auf der einen Seite ein integrierter Lebenslauf, der durch eben diese festen Normen und Regeln geschützt war und krisenhafte psychische Einbrüche überspielte oder abstützte, der aber auf der anderen Seite auch ein hohes Maß an Armut, Krankheit und Abhängigkeit zeitigte. Wurden die Normen von jemandem durchbrochen, so wurde er schnell als Verrückter oder als Versager abgestempelt, musste seinen Bezugsrahmen verlassen und sich mit einem Außenseiterdasein arrangieren. Nur die wenigsten vollbrachten aus dieser Position heraus ein Pionierwerk. Aber – oder nur – von denen reden wir heute noch.

Die Chance, als autonome Person das eigene Schicksal in die Hand zu nehmen und zu steuern, war gering und fand wenig Unterstützung. Entschied sich jemand doch zu diesem Weg oder wurde er auf ihn gedrängt, so kostete es ihn einen unvergleichlich höheren Preis als heute. Dieses Bild – in der Kürze dieser Darstellung sicher sehr vereinfacht – wirkt noch bis in die Neuzeit.

Die Industrialisierung brachte trotz ihrer bekannten Schattenseiten wie Fließband und Mechanisierung eine beschleunigte Auflösung dieses Rahmens mit sich: Berufswahl, Wahl des Familienstandes, der Religion, des Lebensstils wurden, zumindest im Mittelstand, mehr und mehr dem Einzelnen überlassen, freilich immer noch geprägt durch tief verwurzelte Schichtzugehörigkeit und ihre Normen. Eine Konsequenz daraus ist, dass dem Einzelnen wichtige Entscheidungen in die eigene Verantwortung übertragen wurden. Aber diese selbstständig getroffenen Entscheidungen bestimmten Identität und Lebenslauf fortan ein für alle Mal. Im immer noch eng gefassten Rahmen war ab jetzt Entwicklung möglich. Trotzdem ist es erstaunlich, wie viele Menschen auch heute noch Sklaven ihrer Tradition, ihres Milieus und der Normen ihrer Familie sind.

Einhergehend mit zunehmender Bewusstheit der eigenen Person und der Bedingungen, die Leben und Zusammenleben erfordern, aber auch erst ermöglichen, entdecken heute immer mehr Menschen den Weg zur Selbstverwirklichung. Auch wenn dieser

Prozess gelegentlich mit unrealistischer Selbstbezogenheit verwechselt wird, so haben sich besonders die Frauen hier neue Perspektiven eröffnet.

Aber auch für Männer kann längst nicht mehr der Beruf die einzige und bevorzugte Möglichkeit sein, um sich selbst zu definieren und Identität auszudrücken. »Wir sind eine Gesellschaft von Jobholdern geworden«, sagt Hanna Arendt schon 1981 hierzu. Ich-Entwicklung und Identität sind auf ganz neue Weise ins Gespräch gekommen, seit wir erfahren haben, dass das Gut »Arbeit« knapp geworden ist und dass es andererseits eine Fülle von neuen Tätigkeitsfeldern gibt, in denen es aber nur schwer möglich ist, sich im Sinne von Berufsidentität auszuweisen. Auch frühzeitige Entlassungen aus dem Erwerbsleben bei zunehmender Lebenserwartung haben zu einer zusätzlichen Generation geführt, die sich noch keineswegs über ihre Identität im Klaren ist: »Bin ich nur ein Freigestellter, der noch kein Rentner sein will, oder bin ich ein Rentner, der gut – und gern – noch arbeiten könnte?«

Allenthalben haben Menschen begonnen, ihre eigene Person mit den ganz eigenen Bedürfnissen und Wünschen zu entdecken und ernst zu nehmen. Sie suchen nach mehr persönlichem Freiraum und wollen die individuellen Grenzen ausloten. Sie wollen unentdeckte Lebensräume nach eigenen Vorstellungen gestalten und sind hierfür durchaus zum Risiko bereit. Manche Menschen vermitteln dabei den Eindruck, als ob sie sich über lange Zeit selbst vergessen hätten und nun in kürzester Zeit versäumtes Leben nachholen wollten. Als ob man Leben nachholen könnte! Das enge Gefängnis der Konventionen soll gesprengt werden, und dieser eigene Drang wird auch noch gespeist von faszinierenden Beispielen derer, die eine vermeintliche, oft falsch verstandene Freiheit schon gewonnen haben.

Der Impuls zum Ausbrechen aus dem bekannten Rahmen eilt der Frage »Was will ich stattdessen?« oft weit voraus und trifft den Menschen dann zunächst in einem Raum an, den er noch nicht mit neuem Inhalt füllen kann und der leicht in neue Abhängigkeit führt. So sind es die neue Bewusstheit für eine eigenständige Ich-Identität und die Entdeckung, dass ein lebenslanges Wachstum möglich ist, das eine Reihe von Fragen aufwirft:

- Wenn von Selbstverwirklichung und wachsender Ich-Identität die Rede ist, was bedeutet das für mich selbst?
- Wie realistisch sehen die Bilder aus, die ich von mir habe, und was sind meine Vorbilder?
- Wie setze ich meine Wünsche und Bedürfnisse durch, eingedenk dessen, dass andere Menschen und die Welt mir Grenzen setzen?
- Wie verhindere ich, dass das Resultat meiner Selbstverwirklichung ein neues selbst gebautes Gefängnis wird, in dem ich mich mit falschem Ehrgeiz gefangen halte?

Identität und Selbstverwirklichung zeigen sich nicht in abstrakten Begriffen. Sie drücken sich in der Gestalt der Person und in der Ausgestaltung des Lebens aus. Sie werden angestoßen von dem, was in der großen Welt und in der persönlichen Umwelt geschieht oder eben nicht geschieht. Die Themen meiner Umwelt, die Menschen, die mich umgeben, Grenzen, die ich akzeptieren muss, formen meine Identität.

Selbstverwirklichung heißt daher auch, die Balance von Fremdbestimmung (»Das sollst du sein«, »Bis hierhin und nicht weiter«) und Selbstbestimmung (»Das will ich sein«) immer neu anzuschauen.

Nicht zu jeder Zeit im Leben stellen wir uns die Frage nach der eigenen Identität, und nicht zu jeder Zeit ist Selbstverwirklichung ein Thema, dem wir uns ganz ausdrücklich zuwenden. Solange das Leben sich von einem Schritt zum anderen nahtlos vollzieht, wird die Frage nach der Identität kaum je gestellt, es sei denn, es gäbe einen Anstoß von außen (Entlassung, Beförderung, Scheidung) – oder einen solchen von innen. Bis dahin fließt der Lebensfluss eher unauffällig. Der Ablauf des Alltags von heute ähnelt dem von gestern! Man könnte denken, die Menschen hätten sich zum Wahlspruch gemacht: »Mehr vom Gleichen!«, und in schöner Regelmäßigkeit gestaltet sich ihr Tag. Das ist gut so, solange die persönlichen Wünsche und Anforderungen mit dem Umfeld korrespondieren und ich mich mit diesem Zusammenspiel befriedigend identifizieren kann. Manche können das ihr Leben lang, können es als befriedigend wahrnehmen und ein Anstoß für Veränderung ist nicht gegeben. Andere brechen aus, stellen sich einem Wechsel und bestimmen den Kurs neu.

In Krisen und Umbruchszeiten jedoch drängt sich die Frage nach der Identität plötzlich unüberhörbar auf. Eine körperliche Krankheit hat das Einerlei der Gesundheit unterbrochen und fordert eine Zwangspause bei der Arbeit, lässt uns innehalten und nachdenken. Ein beruflicher Abbruch verlangt Konfrontation mit dem eigenen Lebenslauf. Markante Lebenseinschnitte wie eine neue Partnerschaft, Wechsel des Arbeitsplatzes, Pensionierung führen dazu, die Identität neu zu definieren. Eine junge Frau z.B. wird ihr Leben in der Zeit der Kindererziehung anders interpretieren und ihm einen anderen Sinn zumessen als in der Zeit, in der sie ihrem Beruf nachgeht. Der Frühpensionär, den wir im Zusammenhang mit dem TZI-Dreieck kennen gelernt haben, interpretierte sein Leben neu und fand dabei keine neue, aber eine veränderte Identität. Auch die Fallbeispiele im Praxisteil »TZI in der Beratung« (Kap. 17) berichten von der Verwirklichung neuer Lebensinhalte auf einen neuen Sinn hin. Das geht nicht immer ohne Probleme ab und es geht auch nicht immer auf dem geraden Weg. Wandel bereitet Schmerzen, kostet Mühe und verlangt Mut. Wandel kann nur geschehen, wenn ich meine eigene Wirklichkeit und die, in der ich (neu) lebe, miteinander in Beziehung setze.

Mit Selbstverwirklichung und wachsender Ich-Identität ist also in erster Linie gemeint, sich der Realität des Wandels zu stellen, diesen auch zu wollen, die Bilder von sich selbst aktiv zu gestalten, anstatt sie geschehen zu lassen oder sie von außen benennen zu lassen.

Ein Mensch gestaltet sich nie allein. »Der Mensch ist autonom und interdependent«, heißt es in den Axiomen. »Schau nach innen zu dir und schau nach außen zu den anderen«, heißt es im Chairmanpostulat.

Das gilt nicht nur für die aktuellen Situationen und Partner, das gilt auch für die Kette der Vorfahren, die den Menschen beeinflussen.

Der Satz von Rousseau: »Jeder Mensch ist ein Original«, stimmt eben nur zum Teil. Ich möchte ihn umformulieren: »Jeder Mensch hat generell die Möglichkeit, originale Identität zu entwickeln aus dem, was er auf den Schultern seiner Vorfahren und im Verbund mit seinen Schwestern und Brüdern aus sich werden lässt.« Nur wenn er krank, eingesperrt oder in ungewöhnlicher Weise abhängig ist, gilt dies nicht. »Der Mensch ist originell und in gewissem Sinne eine Abschrift oder Neuauflage seiner Ahnen«, formuliert Fulbert Steffensky (1988) die hier gemeinte Tatsache. Ich finde mein eigenes Ich nicht, indem ich auf mich selbst schaue, ich finde mich eher, indem ich in zwei andere Richtungen blicke, sowohl auf den Weg der Vergangenheit als auch auf das Jetzt, also hin zu den Ahnen und auf die anderen um mich herum. »Ein Gesicht bekommt ein Mensch nicht, indem er sich im Spiegel betrachtet, sondern indem er auf etwas sieht, etwas wahrnimmt, von etwas gebannt ist, was außerhalb seiner selbst ist; wenn er für etwas zu arbeiten und zu leben lernt. Unser Gesicht liegt draußen bei den Zielen, die wir verfolgen«, schreibt Steffensky weiter. Wieder steht uns das Dreieck mit dem Globe vor Augen. Ein isoliertes Treibhaus, abgeschirmt von der Welt und den Menschen, wäre der ungeeignetste Ort zur Selbstfindung, so es ihn denn geben würde. Leben entwickelt sich im Leben. Zwei Übungen können dem Leser seinen eigenen Weg erhellen und ihm helfen, seine Identität zu umschreiben. Die erste Übung gilt der Ist-Analyse, eine zweite wird Bilder aus der Vergangenheit wecken, beide zusammen können Ausgangspunkt für ein bewusster gestaltetes Lebenskonzept werden.

2. »Leben entwickelt sich im Leben«

Übung 1: Wer bin ich an welchem Ort?

Nimm ein genügend großes Blatt Papier und schreibe zunächst deinen eigenen Namen in die Mitte. Lass dann Situationen, in denen du lebst, deine Familie, deinen Arbeitsbereich, Freizeitaktivitäten u. a. mehr, womit du zu tun hast, vor dein inneres Auge treten und gruppiere sie – dem ersten Impuls folgend – um deinen Namen, so weit entfernt oder ganz nah, wie du dich selbst in dieser Situation und mit den dazugehörigen Menschen verbunden fühlst. Schau an, ob es vollständig ist, überprüfe, wen und was du vergessen hast. Lass dich von anderen, die mit dir diese Übung machen, auf vernachlässigte Fährten hinweisen, die du übersehen hast. So könnte deine Skizze aussehen:

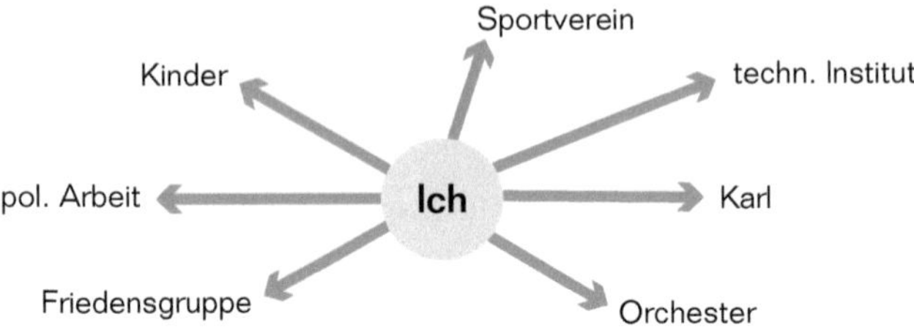

Abb. 14: Wer bin ich an welchem Ort?

Sieh dir nun an, mit wem du zu tun hast und mit was du beschäftigt bist. Denk dabei nicht nur an Dinge, die du gern tust, und an Menschen, die dir lieb und nah sind. Gerade die Dinge, an die du dich eher gefesselt fühlst, an denen dein Herz nicht so sehr hängt, und die Menschen, die damit zusammenhängen, prägen deine Identität mit. All diese nun skizzierten Kontakte und Tätigkeiten fließen zusammen in ein Bild von dir; es kann aktiv, farbig, forschend und risikofreudig sein. Oder fällt es blass und unklar aus, so als habest du dich von dir selbst fortbegeben?

In der Beantwortung einiger Fragen kann sich das Bild von dir abrunden:

- Mit wem habe ich es zu tun und was tue ich mit diesen Menschen?
- Bei welchen Ideen gehe ich konform mit anderen, von welchen distanziere ich mich, wofür setze ich mich ein?
- Wobei kann ich aktiv mitbestimmen und in welchem Radius? Wo habe ich Sitz und Stimme und was tue ich dafür?
- An welchen Schaltstellen nehme ich Einfluss und welche Ziele verfolge ich?
- In welchem Maße bin ich zufrieden mit meinem sachlichen und emotionalen Einfluss an mir wichtigen Stellen?
- Wie würden meine Freunde diese Fragen für mich beantworten, wie diejenigen, die mich nur wenig kennen?

So entwickelst du ein Bild von dir selbst, aus dem auch deine ungeliebten Seiten hervorschauen. Auch wird deutlich werden, welche deiner vielen Facetten du nach außen zeigst, welche du überbetonst oder gar verbirgst, welche du dir verbietest zu leben. Du kannst den Schmerz darüber neu entdecken. »Ich lebe mein Leben in wachsenden Ringen …«, schreibt Rilke. Aber nicht jeder wird seine Wege immer als wachsend erlebt haben. Er wird für sich selbst erst dann von Wachstum sprechen, wenn er im Sinne Maslows sich subjektiv besser fühlt als im vorhergehenden Stadium seines Seins. Oft leben wir mit einem subjektiven Gefühl des Stillstandes oder schreiben dem Wachstum gar rückläufige Tendenz zu.

So viel zum Ich in der gegenwärtigen Situation.

3. Die Vergangenheit wirkt jetzt

Mehr noch als die Gegenwart sind vor allem die vergangenen Jahre von persönlicher Bewertung nicht frei. So finden wir bei Hermann Hesse im Vorwort zu einer seiner großen Erzählungen, »Demian«, die er 1922 mit 35 Jahren geschrieben hat, folgenden Text:

»Meine Geschichte ist nicht angenehm, sie ist nicht süß und harmonisch wie die erfundenen Geschichten, sie schmeckt nach Unsinn und Verwirrung, nach Wahnsinn und Traum wie das Leben aller Menschen, die sich nicht mehr belügen wollen. Das Leben jedes Menschen ist ein Weg zu sich selber hin, der Versuch eines Weges, die Andeutung eines Pfades. Kein Mensch ist jemals ganz und gar er selbst gewesen; jeder strebt dennoch es zu werden, einer dumpf, einer lichter, jeder wie er kann. Jeder trägt Reste von seiner Geburt, Schleim und Eischalen einer Urwelt, bis zum Ende mit sich hin. Mancher wird niemals Mensch, bleibt Frosch, bleibt Eidechse, bleibt Ameise. Mancher ist oben Mensch und unten Fisch. Aber jeder ist ein Wurf der Natur nach dem Menschen hin. Und allen sind die Herkünfte gemeinsam, die Mütter, wir alle kommen aus demselben Schlunde; aber jeder strebt, ein Versuch und Wurf aus den Tiefen, seinem eigenen Ziele zu. Wir können einander verstehen; aber deuten kann jeder nur sich selbst.«

Allerdings ist nicht für alle Menschen der Weg der Selbstfindung ein solches Ringen und so schmerzlich, wie Hesse es beschreibt. Im Gegenteil: Der eigenen Geschichte nachzugehen, die Reise zu sich selbst anzutreten ist für viele eine aufregend schöne Entdeckungsfahrt. Natürlich, es wird immer nur einer von vielen Wegen zu mir selbst sein.

So gelangen wir zu der zweiten Übung, die uns mit unserer eigenen Geschichte konfrontiert.

Irgendwann im Leben, und warum nicht jetzt, beginne ich damit, die Deutungen, die andere sich zu meiner Person machen, zu durchbrechen und meine eigenen Bilder von mir selbst zu entwerfen. Niemand außer mir hat ja meine Geschichte wirklich erlebt, hat meine Erinnerungen, meine Sehnsüchte und Ängste. Ich ziehe meine heutigen Schlussfolgerungen aufgrund der Erfahrung aus meiner Geschichte.

Übung 2: Autobiographische Szenen

Nimm dir einen ruhigen Platz, großes Papier und Stifte, damit du nachher etwas aufschreiben oder aufmalen kannst. Ich möchte dich gleich bitten, ca. vier Bilder von dir selbst langsam vor deinem inneren Auge entstehen zu lassen. Beginne mit einem Bild, das dich zeigt, bevor du zur Schule gingst. Gehe dann in deine spätere Schulzeit und schaue, welches Bild von dir spontan vor deinem inneren Auge entsteht. Den eigenen Weg weiterverfolgend, wähle jetzt noch ein oder zwei markante Zeitpunkte in deinem Leben aus, an denen du Bilder von dir selbst entstehen lassen kannst. Ein Bild der Gegenwart könnte die Serie abschließen.

Die folgenden Fragen werden helfen, diese vergangenen Bilder von sich selbst, die damalige Identität noch einmal aufleben zu lassen, sie aus ihrem Kontext und im zeitlichen Abstand zu verstehen und mit der derzeitigen Identität zu vergleichen.

- Wie sah ich aus? Wie wurde ich genannt?

Kleid und Name haften Menschen nicht äußerlich an, sie sind auch Ausdruck der Werte und Einstellungen derer, die sie mir gaben und mich anzogen, meiner selbst, die ich mich so nennen ließ und die sich so bekleidete. Renée Nell, eine Therapeutin aus der Generation und dem Freundeskreis von Ruth Cohn, erzählte mir dazu: »Ich kannte einen 40-jährigen Mann, den seine um 7 Jahre ältere Frau immer noch ›Bubi‹ nannte und der die Kleidung eines 18-jährigen Schülers trug.« Kosename und Kleider gehörten einer längst vergangenen Identität an.

- In welche Umgebung musste ich mich einpassen? Welche Maßstäbe wurden gesetzt, wie drückten sie sich aus?
- Wer lobte mich und wofür? Wer tadelte mich und wofür? Welche Rückschlüsse habe ich daraus für mein Selbstkonzept gezogen, die bis heute noch wirken?

Längst bevor ich mich selbst aktiv einschalten konnte, haben andere, wie wir sehen werden häufig die Eltern, entschieden, was zu meinem Ich gehören sollte und was nicht. So habe ich Stück für Stück das Bündel packen können, das meine Person ausmacht. Manches, das eigentlich auch zu mir gehören sollte, habe ich nie als Eigenes integrieren können. Es liegt vergessen in einer Requisitenkammer. Anderes dagegen habe ich meiner Identität zugeordnet, obwohl es mir vom Wesen her fremd geblieben ist. In aller Regel erfährt man in der Familie, was zum Leben notwendig ist, welche Taktiken es gibt und welche davon man einsetzen darf, um ein Ziel zu erreichen, und welche Ziele überhaupt erstrebenswert sind und welche vermieden werden müssen. Aber nicht alles, was von der Familie als Rat und Richtung kommt, ist gleich Fremdbestimmung. Vieles ist nützliche Information, vieles auch zeigt großes Verständnis für mein Wesen, für meine Begabungen, für meine eigenen Ziele. Ich selbst habe die Wahl. Je mehr Bewusstsein für die Zusammenhänge meines Gewordenseins ich erlange, umso deutlicher kann ich mich vor jenem Nachahmungsmechanismus schützen, der verhindert, dass ich immer mehr »Ich« werde. Solche ichfremden, man könnte sagen »geliehenen« Identitäten lassen sich verhältnismäßig schnell entlarven, wenn wir sie mit dem Maßstab der Spontaneität messen. Wirklich stimmige, echte Äußerungen und Handlungen geschehen fast immer wie von selbst und damit spontan.

Eines müssen wir den Übungen noch zufügen: Es spielt immer ein ganzes Bündel von Erinnerungsfiltern mit, die unsere Resultate verzerren. Nur ich nehme aus meinem Blickwinkel wahr und habe dabei meine individuelle Brille auf der Nase. Vielleicht hat mein Bild von mir wirklich nur Gültigkeit für mich, und ich tue gut daran, es mir aus dem Blickwinkel anderer ergänzen zu lassen.

Wir kennen das ja: Wenn zwei Personen den gleichen Sachverhalt oder den gleichen Menschen schildern, so gewinnt man manchmal den Eindruck, sie sprächen von zwei verschiedenen Situationen. In der Tat: Erinnern und Erinnerung interpretieren sind sehr subjektive Vorgänge. Auch meine Werte und Einstellungen sind Filter, durch die dieses geschieht.

TZI will helfen, diese Manipulationstechniken abzubauen und die direkte Kommunikation des Einzelnen mit sich selbst und mit anderen zu fördern. »Ehe du beginnst, dich zu entschuldigen, herumzudrucksen, nach Ausflüchten zu suchen, sag einfach, was ist«, so forderte Ruth Cohn in einem Gespräch zu Echtheit und Direktheit auf. Das ist gemeint, wenn vom Finden und Verwirklichen des eigenen Ichs die Rede ist, von Selbstkompetenz und Eigenverantwortung.

»Einmal aus dem Paradies der ersten Naivität vertrieben, sind wir auf der Suche nach einer zweiten Naivität«, drückt Schulz von Thun diese Suche nach einer Echtheit aus, die aus uns selbst entspringt und gleichzeitig auf dem Weg ist zu einem sich selbst mehr und mehr ähnelnden Ich.

Theseus und sein Schiff

Diese schrittweise Eroberung der Ich-Identität begegnet uns schon in der Antike. Die Geschichte des Theseus, die uns der Philosoph Nozick (1981) erzählt, soll uns den Zusammenhang von Kontinuität und Wandel bildhaft machen.

Da ist Theseus mit seinem Schiff, das Jahr für Jahr dem Meer und dem Wetter ausgesetzt ist. Im Laufe der Arbeitsjahre wird eine Planke nach der anderen morsch oder beschädigt. Jede Planke, die nicht mehr zu gebrauchen ist, ersetzt Theseus durch eine neue, Jahr für Jahr! Allmählich sind alle Planken ausgewechselt. Vielleicht hat er darüber hinaus auch noch ein wenig umgebaut. Nun stellt sich die Frage, ob das Schiff noch das gleiche Schiff sei.

Analog dazu könnten wir die Frage stellen, ob es noch der gleiche Mensch sei, der im schrittweisen Wachsen »seine Planken wechselt«? Hier gibt uns wieder der Gedanke der Ganzheitlichkeit die Antwort. Wie Theseus auf einen bestehenden Rumpf neue Planken nagelt, in einem lang dauernden Austauschprozess, so ist auch die sich wandelnde Identität als ein Austausch von Planken auf einem in der Grundsubstanz gleich bleibenden Rumpf zu verstehen. Und die alten Planken? Mit ihnen ist es wie mit den vorausgegangenen Identitäten. Einmal getroffene Entscheidungen, auch wenn sie rückgängig gemacht wurden, prägen die Kontur auch später mit. Wir können vorhergehende Identitäten nicht als gegenstandslos bezeichnen. Und warum sollte ich diese Kontinuität auch verleugnen? Meine Geschichte bleibt meine Geschichte.

Das Ich trägt die Konsequenzen seiner Entscheidungen, sagten wir oben. Ebenso trägt jedes erwachsene Ich aber auch die Konsequenz der Entscheidungen, die für es getroffen wurden und ebenso seine Nichtentscheidungen, ja auch solche, die in Unbewusstheit getroffen sind. Wer sonst – außer ihm selbst – sollte es auch tun? Fehlentscheidungen resultieren u.a. aus fehlenden Informationen, z.B. von Eltern oder anderen, aus falscher Wahrnehmung, aus Irrtum und Selbsttäuschung. Häufig sind solche falschen Entscheidungen das Resultat schlechten Zusammenspiels von Gedanken und Gefühlen. Da habe ich z.B. das untrügerische Gefühl, dass dieses oder jenes für mich nicht passt, aber anstatt meinem Gefühl die Entscheidung zu überlassen, entscheidet mein Kopf – und geht dann meist fehl!

Aus den Resultaten der Übungen werden wir erfahren, dass menschliches Wachstum nicht immer den linearen Weg nimmt. Umwege und Rückschritte beherrschen ebenso das Bild wie Fortschritte. Häufig können wir den Kausalzusammenhang nicht mehr entdecken. So haben die einstmals eindeutigen Identitäten ihre Passform für die aktuelle Lebensbewältigung verloren. So bleibt die Gestaltung des eigenen Lebens eine lebenslange Aufgabe und kann nicht dem Zufall oder anderen Leuten überlassen werden.

4. Über die Angst hinaus

Und schließlich: Entwicklung zu eigener Identität geht nicht ohne den mutigen Schritt über Konformität hinaus, denn es ist nicht gesagt, dass alle Menschen meiner gewandelten Identität freudig zustimmen werden. Viele hätten mich gern verlässlich gleich bleibend. Andere fühlen sich durch mein Wachsen selbst infrage gestellt.

Zugegeben: Leben und Entwicklung in diesem kreativen Sinn zu gestalten macht es nicht leichter, wohl aber dämmt es die lähmende Eintönigkeit ein, die sich einstellt, wenn wir bei dem Prinzip »Mehr vom Gleichen« bleiben. Wachstum gestalten führt in größere Höhen des Erlebens und in größere Tiefen der Erkenntnis. Um es im Bild zu sagen: Auf einen nächsten Gipfel zu gelangen, dazu kann man keine Regenbogenbrücke benutzen, man muss dazu durchs Tal, wo alle Wege ihren Anfang nehmen, wie C. G. Jung uns lehrt.

Leben in sich wandelnden Perspektiven macht den Menschen milder und härter zugleich, lässt ihn jünger und lebendiger sein, denn er kann sich weniger hinter einmal gewonnenen Positionen verstecken, und lässt ihn älter sein, denn er wird deutlicher für sich selbst, für andere und für seine Werte eintreten. Größere Bewusstheit klärt unser Denken und vertieft unser Fühlen, lässt uns mutiger den Wechsel von Freude und Kummer annehmen. Wir nehmen Kritik besser an und denken erwachsener über unser Tun nach. Wenn ich Veränderung für mich zulasse, so wird es auch immer Menschen geben, mit denen mich nichts Gemeinsames mehr verbindet. Auch ich bin für sie kein Partner mehr, auf den sie gern und voller Interesse zugehen. Das heißt Abschied nehmen – schmerzlich vielleicht für beide Seiten. Wachstumsschmerzen kennen wir aus Kinderzeiten. Können wir den Schmerz, um den es hier geht, auch als solchen Wachstumsschmerz ansehen, der größer macht?

»Der, der ich bin, grüßt wehmütig den, der ich sein möchte«, schreibt Friedrich Hebbel 1860 in seinen Tagebüchern. Der junge Mensch ist angefüllt mit Zukunft, der alte Mensch ist angefüllt mit Vergangenheit. Zwischen beiden Zeiten, in der Gegenwart, hat jeder die Chance, einen Schritt zu versuchen zu dem, der er sein möchte.

Und zum Schluss noch eine Anmerkung von Ruth Cohn:

»Es ist normal, verschieden zu sein.«

6 Notizen zum Wir

1. Jedes Ich lebt im Wir der Gruppe

»Jeder Mensch ist untrennbar verbunden mit der Logik des menschlichen Zusammenlebens.«
(ALFRED ADLER 1927)

Wir gehen im Dreieck einen Schritt weiter: vom Ich zum Wir.

Während wir uns mit dem Ich, mit Identität und Selbstkonzept beschäftigt haben, blieb das Wir in einer Weise unberücksichtigt, die in der Realität des Lebens so gar nicht sein kann. Der Mensch ist immer in sozialen Beziehungen, in einem – nein, natürlich in vielen – Wir, auch wenn er allein oder einsam ist. Diese Wir-Zugehörigkeit ist Voraussetzung und Ziel all seines Denkens und Handelns. Seinem sozialen Bezugsrahmen entnimmt er seine Wertvorstellungen, seine Einstellung zum Leben überhaupt, der soziale Bezug formt seinen Lebensstil, nicht zu überhören auch seine Sprache, und das von Geburt an.

Jedes Ich lebt also genau genommen im Du und im Wir, beide darüber hinaus im Universum. Wir sind immer eigenständig und in Abhängigkeit zu anderen; autonom und interdependent zugleich nennt es die TZI. Wer es gelernt hat, autonom zu sein, kann auch konstruktives Mitglied einer Gruppe sein. Wer Teil einer Gruppe ist, kann auch eigenständiges Ich sein. Diese Wechselseitigkeit macht lebendiges Leben aus. Chairmanprinzip, wie wir es aus den vorausgegangenen Notizen zum Ich gesehen haben, kann nur in Gruppen geübt werden.

Es ist das Verdienst Alfred Adlers, die Psychologie der Person mit der Psychologie der Kommunikation zusammengebracht zu haben. Dieses miteinander verwobene Leben und Zusammenleben birgt gleichzeitig eine Vielzahl von Problemen in sich: Probleme, die in der Bewältigung der Sachaufgabe liegen (Ziele, Qualität, Ressource) sowie Kooperationsprobleme mit Partnern, mit Kollegen und mit Mitbürgern. Diese offen anzusprechen, im gemeinsamen Durcharbeiten zu mindern hat sich TZI zur Aufgabe gemacht.

Alfred Adler hat uns auch gelehrt, dass die Gemeinschaft und das Gemeinschaftsgefühl die tragenden Komponenten für jede Individualität seien und das Fortbestehen der Menschheit bis heute überhaupt garantiert hätten. Nicht zufällig ist Verbannung eine der schrecklichsten Strafen. Was Adler mit diesem Gemeinschaftsgefühl meint, drückt er so aus:

> »Hier lernt der Mensch,
> mit den Augen des anderen zu sehen,
> mit den Ohren des anderen zu hören,
> mit dem Herzen des anderen zu fühlen.«

Das im Allgemeinen so nicht gebräuchliche Wort »Wir« steht im TZI-Sprachgebrauch für eine Anzahl von Menschen, die

- am gleichen Ort,
- zur gleichen Zeit,
- am gleichen Thema

beschäftigt sind. Im weiteren Sinn kann die Gleichzeitigkeit von Ort und Zeit auch wegfallen, wie z. B. in virtuellen Teams. Auch an unterschiedlichen Orten und zu uneinheitlichen Zeiten kann an einem gleichen Thema intensiv als Wir gearbeitet werden.

Das Wir ist kein psychobiologischer Organismus wie das Ich, sondern eine Gestalt, die durch die jeweiligen Ichs aus deren Interaktion entsteht und, wie jede Gestalt, mehr ist als die Summe ihrer Teile. Bei Gruppen, die in der TZI mit Wir bezeichnet werden, kann in aller Regel von freiwilliger Teilnahme und selbstbestimmtem Interesse am Thema ausgegangen werden. Auch können wir davon ausgehen, dass der Wertehintergrund der Teilnehmer ein ähnlicher ist, dass zumindest die Bereitschaft besteht, sich mit den Werten anderer und denen, die hinter dem Thema stehen, auseinanderzusetzen.

Dynamik und Hintergrund der Wir-Bildung haben in den letzten Jahren viel Aufmerksamkeit gefunden. Erwachsenenbildung, Teamarbeit in Firmen, Schulen und Hochschulen mit Gruppenlernsystem sind fast zum selbstverständlichen Bestandteil des Lernens und Arbeitens geworden. Man hat die größere Effektivität dieser Lern- und Arbeitsform in den vergangenen Jahren vermehrt entdeckt. Dieser Trend kann, wenn er sich weiterhin durchsetzt, eine Gegenbalance zur größer werdenden Anonymität unserer pluralistischen Gesellschaft sein und die virtuelle Kommunikation abstützen.

2. Seit Urzeiten: Leben im Verbund mit anderen

Gruppen und Arbeit in Gruppen hat es schon immer gegeben.

Es gab ein Wir, das seine Themen hatte, das sich gegen die anderen abgrenzte und das seine ganz eigene Identität entwickelte. Auch der Familienverband ist ein solches Wir.

Um dem Urphänomen Gruppe auf die Spur zu kommen und seine Dynamik besser zu verstehen, müssen wir uns der Ursprungsgeschichte der Gruppe zuwenden. Zur jahrtausendealten Grunderfahrung des Menschen gehört es, neben seiner Existenz als Individuum gleichermaßen als Gruppenwesen zu existieren. Das Leben in der Gruppe prägt ähnlich intensiv wie Klima, Umwelt, Sprache und individuelle Konstitution.

Während des größten Teils ihrer Geschichte lebten Menschen nicht in den heute üblichen Familien, sondern in Großfamilien von 25 bis 30 Personen, einer Lebensgruppe, die alle Altersstufen und alle sozialen Ebenen – soweit man von solchen sprechen konnte – in sich vereinte und die zwar nicht für alle den gleichen, aber für jeden Entfaltungsraum hatte. Heute sind es die religiösen Gemeinschaften oder solche Initiativen wie »Drei Generationen unter einem Dach«, die sich auf diese Wir-Formen zurückbesinnen und sie unter neuen Vorzeichen aufleben lassen.

Die Einbindung in die soziale Gruppe bietet von alters her ein Viergespann an Entfaltungsmöglichkeiten:

1. den Antrieb zu Tätigkeit und Produktivität;
2. den Raum, dem ich mich zugehörig fühle und in dem ich meine soziale Sicherheit finde;
3. den Rahmen, in dem Mitbestimmung und -gestaltung möglich sind, in dem Mitverantwortung aber auch erwartet wird;
4. den Standort, von dem aus Auseinandersetzung geschehen kann, sowohl nach innen den andern in der Gruppe gegenüber als auch nach außen in die Welt gehend und wirkend.

Wo sonst als im Kreise anderer sollten Menschen ihre Denkanstöße bekommen, überprüfen und diskutieren, ihre Wertvorstellungen korrigieren und in Handeln umsetzen?

Diesen vier Entfaltungsmöglichkeiten will der Wir-Schwerpunkt des TZI-Dreiecks gerecht werden und damit seinen Teil zu ausgewogener Balance bereitstellen, sowohl für das Ganze einer Gruppe als auch für jeden Einzelnen.

Eine Gruppe wird nicht etwa stärker durch Mitglieder, die sich in der Gruppe aufgeben, sondern durch solche, die sich eingeben. Jedes Ich hat zentrale Verantwortlichkeit für sich selbst und partielle Verantwortung für die Gruppe. Wenn ich meine eigenen, gruppenunabhängigen Bedürfnisse vernachlässige, verliere ich einen Teil meiner Zugehörigkeit. Doch ich bleibe ein Teil vom Ganzen, selbst dann, wenn ich den von mir erwarteten oder gewünschten Part nicht erfülle, denn ich bin wirksam bereits durch meine bloße Existenz und oft genug dadurch, dass ich eine Lücke im Geschehen bin.

Schon in der Lebensentwicklung des einzelnen Menschen können wir das zunächst symbiotische Ich und Du von Mutter und Kind entdecken, das sich zu beidem, zu Individualität und zu Gruppenfähigkeit, entwickelt.

Sehr eindrücklich beschreibt Fritz Künkel (1939) das Lebensgefühl der Zugehörigkeit:

In den ersten Monaten seines Lebens lebt ein kleiner Mensch in aller Regel im dualen System Mutter-Kind. Die Mutter badet ihr Kind und sagt: »Wir baden jetzt«, obwohl sie selbst nicht mit ins Wasser geht. Sie sagt: »Jetzt essen wir«, aber es isst nur das Kind. So definiert sie sich als Einheit mit dem Kind. Wenn es dem Baby schlecht geht, geht es auch der Mutter nicht gut. Ist dagegen die Mutter heiter und guter Dinge, so wird ihr Baby in der Regel ausgeglichen sein. Wie durch unsichtbare Kraftfelder verbunden, leben sie miteinander und voneinander. Tiefer Einklang prägt dieses symbiotische »Ur-Wir« von Mutter und Kind, wie Fritz Künkel es nennt. Er drückt es ganz körperlich aus: »Das Ur-Wir macht warme Füße.«

Menschen tragen oft eine ungestillte Sehnsucht nach diesem symbiotischen Ur-Wir mit sich, begeben sich in schwierigen Phasen ihres Lebens stark in die Regression, in der sie dieses Ur-Wir suchen in immer neuer Hoffnung, diesen symbiotischen Zustand aufs Neue auskosten zu können. Sie übersehen dabei den Preis, nämlich den Verlust der Eigenständigkeit, den so ein Eintauchen in diese früheste Intimitätsform im Erwachsenenalter kostet. Es lässt Prozesse entstehen, die mindestens einer von beiden nicht mehr bewusst mitgestaltet. Je früher aber ein Mensch den kalten Wind der Vereinzelung und des Alleinseins kennen lernen musste, umso anfälliger ist er für Wiederholungserlebnisse und seien es auch nur vermeintliche. Der frühe Denkzettel lässt ihn später nur zögernd in Gruppen Fuß fassen. Allzu schnell lässt er dann eine Gruppe, der er im Prinzip zugehört, in ein »Ich und Ihr« zerfallen. Die anderen sind dann der Riese, dem er als hilfloser Zwerg gegenübersteht.

Die oben genannte Art von Ur-Wir-Suche, würde sie länger als ein paar Monate anhalten, liefe leicht Gefahr, destruktiven Elementen Raum zu geben, nämlich denen, die Eigenständigkeit nur vortäuschen. Aber Mutter und Kind entdecken wenige Zeit später schon ihre Eigenständigkeit als Personen und müssen ihre Zweierbeziehung nicht mehr in dieser Weise verteidigen.

Im Entdecken der jeweils eigenen Person finden sie vom eigenständigen »Ich und Du« zum »Ich anders als du«. Die Mutter lebt es dem Kind vor. Sie finden zu einem wirklichen »Wir«, das zwar noch die Intimität des künkelschen Ur-Wir hat, aber nicht mehr dessen Symbiosecharakter. Erste Liebe und große Liebe, auch die große Liebe zu Beruf und Hobby ähneln in ihrer Intensität und ihrer Ausschließlichkeit häufig diesem ersten intimen Wir, auch mit der Symbioseanfälligkeit des Ur-Wir. Sie machen dann eher »überhitzte

Füße« als die so notwendigen warmen. Später wird dieses Ur-Wir-Bedürfnis auf Gruppen ausgedehnt, und besonders in Therapie- und Selbsterfahrungsgruppen möchte es bis hin zur Symbiose gelegentlich Raum nehmen, nicht nur auf zwei Personen beschränkt. Das Eintauchen in ganz frühe soziale Lebensformen hat belebenden, heilenden Charakter, ist aber in der beschriebenen Spätphase des Erwachsenen für Außenstehende schwer nachzuvollziehen.

Aber diese Wirkung ist nicht das einzig angestrebte Gruppenziel. Lange bevor die TZI im deutschsprachigen Raum bekannt wurde, wurden – 1954 in Wien – schon sog. gruppendynamische Laboratorien abgehalten, die auf amerikanische Vorbilder zurückgingen. Sie bildeten damit ein Gegenstück zur Lehranalyse für solche Menschen, die ihrerseits ihre Verhaltensmuster verändern wollten.

Mit dem »Psychoboom«der Siebzigerjahre, der die Grenze zwischen Therapie und Training verschwimmen ließ, erreichte das Selbsterfahrungsbedürfnis seinen Höhepunkt. In dieser Zeit wurde die TZI schnell bekannt und fand zwischen dem fast unüberschaubar gewordenen Angebot an Selbsterfahrungsgruppen einen herausragenden Platz, weil sie persönliches Wachstum, Beziehungsklärung, Umgang mit dem Schatten u. Ä. thematisch so anbot, dass die Teilnehmer nicht zu Therapiebedürftigen wurden. Die Gruppenangebote zur Persönlichkeitsentwicklung haben aufklärend-verändernde Funktion, jedoch keinen Therapieanspruch, wenngleich sich häufig therapeutische Wirkung einstellt.

Wie im Leben des Kindes immer mehr Menschen auftauchen, die anders sind als es selbst, werden Erwachsene in Gruppen mit Andersartigkeit konfrontiert. So differenziert sich auch eine Gruppe, ein Team oder eine Familie als eine »Persönlichkeit«, geben wir ihr nur die nötigen Starthilfen und Impulse. Und sie wird als Gruppe selbst eine »Persönlichkeit«, die an den Themen ihrem Selbstverständnis gemäß arbeitet.

Aus der ersten Mutter-Kind-Einheit öffnet sich das Leben in viele Gruppen, in lange anhaltende, in kurzfristige, in intimere und offiziellere.

In einem Schema dargestellt, könnte das so aussehen:

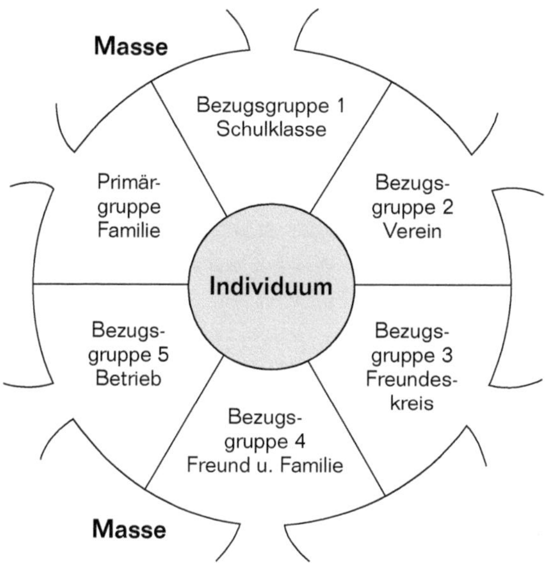

Abb. 15: Ich-Gruppe-Masse

3. Kriterien des Wir und Schritte auf dem Weg dorthin

Wie entsteht nun ein solcher Organismus, den wir als eine Gruppe bezeichnen, wie entwickelt sich sein Gesicht, was hält ihn zusammen und wann geht er auseinander?

Schauen wir uns zunächst eine Situation an, die Fritz Künkel (»Das Ur-Wir«) uns bereits 1922 schilderte und die er als »Wir« bezeichnet:

Ein paar Hundert Menschen umstehen ein Fußballfeld. Schon vor Spielbeginn geben sich die einen und die anderen zu erkennen: Club-Farben der einen, Club-Fahnen der anderen, meist auf getrennten Tribünen. Man hört die Landessprache des einen Vereins oder die des anderen.

Je weiter das Spiel fortschreitet, umso lauter ertönt bei jeder Ballbewegung eine Welle der Begeisterung oder der Buhrufe mit zunehmender Phonstärke aus dem einen oder anderen »Lager«. Jeder jubelt natürlich nur, wenn »seine« Mannschaft sich hervortut, deren Farbe er trägt und die er zu seinem »Wir« gemacht hat.

Die gegnerische Mannschaft, das sind eben »die anderen … die da«, von denen man weiß, dass sie letztes Mal gesiegt haben und die heute – zum Glück – eine schwache Besetzung haben. Und schließlich erleben die einen ihren Sieg und die anderen ihre Niederlage.

Im TZI-Verständnis würden wir diese Fans am Rande eines Fußballfeldes kaum als ein Wir betrachten. Doch sie sind mehr als eine Menge, als Mensch neben Mensch. Sie haben ein gemeinsames Interesse, wenn auch nur auf Zeit, sie haben eine gemeinsame Aufgabe, nämlich »ihre« Mannschaft zum Sieg zu geleiten. Dafür halten sie auch gewisse Regeln ein. Sie einigen sich auf Beurteilungsmaßstäbe und sprechen bzw. schreien die gleiche Sprache.

In wesentlichen Aspekten entsprechen sie aber eben nicht dem, was eine Gruppe ausmacht, die ein echtes Wir entwickelt und sich als solches erlebt.

Es fehlt an der individuellen Mitgestaltung jedes einzelnen Mitgliedes und vor allem an Interaktion und Kommunikation aller.

Die Gestalt des Wir drückt sich zunächst einmal ganz praktisch in ihrer Struktur aus. In TZI-Fortbildungs- oder Gesprächsgruppen sitzt man gewöhnlich im Kreis und das ist kein Zufall. Der technische Vorteil, dass jeder jeden sehen kann, spiegelt auf seine Weise die Werthaltung der TZI, anders als an üblichen Konferenztischen, an denen es durch das vorgegebene Oben und Unten auch dann Vorsitzende gibt, wenn es offiziell gar keine gibt.

In TZI-Gruppen drückt schon der Kreis der Stühle die Gleichwertigkeit und die Mitverantwortung für die gemeinsame Sache aus, welche Individualität zulässt, fördert und nutzt. Der Einzelne wird sich umso intensiver in einer Gruppe engagieren können, je mehr er seine Individualität zu wahren und zu nutzen vermag. Das Wir der TZI-Gruppe wird von allen geprägt und getragen, die grundsätzlich dazugehören, auch von zeitweilig Abwesenden und von Schweigenden.

Mit dieser Wertschätzung des Wir weicht die TZI von anderen Konzepten ab, von solchen, die den Einzelnen überbewerten, oder solchen, die ohne Rücksicht auf den Einzelnen ihre Ziele verfolgen.

Der Wir-Begriff der TZI legt den Schwerpunkt der Aufmerksamkeit gleichwertig auf jede Person (Ich), auf die Interaktion (Wir) und auf die Sachziele (Es), dabei den Einfluss von außen (Globe) als wegweisende Realität akzeptierend. Jeder Teilnehmer steuert den Prozess des Wir mit und die so entstehende Interaktion ist das eigentliche Vehikel für Aufgabenerfüllung und Zielerreichung.

Ebenso, wie wir im vorausgegangenen Kapitel von Ich-Identität gesprochen und den Weg dorthin beschrieben haben, geht es hier um eine sich entwickelnde Wir-Identität. Trotz aller Gesetzmäßigkeit, die bei Beginn und in der Entwicklung von Gruppen zu beobachten ist, prägt jede Gruppe immer ihr eigenes unverwechselbares Gesicht.

4. Wir-Gestaltung – Schritt für Schritt

Nicht umsonst legt die TZI in ihrer Methodik besonderen Wert auf die Anfangsphase von Gruppen. Dort wird im langsamen Hineinwachsen jedes Einzelnen der Grundstock gelegt für alles weitere vertrauensvolle Aufeinanderzugehen, für angemessen offenen Umgang miteinander sowie mit den anstehenden Problemen und Themen.

Ohne dieses bewusst gesteuerte Gruppenwachstum nehmen Misstrauen und Unsicherheit einen Raum ein, der später schwer freizuräumen ist und in dem unterschwellig die Gruppengeschicke bestimmt werden. Die dort negativ gebundene Energie fehlt der eigentlichen sozialen Gestaltung.

Auch die Zuverlässigkeit anfänglich vereinbarter Regeln fördert die Wir-Gestaltung. Bewusst getroffene Verabredungen helfen der Gruppe rascher und intensiver zu ihrer Identität als fehlende Orientierung in der noch unvertrauten Situation. »Wenn du wenig Zeit hast, nimm dir am Anfang viel davon.« Dieser Satz von Ruth Cohn trifft besonders auch für die Wir-Entwicklung von Gruppen und Teams zu. Dieses Sich-Zeit-Nehmen für die soziale Orientierung wirkt letztlich positiv durch alle Gruppenphasen, durch Konflikte und ihre Lösungsstrategien, durch langatmige Routinestrecken, und selbst zur Endgestaltung kann ich darauf zurückgreifen.

Eine Gruppe im TZI-Sinn, bei der man von einem echten »Wir« sprechen kann, zeigt sich vor allem am Vorhandensein

- von Struktur und Vereinbarungen;
- von Zielsetzung und Aufgabe;
- von Wahrung der Individualität;
- von Mitsteuerungsmöglichkeiten im Prozess;
- von Interaktion;
- eines Rückbezugs auf ein gemeinsames Wertesystem.

Unsere Gruppe am Rande des Fußballfeldes erfüllt diese Kriterien, wie wir sahen, nur zum Teil.

Eine Gruppe und ihre Teilnehmer brauchen sich immer gegenseitig. Eine Gruppe kann dann als Gruppe zum Ziel finden, wenn sie die individuellen Beiträge Einzelner zulässt und nutzt. Sobald Einzelne und ihre Beiträge vereinnahmt werden und es für sie immer schwerer wird, sich mit dem Gruppenergebnis zu identifizieren, halten auch das Vertrauen in die Sicherheit der Gruppe und die Freude am Tun nicht mehr an. In umgekehrter Richtung ist die Gruppe notwendige Plattform für das Lernen und Arbeiten Einzelner und für ihre individuellen Ziele.

Die Chance der Gruppe, als solche zu existieren und ihre Ziele zu erreichen, ist immer die Synergie, die sich aus dem Zusammenwirken einzelner Persönlichkeiten ergibt.

Ohne die Gabe der Einfühlung, so lehrt uns Adler weiterhin, gibt es kein Gemeinschaftsgefühl. Dieses wird durch die Zentrierung auf das Thema noch unterstützt.

Wir kennen Gruppen von der Kurzlebigkeit eines Urlaubs – wir erlebten gemeinsam die Johannisnacht und tauschten später noch die Fotos aus – bis zu solchen Gruppen, denen wir ein Leben lang angehören und die zu immer neuen Inhalten und Zielen finden.

Hat eine Gruppe aber einmal ihren Auftrag erfüllt, hat sie kein Thema mehr, so geht sie unausweichlich ihrem Ende entgegen. Gruppen ohne Thema leben noch eine Weile von der Tradition des Zusammenseins, von den guten oder von den schwierigen Beziehungen untereinander, sie entwickeln unter Umständen noch Energie, um nach außen hin ein intaktes Bild abzugeben, aber auch das kann das Ende nicht aufhalten. Ein Wir-Gefühl kann nicht mehr aufkommen, weil es keine Wir-Aufgabe mehr gibt.

Dieses Hintergrundwissen über das Wesen des Wir in der TZI und über das Hineinwachsen und Leben in Gruppen soll uns helfen, diesem Aspekt des Balance-Dreiecks genügend Gewicht zuzumessen und es sowohl als Diagnoseinstrument zum Prozessverständnis zu nutzen als auch als Instrument zur Planung und Steuerung von Gruppenabläufen. Diese Handhabung kommunikationsfördernder Aspekte garantiert uns, dass Gruppen eine Ausgewogenheit im Sach- und Personenbezug erlangen.

In der TZI bleibt der Mensch für den Menschen nicht Objekt. Der andere wird lebensnotwendige Ergänzung und Hintergrund. Der eine Mensch kann ohne den anderen nicht Mensch sein. Das ist die pragmatisch-politische Aussage der TZI im Umgang mit dem Wir.

7 Rund ums Thema

Das Es und
das Thema
sind zweierlei.

1. Einleitung

Die Aufmerksamkeit den Themen gegenüber, die aus der Ich-, Wir- oder Es-Ecke des Dreiecks ihren Anfangsimpuls bekommen, und der Umgang mit ihnen sind neben dem Balance-Gedanken und den Postulaten ein Hauptschwerpunkt im methodischen System der TZI. Darum soll auch hier dem Thema besondere Aufmerksamkeit gewidmet werden.

Mit Thema bezeichnen wir das formulierte Anliegen, welches in der Gruppe bzw. zwischen zweien in den Dialog gelangen soll, es ist der Fokus der Aufmerksamkeit. Ein TZI-Thema ist mehr als Lernstoff oder Diskussionspunkte einer Sitzung. Ein Thema im TZI-Sinn drückt in seiner Wort- und Satzwahl, vor allem in seiner Bearbeitung die Grundaussage des Dreiecks und des Eisbergs aus: Es hat immer den inhaltlichen Schwerpunkt an einem der Dreieckspunkte, steht aber sozusagen mit zwei anderen Beinen an den anderen beiden Ecken des Dreiecks, um im Auge zu behalten, dass Gespräche in aller Regel alle Dreiecksaspekte mitberühren bzw. in hohem Maße von diesen gesteuert werden.

So ist es nahezu nicht zu übersehen, dass bei der Klärung »rein« organisatorischer Fragen, z. B. in einer Abteilung, schon die unausgesprochene Frage »… und wie wird meine Stellung im neuen Konzept aussehen?« mitschwingt. Sie trifft voll auf Hoffnungen, Wünsche und Befürchtungen, also auf den Beziehungsteil der Organisation. Wird dieser Part nicht berücksichtigt, ist die Konzentration zumindest gefährdet. Hier wird anschaulich, wie in einem Thema, an zunächst einer Ecke des Dreiecks, das Ganze in eine innere Bewegung gerät.

In der Blütezeit der Gruppendynamik, in Deutschland in den 70er-Jahren, erlangten die lange vernachlässigten Ich- und Wir-Schwerpunkte ungeahnte Aufmerksamkeit, und die inzwischen als antiquiert belächelte Frage »... und wie geht es dir damit? Was macht es mit dir?« hörte man allenthalben. Vielleicht haben wir ja inzwischen intelligentere Frageformulierungen gefunden, aber das Anliegen, bei aller Sachlichkeit den Menschen ernst zu nehmen, ist moderner denn je: Das Zusammenfügen von Ich, Wir, Es und Globe, besonders beim Thema, motiviert zum aktiven Mitmachen und macht Kommunikation erst lebendig.

In jedem Alltagsleben sind Anliegen, Interessen und Lernaufgaben die Anlässe, wofür wir miteinander in Beziehung treten!

Wenn man etwas miteinander zu tun haben will, muss man etwas miteinander tun – oder denken, träumen, entwickeln. Je höher das Interesse am gemeinsamen Thema, umso haltbarer erweist sich der Verbindungsanker »Beziehung«.

So gesehen ist es kein Wunder, dass Beziehungen unsinnig und zähflüssig werden, letztlich auseinandergehen, sobald ihre Themen erloschen sind. Jede Beziehung, die selbst für ihre Themen sorgen muss, Ehen und Partnerschaften z. B., sind hier gefährdeter als Berufsfelder oder Parteien, denen die Themen eher als Auftrag zufließen.

Sind die inhaltlichen Themen erst mal erloschen, so können die Beziehung untereinander und ihre Störung noch eine Zeit lang thematisiert werden, bis auch dies den inhaltlichen Mangel nicht mehr verdrängen kann.

Manchmal will es mit der Beziehung über ein Thema trotzdem nicht so recht gelingen. Sollte es sich dabei um die so genannten »Tortenstückbeziehungen« handeln, in denen jeder seinen inhaltlichen Anteil aus der großen Themen-Torte herausschneidet, ihm sonst aber wenig oder gar nichts an der Sache gelegen ist?

Wirklich gemeinsame Themen wachsen auch gemeinsam weiter, im Inhalt und in der Beziehung, weil nur im Verbund ein Ergebnis erzielt werden kann.

Auch wo ganz private Freundschaften keine gemeinsame Sache mehr haben, bekommen sie rasch einen nostalgischen Anstrich. »Weißt du noch …?«, so drücken die Themen sich dann aus. Klassentreffen sind solche nostalgischen Erlebnisse: zuerst begeistertes Aufeinanderzugehen, Austausch über das, was aus einem »geworden« ist, alte Erlebnisse hervorholen, die Lehrer noch einmal zum Thema machen. Dann wird es schon bald zähflüssig, die gemeinsamen Themen aus dem Dort und Damals der Schulzeit erschöpfen sich und sind als Verbindungsanker nur noch bedingt tragfähig.

So hängt das Schicksal lebendiger Beziehungen zwischen Lebens- und Arbeitspartnern von der Fähigkeit ab, Themen zu entdecken, zu benennen und lebendig zu gestalten.

Auch ein Negativthema hält nur für begrenzte Zeit. Besonders im politischen Bereich haben viele Gruppierungen den Protest zu ihrem Thema gemacht. Protest ist wichtig und hat oft Erfolg, aber sein negativer Inhalt trägt nicht auf Dauer. Protest allein genügt nicht. Protest ist Reaktion, ist Gegen-Solidarität. Er sollte in einen positiven Aspekt überführt werden. Eine progressive Themenaktion muss ihn begleiten oder ihm folgen.

Ein Thema, eine Idee oder eine Aufgabe ist immer auch der stärkste Verbindungsanker zu mir selbst und darüber hinaus zu anderen, wie wir es in der Alltagsgeschichte des Vorruheständlers erfahren haben.

> »Stundenlanges Brüten über einem Thema kann nichts herausbringen, es sei denn, man vertraut das Thema durch Darübersprechen einem anderen oder einer Gruppe an. Nicht, als ob es mir der andere/die Gruppe im eigentlichen Sinn dann löste… Aber es prägt, wenn ich nur den Anfang mache, das Gemüt, jene verworrene Vorstellung, zu Deutlichkeit aus.«
>
> (Heinrich von Kleist)

2. Kleine Themen – kleine Anker
Große Themen – große Anker

Nicht alle Themen sind qualitativ geeignet, um ein tragfähiges Fundament abzugeben. »Kleine« Themen sind nur für einen begrenzten Zeitraum tragfähig: Wir kochen gemeinsam ein Essen, diskutieren über ein Konzert, das jeder gehört hat, oder wir machen eine gemeinsame Reise an einen für alle interessanten Ort, wir treffen uns im Gespräch zu aktuellen politischen Themen. Sind der Anlass und sein Nachgespräch beendet, so bildet dieses Thema keinen Anker mehr.

Daneben stehen die »großen« Themen, die ein großes Ziel, eine große Idee verwirklichen wollen. Diese sind auf lange Zeiträume angelegt. Mit ihren Teil- oder Unterthemen überdauern sie vielleicht Generationen. Aber auch sie drohen in Vergessenheit zu geraten und an Interesse zu verlieren, wenn sie nur mit Kopf und nicht mit Hand und Herz weiterverfolgt und in den beteiligten Personen lebendig gehalten werden.

Erinnern wir uns an dieser Stelle noch einmal an die Eisbergtheorie im Dreieckstext, so entdecken wir bei den kleinen Themen ebenso wie bei den großen die so genannten »Mitläuferthemen«, die, je nachdem, im unteren oder oberen Teil des Eisbergs ihr Unwesen treiben. Da sprechen wir z. B. »ganz sachlich« über die günstigste Wegstrecke nach Rom, während ich schon die Angst hochsteigen spüre, die ich beim Fliegen habe. Gleichzeitig plagt mich die Sorge vor dem Spott der anderen und ich trete so ganz nebenbei in einen inneren Dialog mit mir selbst.

Da sprechen wir über eine simple »Umorganisation« im Büro, und in mir höre ich es flüstern: »Mit Herrn V. zusammen würde es am meisten Spaß machen«, oder: »Wie werde ich es bloß schaffen, mit dem Internetanschluss umzugehen, ohne mich zu blamieren und ständig zu fragen?« Die unsachlichen Themen beherrschen das Feld.

Die offiziellen Sachthemen ergeben sich mehr aus der Logik der Situation als aus der Psychologik der Gesprächspartner. Es bedarf eines längeren Einübens, auch die »Mitläuferthemen« der Psychologik in die Gesprächsebene zu heben. Erst wenn beides gekoppelt wird, ist die Kommunikation insgesamt stimmig, sind wirklich alle »bei der Sache«. Das Eisbergbild hat uns das an anderer Stelle deutlich gemacht.

Anliegen der TZI – und damit Aufgabe des Gesprächsleiters – ist es, diesem Zusammenspiel Raum zu verschaffen. Der »Das-gehört-nicht-hierher«-Standpunkt sollte dabei unbedingt aufgegeben werden. Alles gehört hierher, was durch das Thema oder durch die Kommunikation ausgelöst wurde.

In der Praxis der TZI sieht das Themengeflecht dann z. B. so aus: Ich arbeite mit Studenten am Thema »Wie organisiere ich mein Studium für das Grundschullehramt: finanziell, zeitlich und inhaltlich«.

Im praktischen Durcharbeiten dieser Inhalte entwickelten sich bei den Studenten schnell weitere Anliegen, die ich hier schon als Themen formuliere:

- Ich bin die erste Studierende in der Familie, wo kann ich Zustimmung bekommen, wo mir Hilfe holen?
- Mein Umgang mit Kindern. Wie gehe ich auf die verschiedenen Altersstufen zu, wie auf Mädchen, wie auf Jungen?
- Die Institution Schule ist mir nicht in bester Erinnerung. Wie lerne ich sie neu kennen?

So wird es zur Aufgabe des Leiters, auf zwei Ebenen zu moderieren bzw. die neu auftauchenden Themen zu einem späteren Zeitpunkt zu bearbeiten.

3. Das gute Thema lockt und trifft: Vier Schritte zum Entwickeln des Themas

Bei gewöhnlichen Unterhaltungen im täglichen Umgang ist es nicht üblich, sich jederzeit bewusst zu sein, worüber wir gerade sprechen, in welcher Reihenfolge und mit welchem Ziel. Gerade diese »Vom Hölzchen zum Stöckchen«-Unterhaltungen machen Kommunikation lebendig und führen trotzdem häufig zu einer sachlichen und inneren Logik.

Anders sieht es aus, wenn wir aus Arbeits- oder Lernimpulsen mit einer bestimmten, allen bekannten Thematik zusammenkommen.

Die folgenden Anregungen zum Formulieren von Themen skizzieren also einen Entwicklungsprozess von Themen in Gruppen oder Arbeitsteams und sorgen dafür, dass der Themeninhalt mit dem Prozess der Gruppe in Verbindung steht, dass er in den gegebenen Rahmen passt und in eine lebendige Bearbeitung führt.

In dem hier angebotenen Konzept sind die Themen immer zentraler Fokus der Aufmerksamkeit für den Weg zwischen Anliegen und Zielerreichung. Wenn die Teilnehmenden ein erstes Mal hören – oder lesen –, worüber sie sich unter diesem Thema austauschen sollen, sollte es »Klick« im öffnenden Sinn machen und zu weiterer Arbeit anregen.

Wenn ich hier vom Themenfinden und -formulieren, vom Themenleiten und -entwickeln spreche, so ist das für Seminararbeit, speziell im Fortbildungs- und Beratungsbereich gedacht. Die Praxis ist unschwer in andere Bereiche, wie etwa Vorbereitung und Gestaltung von Gremienarbeit, politische Aktivitäten oder Konferenzen zu übertragen.

Mit Thema ist all das gemeint, wozu eine Gruppe sich trifft: die Lösung von Sachaufgaben, ebenso die Bearbeitung persönlicher Probleme oder die Klärung von Beziehungen, das Durcharbeiten von Lern- und Diskussionsstoff.

Themen können vorgegeben und bereits in einem Programm veröffentlicht sein oder sie werden erst mit den Teilnehmern gesammelt und ausgewählt und für die Bearbeitung erschlossen. Ich habe einige Grundsätze zusammengestellt, die allgemein für das Entwickeln, Formulieren und Einleiten von Themen gelten, ganz gleich in welcher Phase eines Seminars wir stehen und mit welcher Gruppe wir es zu tun haben. Prozess- und phasenbedingte Abweichungen werden diese Grundsätze in der praktischen Arbeit immer ein wenig wandeln.

Wenn das Einzelthema in die laufende Folge der Themen passt und der Leiter den Kontext deutlich macht, dann gleicht es einem bald anfahrenden Zug, in den der Teilnehmende einsteigen will, weil ihm die Fahrt und das Reiseziel zum Mitfahren, vielleicht mit

Herzklopfen, reizt. Themen, die erst wie ein blockierter Zug angeschoben werden müssen, stimmen aus irgendeinem Grunde nicht, sei es, dass sie zu einem Zeitpunkt angesprochen werden, an dem die Gruppe noch nicht bereit dafür ist, sei es, dass sie in einer Struktur bearbeitet werden, die ungewohnt, ängstigend oder zu theoretisch ist.

Themen zu formulieren ist eine kreative, fast künstlerische Tätigkeit, die in Intervallen geschieht.

Einfälle kommen nicht auf Befehl. Themenentwicklung braucht Zeit. Manchmal wollen Themenfragmente über Nacht gären, bis sich aus der Fülle der zunächst gesammelten Einfälle das Thema herauskristallisiert, bis Worte und Bilder entstanden sind, die für eine stimmige Formulierung gebraucht werden können. Ein Wort, anders gesetzt oder ausgetauscht – und das Thema hat ein anderes Gewicht.

So wichtig wie der kreative Teil im Prozess der Themenentwicklung auch ist, er braucht einen Zwilling, ohne den wir nicht zur geeigneten Arbeitsformulierung kommen: das systematische Überlegen und Ausformulieren.

Die folgenden Schritte, als Fragen formuliert, skizzieren den Weg zum fertigen Thema.

a) Was ist mein eigener Bezug zum Thema? Was bedeutet es für mich?

Nur wenn ich persönlich am Thema interessiert bin, werde ich in der Regel auch bei der Gruppe Interesse wecken können. Gleichzeitig muss ich freilich die Teilnehmer davor schützen, durch meine Betroffenheit ihre Arbeit zu blockieren oder durch mein Eigeninteresse einzuschränken.

Ein Leiter, der selber Fragen an das Anliegen des Seminars hat, der auf eigene Erfahrungen zurückgreifen kann, der selbst nach Antworten sucht und einige gefunden hat, der wird es verständlicherweise leichter haben, Themen für die einzelnen Sitzungen zu finden, zu formulieren und zu leiten. Darüber hinaus sollte er auch nach seinen eigenen blinden Flecken fragen, die ihn bestimmte Teile des Themas nicht sehen oder überbetonen lassen. So kann er sich den nötigen Abstand verschaffen, der ihn erkennen lässt, wie das Thema in das jeweilige »System« passt, in dem es bearbeitet wird.

Die Frage nach der persönlichen Nähe und Distanz zum Thema wird immer wieder neu gestellt werden müssen, und zwar auf inhaltlich-fachlicher wie auf emotionaler Ebene.

b) Wie setze ich das Thema und seine Bearbeitung mit dem bisherigen und dem künftigen Prozess der Gruppe in Beziehung?

Das Thema und die Struktur für seine Bearbeitung sollten auch den bisherigen Gruppenprozess reflektieren: Haben wir viel am Inhalt gearbeitet und kamen dabei das Ich-Thema und das Wir-Thema ein wenig zu kurz? Oder war im Gegenteil bisher die Entwicklung des Wir im Vordergrund, und es wird jetzt Zeit, das eigentliche Arbeitsthema ins Zentrum zu rücken? Das sind die Fragen nach dem vorausgegangenen Prozess, die hier noch präzisiert werden:

- Wie sehen die derzeitige Dynamik und die Interaktion der Gruppe aus?
- Wie wirken sie sich auf Zusammenarbeit, Motivation, Sicherheit u.Ä. aus?
- Was soll der nächste Schritt in dieser Hinsicht sein?
- Welche und wessen Ziele dominieren zurzeit in der Gruppe?
- Was steht im Hintergrund dieser Ziele und was davon soll durch Thema und Struktur aktiviert und bearbeitet werden?
- Welche Ereignisse und Reste aus dem vorhergehenden Prozess binden noch Energien und Aufmerksamkeit – und enthalten damit auch Ansatzpunkte für das neue Thema?
- Was braucht die Gruppe oder der einzelne Teilnehmende jetzt als Thema, an Informationen, Feedback, Schutz oder Anregung, um weiterzukommen?
- Welchen Bedürfnissen, z.B. nach Ruhe oder Bewegung, Gespräch oder Zuhören, muss die Struktur jetzt gerecht werden: Plenum, Gruppe oder Einzelarbeit?
- Womit würde ich die Gruppe jetzt über- oder unterfordern und aus welchem Grunde?

c) Welchen Schwerpunkt im TZI-Dreieck setze ich jetzt?

Jedes Thema versteht sich als Teilaspekt des Ich-Wir-Es-Dreiecks (vgl. Abbildung 6, S. 61). Manchmal ist es notwendig, sich zunächst der Sachaufgabe zuzuwenden, manchmal ist es aber für den Gesamtprozess zuträglicher, sich zunächst um Themen zu kümmern, die Vertrauen aufbauen oder persönlichen Widerstand mindern. Wird diesen Anliegen Raum gegeben, so haben auch unattraktive Sachanliegen große Chance zur Bearbeitung.

d) Wie starten wir mit dem Thema einen lebendigen Prozess? Meine ersten Sätze als Leitender

Eine Einführung soll es den Teilnehmern erleichtern, persönliche Anknüpfungspunkte zu erkennen, an denen sie einsteigen können. Mit der Einführung stellt der Leiter das Thema in den Zusammenhang des bisherigen Prozesses und macht deutlich, warum er gerade dieses jetzt gewählt hat.

Transparenz ermöglicht Mitgehen und spontanes Reagieren, sollte das Thema wichtige Aspekte nicht enthalten. Auch hier nehmen Abhängigkeitsgefühle ab, je mehr Zusammenhänge sichtbar werden. Das gilt besonders auch für »trockene« Sachthemen, auch wenn es da zugegebenermaßen schwieriger sein kann, einen persönlichen Bezug herzustellen.

4. Weitere Hinweise zum Entwickeln von Themen

1. Bekanntes und Neues mit dem Thema verbinden

Jedes Thema sollte etwas Bekanntes enthalten, an dem der Teilnehmende seinen eigenen Anknüpfungspunkt findet. Jedes Thema muss zugleich etwas Neues und Herausforderndes ansprechen, das die Neugier weckt. Das Thema wird anziehend durch eine gute Balance von beidem.

2. Offen für unterschiedliche Zugänge

Jeder sieht das Thema, das der Leiter setzt, aus seiner Sicht, so wie er es gerade sehen will oder kann oder vielleicht sehen muss. Das heißt, dass es in der Gruppe viele unterschiedliche Zugänge zum Thema gibt, die weitgehend zugelassen werden sollten. Jeder kann zwar dem anderen seine Sichtweise mitteilen, aber sie ihm nicht aufzwingen. Dieses zu erreichen bedarf konsequenter Leitung. Das Thema ist deshalb so persönlich wie möglich und so offen wie nötig zu formulieren.

3. Das Thema soll fordern, nicht überfordern

Mit persönlichen Formulierungen soll der Einzelne angeregt werden, Aussagen über sich selbst zu machen und seine eigenen Gedanken einzubringen. In Gruppen, in denen noch wenig Vertrauen herrscht, sollten die Themen allerdings nur so persönlich formuliert werden, dass sie nicht Angst auslösend und damit blockierend wirken. Das Gleiche gilt für Gruppen, bei denen die Teilnehmenden in Abhängigkeit voneinander stehen, wie es bei Gruppen aus Firmen und Institutionen der Fall sein kann.

4. Das Thema ist noch nicht die Antwort

Im Thema soll nicht schon das Resultat vorweggenommen sein. Wortwahl und Ausdrucksweise können unter der Hand Wertungen in das Thema schmuggeln, die die Arbeit in eine bestimmte Richtung drängen. Mit der Formulierung kann – auch unbeabsichtigt – sich jemand ausgeschlossen oder eingeengt fühlen.

So lässt z.B. das im Rahmen einer Neuorganisation gewählte Thema »Auch ein Weg von tausend Meilen beginnt mit einem ersten Schritt – will ich ihn tun und was brauche ich dazu?« mehr eigene Möglichkeiten und Entscheidungen offen als die ähnliche Formulierung: »Auch ein Weg von tausend Meilen beginnt mit einem ersten Schritt – und dieser ist immer der schwerste – wie kann ich ihn schaffen?«

Die Aussage, der erste Schritt sei auch der schwerste, kann bereits zu Widerspruch führen, denn wer entscheidet, dass dem so ist, wenn ich als Teilnehmender ganz andere Erfahrungen habe.

Das heißt nicht, dass ich als Leiter meine Einsichten hintanstellen oder verstecken muss, aber sie dürfen die Themenformulierung nicht so bestimmen, dass die Arbeit der Gruppe dadurch schon in »meine« Lösungsrichtung gedrängt wird. Im Arbeitsprozess gibt es genug Raum, sie zu nennen und damit als »teilnehmender Leiter« persönlichen Einfluss zu nehmen.

5. Themen handlungsorientiert formulieren

Der in die Zukunft weisende, handlungsorientierte Anstoß sollte in der Themenformulierung nicht fehlen. Mit der Themenformulierung wird dieser Schritt unterstützt: Thementeile wie »... wofür will ich sorgen?« oder »... was will ich tun?« sind Beispiele für eine Formulierung, die das eigene Tätigwerden ins Bewusstsein rücken.

6. Das Thema soll öffnen und abgrenzen zugleich

Das Thema muss offen formuliert sein. Ist es zu eng gefasst, dann lässt es keinen Spielraum für eigenständige Überlegungen und unkonventionelle Ideen, die zu wirklich weiterführenden Schritten führen könnten und die die Teilnehmenden zum Mitdenken motivieren. Darüber hinaus erzeugt es u. U. Perfektionsdruck, der das Aussprechen zwar unfertiger, aber wichtiger Gedanken behindert.

Ist das Thema dagegen zu breit angelegt, so hat die Gruppe nur geringe Chance, konstruktiv und im vorgesehenen Zeitrahmen das Ziel zu erreichen, sondern erschöpft sich darin, »nur mal darüber zu reden«.

Das Thema kann dem Wissensstand der Gruppe um einen Schritt voraus sein – wir sehen es dann klarer, als wenn es unter unseren Füßen liegt. Das Thema soll dazu anregen, Stellung zu beziehen, Probehandeln oder Probedenken herausfordern und damit dem Einzelnen auch ein wenig Mut abverlangen. In der Gruppe darf – wie auf einer Probebühne – zunächst einmal ausgesprochen und in seiner Wirkung erprobt werden, was sonst gleich strenger

Beurteilung unterliegt. Das gilt auch für den Ausdruck emotionaler Betroffenheit.

7. Klare Begrifflichkeit

Verschlüsselungen, Symbole und komplizierte Sätze erschweren die Arbeit, besonders dann, wenn es sich um schwierige, konfliktträchtige Themen handelt. Das Thema ist dann auch durch eine gute Einführung nicht mehr zu retten. Symbolische Begriffe im Thema bringen das Gespräch leicht auf eine symbolische Ebene. Wir haben es dann schwer, das Gesagte auf die reale Handlungsebene zurückzuführen, und müssen uns doppelt anstrengen, den Klartext aus den Symbolen herauszuhören. Sprache und Wortwahl bergen eine Menge Missverständnisse.

8. Keine fremden Themen wählen

Ein wichtiger Merksatz ist der folgende: »Leite nur Themen, die du selbst mitformuliert hast!« Fremde Themen zu leiten ist problematisch, weil man selbst den Weg der Schöpfung dieses Themas nicht mitgegangen ist. Auch festliegende Arbeitsthemen wirken mit einer eigenen Formulierung attraktiver.

5. Themen formulieren – eine persönliche Aussage

Für eine Themenformulierung hier Beispiele anzufügen erscheint müßig. Themen müssen selbst erarbeitet werden und in Ausdruck und Formulierung zur Person des Leitenden passen. Es fühlen sich immer diejenigen angesprochen, die ich mit meiner Wortwahl gerufen habe.

Ruth Cohn nannte einen ihrer entscheidenden Aufsätze über TZI: »Das Thema als Mittelpunkt interaktioneller Gruppen« (Cohn 1976). In diesem Titel drückt sich die Modifikation zu gruppentherapeutischen Verfahren aus, die dem Wunsch entsprang, durch die Kopplung von Thema und Interaktion die Menschen auch auf der persönlichen und zwischenmenschlichen Ebene zu erreichen und im Verlauf von mehreren Arbeits- oder Gesprächseinheiten den roten Faden durch die Ich-Wir-Es-Balance sichtbar bzw. besprechbar zu machen. Das Dreieck mit seinem Globe, die drei Pole mit ihren Individualglobes, das sind die vielen Quellen für emotionale und sachliche Themen. Aufmerksames Hin- und Hergehen in den Ich-, Wir-, Es- und Globebereichen macht auch im Umgang mit Themen die dynamische Balance aus, die wir vom Dreieck her kennen.

Themen sind immer Ausdruck und Aussage ihres Urhebers. Über diese Urheberschaft der Themen führt uns der Weg zum Gelingen des Dialogs und zur inhaltlichen Zielerreichung.

6. Der Prozess der Bearbeitung: Brücke zwischen Thema und Gesprächspartnern

Das Arbeiten am Thema kann sich auf drei zeit- und ortsbestimmten Ebenen bewegen, die immer aufeinander einwirken, auch wenn sich die Arbeit vornehmlich auf einer der drei Ebenen abspielt:

- auf der Ebene des »Dort und Damals« der Vergangenheit;
- auf der Ebene des »Hier und Jetzt« der Gegenwart;
- auf der Ebene des »Da und Später« der Zukunft.

Was ist damit gemeint?
Alle drei Ebenen stehen miteinander im Zusammenhang. Im Prozess der Themenbearbeitung sollte dieser Zusammenhang sichtbar werden. Zumindest sollte ihn der Leiter im Auge behalten, um in den folgenden Einheiten die eventuell unterbelichtet gebliebenen Ebenen wieder anzusprechen. Das Thema bzw. eine bestimmte Themenfolge für mehrere Sitzungen hintereinander und die Leitung des Themas sollen deshalb

- Erfahrungen wecken und wiederbeleben (Was löste das bei mir aus? Welche Erfahrungen verbinde ich damit?);
- den Bezug zum aktuellen Geschehen und Erleben herstellen (Wie geht es mir mit diesem Thema jetzt zurzeit? Welche Muster von damals passieren mir hier?);

- Veränderung und Anders-machen-Können und -Wollen unterstützen (Welche Möglichkeiten habe ich? Was will ich tun?).

Aus der Themenformulierung sollte ersichtlich sein, auf welcher Zeit- und Ortsebene die Arbeit in dieser Einheit beginnen soll.

Dazu ein Beispiel:

Das Thema knüpft am »Hier und Jetzt« an:
»Wir wollen die Aufgabenverteilung in unserer Abteilung überprüfen: Wo sehe ich Probleme, wo drückt mich jetzt der Schuh, welche Fragen stellen sich mir?«

Anliegen dieser Themenformulierung ist die Erarbeitung einer Bestandsaufnahme und IST-Analyse. Es geht darum, zu klären, über welche Probleme und Fragen gesprochen werden muss, wenn Verbesserungen erreicht werden sollen. Es werden das aktuelle Geschehen und die augenblickliche Erlebnisebene angesprochen.

Das Thema knüpft am »Dort und Damals« an:
Dieser Ansatz soll Erinnerungen wecken, sie neu beleben und infrage stellen. Das Anliegen dieses Schrittes ist es, sich mit der Geschichte des Themas auseinanderzusetzen und festzustellen, was so nicht mehr stimmt und einer Veränderung oder eines Umdenkens bedarf.

Eine konkrete Formulierung zu diesem Ansatz könnte z.B. lauten: »Wir wollen die Aufgabenstellung in unserer Abteilung überprüfen. Wie war es eigentlich ursprünglich geplant? Welche Erfahrungen habe ich damit gemacht? Was hat sich überlebt und was sollte weiterleben?«

Das Thema knüpft am »Da und Später« an:
»Wir wollen die Aufgabenverteilung in unserer Abteilung überprüfen und Veränderungen ermöglichen. Was sind aus der Sicht eines jeden von uns Elemente und Ziele für eine optimale künftige Lösung?«

Bei dieser Themenstellung wird der Blick in die Zukunft gerichtet und dazu angeregt, sich Gedanken zu machen, was zu einer optimalen Lösung alles dazugehören würde. Anliegen des Themas ist es, durch die Arbeit zu Zielvorstellungen zu kommen, aufgrund deren die Gruppe dann Lösungsvorschläge erarbeiten und entscheiden kann.

In der Regel eignet sich dieser Ausgangspunkt erst, wenn vorher einiges Vertrauen aufgebaut werden konnte, damit wirklich jeder seine Ideen und Wünsche für die künftige Lösung offen auszusprechen gewillt ist.

In allen drei Fällen geht es um das Erkennen und das Benennen. Es sind eigentlich zwei Aspekte, die dabei schwierig sein können: zunächst einmal die Augen aufzumachen und zu dem zu stehen, was man sieht, statt es rasch wieder zu verdrängen.

Der zweite Schritt erfordert den Mut, diese Einsichten auch auszusprechen und sich dadurch gegebenenfalls in eine Konfliktsituation zu begeben, weil damit Unbequemes ansgesprochen wird, das bisher sorgfältig unter dem Teppich gehalten wurde. An welcher Ebene man anknüpfen will, hängt u.a. davon ab, was vor der Sitzung getan wurde oder geschah, vom Klima in der Gruppe, von der Zielsetzung und dem Zeitvolumen der gesamten Veranstaltung.

7. Nach der thematischen Arbeit – ein Blick auf den Prozess des Themas

Ist die Themenarbeit mit der Gruppe beendet, so halte ich mir als Leiter den Themenprozess noch einmal vor Augen und lasse ihn in seinem Gesamtablauf Revue passieren. Erst dann ist auch der Leiter aus dem Thema entlassen. Einige Stichworte für sich selbst festzuhalten kann eine weitere Planung unterstützen und ist nicht zuletzt Teil des persönlichen Entwicklungsprozesses des Leiters. Ein Fragenkatalog, der den Themenprozess noch einmal Revue passieren lässt, könnte so aussehen:

- Welche Unter- oder Nebenthemen habe ich durch meine Wortwahl herausgelockt, von deren Auftauchen ich während der Sitzung überrascht wurde?
- Welche der von mir erwarteten Themenaspekte kamen nicht zur Sprache?
- Wie ermöglichte oder verhinderte die Themenformulierung meine Zielsetzung?
- Wodurch entstand eine Differenz zwischen dem, was ich eigentlich erwartet hatte, und dem, was wirklich geschah?
- Was hatte ich mir als Einführung vorgenommen und wie war es dann tatsächlich?
- Wie stiegen die Teilnehmenden auf Thema und Einführung ein?
- Wo hielt sich die Gruppe heraus und wo entstand viel Energie?
- Welche Aspekte wurden von bestimmten Teilnehmenden vermieden?
- Welcher neue Themenaspekt hat sich für die Gruppe bzw. für mich ergeben?
- Wie bin ich mit meiner Leitung zufrieden und warum?

Die Reflexion dieser Fragen kann die Planung des weiteren Prozesses unterstützen, die Übersicht erleichtern und ist nicht zuletzt Teil des persönlichen Lernprozesses des Leiters.

8 Kreise ums Dreieck – die komplexe Realität des Globe

»Die Kenntnis des Ortes ist die Seele des Dienstes!«
(FREIHERR VOM STEIN,
Die Wiederkehr des Genius Loci)

Das vorne beschriebene Dreieck wäre nicht vollständig und könnte uns allenfalls kurzfristig als Handwerkszeug dienen, würden wir es nicht mit einem Kreis, der es umgibt und dabei seine Ecken tangiert, vervollständigen. Der Kreis – bzw. eine Kugel, wenn wir es dreidimensional sehen – steht für den Globe, dieses umgebende Feld ums Dreieck, welches neben mir selbst beginnt und im Weltall noch nicht endet.

Abb. 16: Ich, Wir und Es im Globe

Zum Globe gehören Menschen, Dinge und Geschehnisse, die außerhalb der Gruppe angesiedelt sind und in wechselseitiger Beziehung zur Gruppe stehen. Die Beziehungen Ich–Globe, und die Beziehungen Gruppe–Globe wie die zwischen Es und Globe sind keine Einbahnstraßen. Sie sind zweispurige Wege, auf denen Konfrontation stattfindet.

Der Globe macht das Dreieck erst zu jener Mehr-Faktoren-Struktur, die die Anliegen der Axiome Handeln umsetzt. Zusätzlich bringt jeder der drei Pole des Dreiecks auch seinen eigenen Globe mit. So lebt der Einzelne in seiner eigenen spezifischen Welt mit eigenen sozialen Beziehungen, mit seiner eigenen Arbeitswelt und seinen eigenen Sichtweisen, mit denen er den Lauf der Dinge erklärt und die er sich im Lauf des Lebens zurechtgelegt hat.

In der Gruppe andererseits entstehen eine bestimmte Kultur und gemeinsame Sichtweisen darüber, wie »die Welt funktioniert« und was wichtig und richtig ist und was nicht. Diese Gruppenkultur, ihre Normen und Werte bilden den Globe der Gruppe, der evtl. erweitert wird durch Elemente einer gemeinsamen Arbeitswelt, aus der die Gruppe kommt.

Schließlich hat auch das Es seinen eigenen Globe, seinen Ausschnitt aus der Wirklichkeit, auf den es Bezug nimmt und in dem es sich bewähren soll – der Globe eines Krankenhauses zum Beispiel, einer Schule oder eines Unternehmens. Alle Lern- und Veränderungsprozesse haben nur dann eine Zukunft, wenn sie mit dem jeweiligen Globe in Verbindung bleiben.

Der Globe ist nichts Starres, eher ein Sammelbegriff für die vielfältigen Kräfte, die von außen auf das Vorhaben einwirken, es fördern oder ihm Grenzen setzen. In diesem Sinne ist das Bild von der Weltkugel in Abbildung 16 zu verstehen.

Der Globe bleibt letztlich die bedingende Komponente. Er erst macht das Dreieck rund und setzt der jeweiligen Arbeit den notwendigen Rahmen. Autonomie im Handeln eines Einzelnen oder einer Gruppe gelingt nur, soweit es der jeweilige Globe zulässt. Hier ist eine Originalskizze von Ruth Cohn zu sehen, in der sie die Bewegung vollzieht, die den Globe immer neu mit den Dreieckspunkten verbindet.

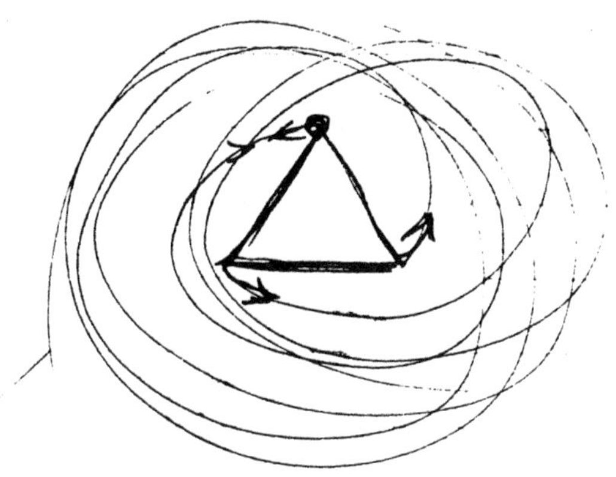

Abb. 17: Globebewegung

Nur im Netzwerk des Zusammenspiels von Ich-Wir-Es-Faktoren und Globe kann verantwortliches Leben gelingen, in welchem sich Menschen und Gruppen oder gar Unternehmen von Entwicklungsstufe zu Entwicklungsstufe subjektiv besser fühlen und objektiv besser dastehen als zuvor. TZI will im Ansatz eine Gesellschaftstherapie sein (*People therapy* nannte sie Ruth Cohn in ihren ersten Notizen). Das geht natürlich nur dann, wenn sie auch die Gesellschaft zu ihrer Aufgabe sowie zu ihrem Aktionsfeld macht. In diesem Zusammenhang von Aufgabe und Aktionsfeld muss der Globe keine feste äußere Gegebenheit bleiben, sondern kann in längerer Perspektive durch die »Arbeit im Dreieck« verändert werden. Das Ernstnehmen aller Dreieckspunkte und die Entwicklung an diesen Einzelstellen wirken auf gesellschaftliche Veränderungen und wirtschaftliche Entscheidungen ein. Damit verliert der Globe seine Tendenz, den Einzelnen und ganze Gruppen zu fressen.

Der Globe – die universale Umwelt – ist der Ort, in den jeder von uns hineingeboren wird, und der Ort, zu dem jeder zurückkehrt. »Der Globe weitet sich zum Kosmos aus; denn alles hängt mit allen und allem zusammen, wann und wo es auch geschah, geschieht und geschehen wird«, so fasst Ruth Cohn diesen Gedanken in einem Satz zusammen. Die Zusammenhänge in der Welt werden mit jedem Tag komplexer. Jeder Fortschritt in Forschung, Wissenschaft und Wirtschaft führt zu mehr Differenzierung und Vernetzung, aber auch zu Gegensätzlichkeit und Ausgrenzung.

Diese Universalität von nah und fern, von Zeit und Raum, von innen und außen bestimmt unser Leben und unser Zusammenleben. Welche Möglichkeiten des Handelns wir haben und welchen Einschränkungen wir unterliegen, erfahren wir aus dem Globe.

Je realistischer wir unser Umfeld einzuschätzen lernen, umso handlungsfähiger werden wir sein. Mit dem Globe konstruktiv umzugehen heißt auch, änderbare Dinge und Beziehungen von den unabänderlichen zu trennen.

Während die Ich-, Wir- und Es-Themen des Dreiecks meist präsenter sind und die Menschen sich schneller für sie engagieren, treten die Globe-Themen oft erst dann ins Blickfeld, wenn sie sich zuungunsten des Menschen gestalten. Dabei ist der Globe gerade diejenige Instanz, die zulässt oder verbietet. Gerade in den letzten Jahren sehen wir in Umwelt und Wirtschaft die Folgen seiner Vernachlässigung. Die Realität holt uns ein: Die technische Revolution beschert uns Millionen von Arbeitslosen, das schnelle Einsteigen in virtuelle Welten verändert die alltägliche Kommunikation in nicht geahntem Maße.

Der leichtsinnige Umgang mit Rohstoffen, der unvernünftige Einsatz von chemischen Substanzen beuten unsere Umwelt aus, und solange die Schere zwischen Armut und Reichtum immer größer wird, ist abzusehen, wann der soziale Globe explodiert. Darum zeigt es sich nicht zuletzt am Umgang mit dem Globe, ob der Einzelne autonom und interdependent zugleich lebt, ob er die Welt über seinen eigenen Rahmen hinaus möglichst verantwortlich in sein Handeln einbezieht.

Die Sichtweisen von diesem, an sich gleich bleibenden Globe sind jeweils individuelle Sichtweisen. Jeder Mensch – und jede Gruppe, Firma, Organisation – schaut aus seinem Blickwinkel und durch seine Brille auf die Realität um sich herum.

Konzentrischen Kreisen gleich wird zunächst das individuelle Umfeld im Blick sein, und je mehr Aufmerksamkeit man entwickelt, umso mehr wird der Blick das Umfeld vieler und den Globe aller Menschen erreichen.

Hierzu einige Beispiele aus der Praxis:
Wenn wir davon ausgehen, dass zum Globe alle Menschen gehören und alle Geschehnisse, die sich außerhalb meiner Person ereignen, dann sind z. B. Menschen der gleichen Ortschaft von gleichen öffentlichen Verkehrsbedingungen abhängig, die sie zunächst nur wandeln können, wenn sie ihren individuellen Globe wandeln (eigene Beförderung, Wechsel des Wohnortes). Sie können aber auch in gemeinsamer Aktion um den gemeinsamen Globe im Ort tätig werden und politische oder organisatorische Aktivität im Ort anregen.

Der Globe – bedingende Komponenten im Vergleich

Globe einer Schulklasse

- Einzugsgebiet, soziale Struktur
- Lehrergewerkschaft
- Lehrermangel
- Lehrplan
- Finanzquellen
- Ferienregelung
- Welche Berufe werden gebraucht?

Globe einer Erwachsenenbildung

- Herkunft der Teilnehmer
- Alltagssituation
- Arbeitssituation/-markt
- finanzielle Situation
- Konkurrenz
- ökologisches, politisches, soziales Umfeld

Globe eines Unternehmens

- Marktlage
- Lieferanten
- Gewerkschaft
- Lohn- und Gehaltskämpfe

- Konkurrenz
- Standort
- Mitarbeiterbudget
- Währungskurs

Globe einer sozialen Institution

- Erwartungen Außenstehender
- Anbindung an Kirche oder Staat
- Finanzsituation
- Krankenkassen
- Gesetze
- Pflegedienstnotstand
- Angehörige

Allen gemeinsam aber sind folgende Globeaspekte

- politische Lage
- wirtschaftliche Lage
- Leitbilder und ihr Wandel
- gesellschaftliche Norm
- Forschungsergebnisse
- Wetter
- aktuelle Ereignisse
- gesetzliche Feiertage

... und überall Geschichte! Denn, so hören wir von Ruth Cohn: »Das Wesentliche am Globe ist ja, dass er nicht nur das nähere Umfeld ist, sondern das Universum, auch zeitlich und räumlich gesehen, nicht nur Schule, Kirche und Dorf, sondern auch Geschichte bis an den Anfang der Menschheit, bis zu den Sternen hinaus. Alles ist mit allem verbunden, das ist ewiges Wissen.«[1]

Im Umgang mit dem Globe zeigt sich die Alltagsbezogenheit der TZI. Das Hereinholen des Globes der Einzelnen ins Arbeitsthema

1 Gespräch zwischen Ruth Cohn und Irene Amann, Nov. 1991

der Gruppe und das Wiederhinausführen ins Transfergeschehen sind der Handlungsteil in Bezug auf die Umsetzung. Schon bei der Planung werden alle Fakten, die die Teilnehmer in ihrem Globe betreffen, zusammengetragen. Sie werden die Gruppenstruktur wesentlich mitprägen und die Interaktion beeinflussen. Nur so können Themen wirklich global behandelt werde und für solchen Transfer der Lern- und Sachergebnisse sorgen, der nachhaltige Veränderungen verspricht. Folgende Fragen können diese Schritte erleichtern:

- Was kennzeichnet den Alltag der Teilnehmer und welchem Impuls folgend kommen sie hierher?
- Mit welcher Wirklichkeit draußen müssen die Arbeitsschritte hier korrespondieren?
- Wie groß kann der nächste Schritt der Veränderung im Arbeitsfeld sein und welches Teilziel soll erreicht werden?
- Wer im Umfeld kann die Zielerreichung unterstützen?
- Wie kommt dieses neue Vorgehen unter Umständen mit den Überzeugungen und Gewohnheiten der Umgebung in Konflikt?

In Lern- und Arbeitsgruppen, auch in Konferenzen kann die Ausrichtung auf den Globe nur nachgebildet oder vorphantasiert werden. Die Bewährung steht »draußen« an. Aber je mehr wir das »Draußen« hereinholen, umso geringer wird die Schere von Realität und Sandkastenspiel auseinanderklaffen. Und noch ein Letztes: Der Globe, diese Lebens- und Arbeitsbühne, verändert auch seinerseits Gesicht und Struktur. Kaum eine Gegebenheit, weltumfassend oder gering, ist für alle Zeiten zementiert.

Während ich für die Erstausgabe 1990 diesen Text schrieb, wurde in der ehemaligen DDR das erste Westgeld ausgegeben. Wer hätte ein Jahr vorher an diesen Wandel gedacht. Aber Wandel geschieht nur selten von selbst. So ist auch dieser Wandel in Wechselbeziehung mit denen geschehen, die es so nicht mehr wollten. Vom Globe angestoßen, stießen die Menschen den Globe an, dieses Umfeld, das immer Quelle und Mündung allen Handelns ist.

9 Das erste Postulat: »Sei dein eigener Chairman!«

Wenn ich mein Leben
anderen überlasse,
wird es nie ganz meins.

Für den Umgang miteinander wie für die Arbeit in Gruppen haben in der TZI zwei Postulate Bedeutung gewonnen, die im Folgenden erläutert werden sollen. Während die Axiome die Grundwerte der TZI beschreiben, sind die Postulate und die sich daraus ergebenden Kommunikationsregeln als Angebote zu verstehen, die helfen, eigenständiges Lernen vor dem Hintergrund der Axiome zu fördern.

Postulat – das ist keine normative Forderung eines höher gestellten Leiters oder Vorgesetzten, der, weil er mit Macht ausgestattet ist, sagen könnte: »Sei so und nicht anders«, der Verhaltensweisen oder Spielregeln vorgibt.

Postulat – das ist eine existenzielle Tatsache, eine ethisch begründete Aussage, die sich aus sich selbst beweist und ohne deren Anerkennung die TZI sinnlos würde. Sie ist zugleich Herausforderung, die Wirkung des eigenen Handelns selbst zu überprüfen.

1. Chairman, was ist das?

Diese in Sprache gegossene Aufforderung, Ich selbst zu sein, wollen wir zunächst im Wortlaut von Ruth Cohn hören, die in ihrem Buch »Von der Psychoanalyse zur Themenzentrierten Interaktion« (1976) so formuliert:

»Sei dein eigener Chairman/Chairwoman, sei die Chairperson deiner selbst.
Höre auf deine inneren Stimmen – deine verschiedenen Bedürfnisse, Wünsche, Motivationen und Ideen. Gebrauche alle deine Sinne – höre, sieh, rieche und nimm wahr. Gebrauche deinen Geist, dein Wissen, deine Urteilskraft, deine Verantwortung, deine Denkfähigkeit. Wäge Entscheidungen sorgfältig ab. Niemand kann dir deine Entscheidungen abnehmen. Du bist die wichtigste Person in deiner Welt, so wie ich in meiner. Wir müssen uns untereinander klar aussprechen können und einander sorgfältig zuhören, denn dies ist unsere einzige Brücke von Insel zu Insel.«

Ruth Cohn ergänzt diesen Text im Handbuch der Psychotherapie (Corsini 1994):

»Sei du selbst, das ist die schlechthin zentrale pädagogische, therapeutische und politische Intervention der TZI. Sie ist der Ausdruck menschlicher Individualität und bedeutet in eine geläufigere Sprachform übersetzt:

- Sei dir deiner inneren Gegebenheiten und deiner Umwelt bewusst, d. h., übe dich, dich selbst und andere wahrzunehmen, schenke dir und andern die gleiche menschliche Achtung, respektiere alle Tatsachen so, dass du den Freiheitsraum deiner Entscheidungen vergrößerst. Nimm dich selbst, deine Umgebung und deine Aufgabe ernst.
- Nimm jede Situation deines Lebens immer wieder als Anstoß, deine Entscheidungen zu überprüfen und ggf. neu zu ordnen.
- Nimm und gib, wie du es verantwortlich für dich selbst und andere willst.

So ist dieses Postulat die Grundlage jeder persönlichen und gesellschaftlichen Veränderung, die weder Individualismus noch Kollektivismus als politische Basis ansieht, sondern Gemeinschaftlichkeit der Einzelnen im Gemeinwesen und in der Welt.« (MATZDORF & COHN 1994, von der Verfasserin ergänzt)

»Chairman« – dieser von Ruth Cohn am Anfang eingeführte Begriff – war im amerikanischen Gebrauch eindeutiger ausgedrückt: »Leading myself and others« hieß das Postulat in seiner ursprünglichen Fassung. Der zweite Teil des Chairmanpostulats: »... and others«, heißt auf Arbeit in Gruppen bezogen: »Sei der Vertreter aller persönlichen und thematischen Interessen in der Gruppe«, und wendet sich an die Leitung. Diesem Aspekt wenden wir uns im Leiterkapitel zu, welches die Praxisbeispiele einleitet. Heute hat dieses Postulat, das auffordert, freiheitlich und in Verantwortung mit sich selbst und anderen zu leben, verschiedene Variablen gefunden.

Die ausführliche Aussage von Ruth Cohn am Anfang dieses Kapitels finden wir in Kurzform und besonders für die Anwendung in Gruppen bei ihr selbst und anderen Autoren und TZI-Anwendern wieder:

Hartmut Raguse (1987): »Sei dein eigener Chairman, rede und schweige, wie du willst. Suche aus dieser Arbeitseinheit zu gewinnen oder in sie hineinzulegen, was du geben und empfangen möchtest.«

Ruth Cohn (1975): »Sei dein eigener Chairman. Befolge deine eigene Tagesordnung in Bezug auf unser Thema und was dir sonst hier wichtig ist. Ich werde dasselbe tun.«

Eine weitere Formulierung für das Chairmanpostulat finde ich bei Dietrich Stollberg (1982): »Verantwortung muss jeder für sich selbst tragen, keiner für den anderen, es sei denn für das, was er dem anderen (an-)tut.«

Der Begriff »Chairman« als solcher ist ein wenig antiquiert. Es wurde vielfach versucht, ihn zu übersetzen: Manager, Dirigent, Kapitän, Leitperson. Sie alle treffen den Begriff nicht exakt und alle bleiben im maskulinen Genus. Vielleicht kommt der Begriff »Bildhauer seiner selbst« dem Chairman näher, als einer, der immer wieder neu an seiner Idee von sich, vom Miteinander und von der Welt arbeitet und meißelt.

Um von der maskulinen Form wegzukommen, wurde das Wort inzwischen in Chairperson gewandelt, was aber nicht mehr dem emotionalen Slogan des »Chairman« entspricht, der dieser inzwischen nicht nur für die Insider geworden ist. Ehe wir uns auf einen neuen deutschen Begriff einigen, möchte ich den Wortteil »Person«

herausgreifen und an seinen ursprünglichen Wortsinn erinnern: personare (lat.: hindurchtönen).

Der Begriff »Persona« wurde landläufig mit »Maske« übersetzt. Ich möchte dabei nicht – wie vielfach üblich – an eine solche denken, hinter der sich jemand verbirgt, hinter der er seine Machenschaften tut, sondern an eine Maske, die das hindurchtönen lässt, was das Wertbeschreibende, das Eigentliche dahinter ist, die Kräfte, von denen die Handlungen eines Menschen gesteuert werden. Aus diesem Gedanken entsteht das Postulat: Drücke dich als Person aus, indem durch dein Gesicht und dein Handeln dein ethischer Hintergrund hindurchtönt. Nur dieses Ich-selber-Sein und dieses Mich-aus-mir-heraus-Verantworten können die Kraft freisetzen, mit der letztendlich Ideen und Werte vertreten und durchgesetzt werden.

Das Chairmanpostulat ist Ausdruck des Zutrauens in die Fähigkeit des Menschen – so er nicht in Unfreiheit lebt oder krank ist –, sich selbst zu leiten oder zu organisieren, mehr und mehr die Verantwortung für sich selbst und, wo nötig oder ihm zugesprochen, für andere zu übernehmen. Es ist das Wissen um den Menschen, sich zu entwickeln und mitzuentwickeln, was um ihn herum in Entwicklung ist. Es ist Ermutigung und Zumutung zugleich. Es appelliert daran, Ambivalenzen in uns zu koordinieren und Prioritäten zu setzen.

2. Das zweifache Hinschauen

Mit dem Chairmanpostulat finden wir ein weiteres Mal im Modell der TZI den Balance-Gedanken, den wir bereits im Zusammenhang mit dem Ich-Wir-Es-Dreieck kennen.

Hier wie da geht es darum, Gleichgewicht zu suchen, aus dem Gleichgewicht zu geraten, Gleichgewicht neu zu finden, um diesen nie zu Ende gehenden Balanceakt.

Im Dreieck suchen wir Balance zwischen Individualität (Ich), sozialem Gefüge (Wir), Sachaufgaben und Inhalten (Es) bezogen auf das Umfeld.

Abb. 18: Balance suchen (nach: Röhrich, Lutz: Lexikon der sprichwörtlichen Redensarten.)

Beim Chairmanpostulat geht es einerseits darum, Balance zu finden zwischen den beiden Polen *Autonomie und Interdependenz,* Eigenständigkeit und Hinschauen auf die Bedürfnisse anderer, die in einem ständig sich angleichenden Verhältnis zueinander stehen. Es geht darum, gegenläufige Bedürfnisse im Leben miteinander in Verbindung zu bringen, anstatt sie grenzenlos zu verwischen.

Zum anderen geht es um das Ausbalancieren von kognitiven, emotionalen, sozialen und praktischen Fähigkeiten und Bedürfnissen des Menschen selbst. Es geht darum, sein »Innenleben« zu organisieren. Sein eigener Chairman zu sein heißt, diese oft als Ambivalenz auftretenden Faktoren bei sich wahrzunehmen und auszuhalten, Schwerpunkte zu setzen und sich zu entscheiden. Das ist bewusstes Steuern von Autonomie und Interdependenz.

Es geht auch um Entscheidungen, die man für sich allein trifft. Aber nahezu nie steht man in einer Windstille äußerer Einflüsse und Impulse. Immer gibt es ein Außen und ein Innen, immer gibt es ein Ich und ein Du, ein Ich und die anderen und die Sachen. Mit den sich rasch ändernden Verhältnissen muss eine ständige Umorientierung Schritt halten.

Das zwingt den Menschen dazu, die Mühe des Abwägens auf sich zu nehmen. Wer oder was soll jetzt den Vorrang bekommen und wer oder was dann, und was will ich ausgrenzen? Es ist eine ständige Umorientierung, eine ständige Bewegung.

Das Pendeln zwischen Polen und die jeweils adäquate Entscheidung zu treffen, ist ein wesentlicher Aspekt in der Praxis des Chairmanpostulats.

Diese sich gegenüberstehenden und sich gegenseitig bedingenden Kraftfelder begegnen uns im Alltag u. a. so:

im persönlichen Bereich:

- Als individuelle Persönlichkeit dastehen, als solche wachsen und sich verwirklichen/In der Solidarität mit anderen stehen, gemeinsame Ziele anstreben und verwirklichen
- Allein sein/Mit anderen sein
- Die eigenen Fähigkeiten und Eigenschaften so akzeptieren, wie sie sind/Veränderung der Persönlichkeit und Wachstum zulassen
- Dinge, Zustände und das Verhalten anderer Menschen so hinnehmen, wie sie sich zeigen/Mitbestimmen, sich einmischen, für Veränderungen aktiv werden
- Am Vertrauten beharren/Neues lernen

in Leitungsfunktion:

- Als Leiter dem Platz einräumen, was gerade im Raum steht, was sich in der Gruppe entwickelt. Zulassen, warten, reifen lassen/In Prozesse aktiv eingreifen und sie mitgestalten, gegebenenfalls beschleunigen oder verzögern, Situationen aktiv »herstellen«
- Teilnehmer oder Mitarbeiter mit Informationen, »Stoff« füttern/Teilnehmer oder Mitarbeiter auf die Suche nach Informationen und Theorie schicken, »Futter suchen lassen«

Beide Seiten stellen die Realität dar und beide Seiten sind generell gleichwertig. In welche Richtung ich zuerst schaue, auf welcher Ebene ich zuerst handle, entscheidet die gezielte Planung oder die Spontaneität des Augenblicks. Diese Entscheidungen nach der einen oder anderen Seite hin haben mit mir selbst zu tun. Ein mehr oder weniger introvertierter Mensch wird einer Gruppe mehr Raum geben, länger warten mit einem weiteren Input als jemand, der in extravertierter Weise gern und gut Prozesse in Gang setzt.

Immer gibt es »Feuerwehrsituationen«, in denen nur eine Entscheidung denkbar ist. Niemand wird lange überlegen, ob er Erfahrungen machen lassen will oder ob er steuernd eingreift, wenn akute Gefahr besteht, wenn's brennt oder starke Betroffenheit herrscht. In den meisten Situationen kommt es aber auf ein längeres Pendeln an, ein Hin- und Hergehen zwischen dieser oder jener Option, ehe ich mich entscheide und handle.

Autonomie und Interdependenz sind immer Endpunkte ein und derselben Achse, Endpunkte, die sich gegenseitig bedingen, die zu Gleichgewicht oder zu Ungleichgewicht führen, die den Menschen wechselseitig in Progression oder in Regression schicken.

Dem Abwägen zwischen den Polen Autonomie und Interdependenz sollte man, einem Seiltänzer gleich, ungeteilte Aufmerksamkeit schenken, will man sich nicht passiv hin- und herziehen lassen und mit Fremdentscheidungen letztlich sich selbst und dem andern schaden.

Wir sind nie völlig autonom und nie völlig abhängig von dem, was wir tun und entscheiden. Freiheit findet immer da ihren Ausdruck, wo der Mensch die ihm gegebenen Spielräume verantwortlich und umfassend nutzt.

Gelegentlich wird das Postulat »Leite dich selbst« missgedeutet als Freigabe egoistischer Tendenzen. Dieses ist verstärkt worden durch die Aussage »Doing your own thing«, welche dem damaligen amerikanischen Trend zur Freiheit und Selbstbestimmung entsprach. In der Übersetzung hieß es dann missverständlich: »Ich kümmere mich um meine eigenen Angelegenheiten.« Dem ist Ruth Cohn in ihrem Aufsatz »Autismus oder Autonomie« entschieden entgegengetreten. Sie bezweifelt, dass das »Gestaltgebet« von Fritz Perls, in welchem dieser Trend eine Fortsetzung fand, mit dem für ihn untypischen Satz endet: »Wenn wir uns durch Zufall finden – wunderbar. Wenn nicht, lässt sich's nicht ändern« (if not, it can't be helped). In der exakten Formulierung sollte es heißen: »Take care of yourself«, dieses: »Sei um dich selbst besorgt«, mit welchem Autonomie und nicht Autismus gemeint ist, eine Verantwortlichkeit füreinander, welche das Sichfinden nicht dem Zufall überlässt. Ruth Cohns Aussage für diesen letzten Satz lautet darum auch: »Und wenn wir uns nicht finden oder nicht verstehen, so will ich entscheiden, was ich tue.« Damit liegt die Verantwortung für die Gemeinsamkeit bei jedem Beteiligten.

Um wirklich die eigene Chairperson in dieser Verantwortung zu sein, geht es noch um ein weiteres zweifaches Hinschauen, ehe Wünsche und Bedürfnisse in eine Handlung umgesetzt werden.

»Schau nach innen
schau nach außen
und entscheide dich dann.«

Dieses Zweigespann meint das »Leite dich selbst« in seiner Ganzheit, gestalten wir doch generell aus beidem heraus unser Leben.

Schau nach innen

Das ist die Blickrichtung hin auf mich selbst, auf den Teil, der meine Eigenständigkeit ausmacht, der, nach dem ich mein Leben gestalte, indem ich Herr und Herrin meiner inneren Gesetzmäßigkeit bin.[2]

Die anderen, die Lehrer, die Partner, die Vorgesetzten können nur Rahmenbedingungen schaffen und ihre Wünsche und Ansprüche in ähnlicher Eigenverantwortung danebenstellen. Für mich sorgen kann nur ich selbst. Auch ein hilfloses kleines Kind schluckt die ihm dargebotene Nahrung nur, wenn es will. Aber es wird sich in aller Regel nicht selbst verhungern lassen.

---

2 Der volle Wortlaut des Gestaltgebets ist:
»Ich tue das Meine, und du tust das Deine. Ich bin nicht auf der Welt, um deinen Erwartungen gemäß zu leben. Und du bist nicht auf der Welt, um meinen Erwartungen gemäß zu leben. Du bist du und ich bin ich. Und wenn wir einander zufällig finden, ist das schön. Wenn nicht, lässt sich's nicht ändern.«

Schau nach außen

Interdependenz wird durch den Blick nach außen geschaffen, zu den anderen und zu den Dingen, in die Eingebundenheit zwischenmenschlicher und sachlicher Abhängigkeit. Je mehr wir sie als Realität bejahen können und aus dieser Bejahung heraus unser Zusammenleben verantwortlich gestalten, umso befriedigender kann auch der Einzelne seine Autonomie leben. Schon zu zweit oder in kleinsten Gruppen erfordert dieses Gestalten eines Miteinanders, ohne zu vereinnahmen, volle Aufmerksamkeit. Wie viel mehr Zuwendung und Energie bedarf es erst, damit Völker und Rassen sich ihrer gemeinsamen Werte bewusst sind, wo es möglich ist, und individuell bleiben, wo es nötig ist.

Die Realität zeigt uns täglich, dass die Weltgemeinschaft keineswegs von gleichem Wertverständnis ausgeht.

Mit jeder neuen Beziehung, beruflich wie privat, mit neuen Aufgaben, gehen wir auch eine neue Interdependenz ein. Mit jeder neuen Interdependenz verändern wir uns selbst und den anderen. In jeder Beziehung entdecke ich einen neuen Teil von mir selbst und wecke im anderen Neues. Interdependenz – das ist der soziale Aspekt meines Handelns.

3. … und entscheide dich dann!

> »Wir sind nicht allmächtig, wir sind nicht ohnmächtig, wir sind partiell mächtig in allen Entscheidungen und Gestaltungen unseres Lebens.«
>
> Ruth Cohn

Erst wenn ich beiden Blickrichtungen, der nach außen zu den anderen und der zu mir selbst hin, den gleichen Stellenwert und Respekt einräume, kann ich verantwortlich entscheiden und handeln. Nur das zweifache Hinschauen verhindert einen Egoismus, der die anderen vergisst, und einen Altruismus, der sich selbst vergisst.

Dieses Verhalten engt nicht etwa ein, sondern verhindert vielmehr, dass ich Grenzen dorthin setze, wo sie (noch) nicht sind.

Selten wird nämlich der Raum zwischen den vermeintlichen Grenzen optimal ausgetestet und genutzt. Häufig gleicht ein Großteil dieses Raumes einer Art Niemandsland, in dem ich nie ausprobiert habe, ob ich ihn betreten kann und wen ich dort sonst noch antreffe.

Neben dem Abwägen dieses Innen und Außen steht auch das Abwägen des Innen und Innen.

Die Anerkennung der psychobiologischen Einheit, von der das erste der Axiome spricht, ist auch hier wieder der Impulsgeber für unser Handeln als Chairman der eigenen inneren Anliegen. Es gilt auch hier ein Gleichgewicht zu finden zwischen dem, was meine Gedanken mir sagen, was meine Gefühle mir mitteilen, und dem, was mein Körper will. Dass dieses gelingt, ist nicht selbstverständlich. Leider stimmt die Aussage »Jeder kennt sich selbst am besten« eben häufig nicht! Oft müssen wir schmerzlich erkennen, dass wir eher Dilettanten denn Experten sind, was die eigenen Wünsche, Träume, Bedürfnisse und vor allem auch Mängel angeht. Wir hören so wenig sorgfältig auf die Stimmen aus unserer »inneren kleinen Familie«, wie Novalis sie nennt. Diese innere Familie kennt alle Details meiner eigenen Geschichte. Sie hat manches Vergangene noch so schmerzlich gegenwärtig, dass sie mitreden will, wenn es um aktuelle Entscheidungen geht. Meist kenne auch nur ich allein meine Vision von meiner Zukunft, und alle inneren Stimmen reden mit, wenn es um künftige Wünsche, Hoffnungen, Befürchtungen geht. Ich selbst bin der einzige Mensch auf der Welt, der das wirklich spüren kann, der die Gedanken und die Fülle ihrer Gleichzeitigkeit wahrnimmt. So gesehen kann tatsächlich nur jeder selbst wirklich Experte für sich selbst sein, jedoch hinhörend auf den Rat anderer.

»Leite dich selbst.« Wer sonst sollte es wirklich für mich tun? Wer sonst sollte meine Wünsche erraten, meine Entscheidungen treffen, verantworten und durchsetzen? Wer sonst sollte für meine Nichtentscheidung geradestehen und für diejenigen, die ich mehr aus dem Unbewussten heraus treffe.

Von Freud haben wir zwar den Hinweis bekommen, man fände kein »Nein«, und dementsprechend auch kein »Ja« aus dem Unbewussten. Wie dem auch sei, wir werden jedes Nein und jedes Ja, ob bewusst oder wenig reflektiert, mit der Bewusstheit selbstverantworteter Entscheidung bestätigen müssen.

Es scheint ein hoher Preis zu sein, den selbst bestimmtes Handeln kostet. Ist es nicht viel einfacher, sich bestimmen und verwalten zu lassen? Die Verantwortung ist dann beim anderen, und ich habe obendrein einen Sündenbock, auf den ich schimpfen kann. Meist aber merken wir erst spät – wie unsere eigene Geschichte uns lehrt, zu spät –, welchen hohen Preis solches Geschehenlassen fordert.

Aus der Zeit der Aufklärung im 18. Jahrhundert hält sich im deutschen Kultur- und Bildungswesen immer noch der Gedanke, die Vernunft mache das eigentliche Wesen des Menschen aus. Dies war lange der Wertmaßstab allen Denkens und Handelns. »Sapere aude«, dieses »Wage es, weise zu sein«, übersetzt Kant in seinem Aufsatz »Was ist Aufklärung?« (1784) so: »Habe den Mut, dich deines eigenen Verstandes zu bedienen.« Das war zu seiner Zeit ein Durchbruch und wurde zum Wahlspruch der Aufklärung.

Ohne diesen Verstandesbegriff als solchen infrage zu stellen, spricht die TZI anders als im kantschen Sinne dem Menschen eine umfassende Wertigkeit zu. Um Chairman zu sein, haben wir nicht nur den Verstand zur Verfügung.

Die TZI ergänzt das »Bediene dich deines Verstandes« durch ein »Habe Mut, dich deiner Gefühle zu bedienen und sie den Verstandesaussagen zuzufügen. Nimm sie ebenso ernst wie diese und lege ihnen den gleichen Wert bei für deine autonomen Entscheidungen«.

Nicht nur fügt die Humanistische Psychologie das Gefühl dem Verstand hinzu, sie geht auch davon aus, dass nicht die Entfaltung des Einzelnen vorrangig Aufgabe und Ziel bildender und kulturschaffender Bemühungen sein kann. Emotionale und soziale Kompetenz müssen gleichwertig neben geistiger und individueller Kompetenz stehen.

Die zunächst paradox erscheinende Ambivalenz von Freiheit und Bindung bildet den Rahmen für menschliche Entwicklung. Das Chairmanpostulat dient hierzu als Richtschnur.

10 Das zweite Postulat: »Störungen haben Vorrang!«

»Unsere Körper und Seelen sind Träger unserer Gedanken und Handlungen.«
(ANTOINE DE SAINT-EXUPÉRY, Der kleine Prinz)

1. Einleitung

Das zweite Postulat hängt inhaltlich eng mit dem ersten zusammen und regt dazu an, dem zurzeit abgelenkten Teil der Person angemessenen Raum zu geben und zu schauen, was er mit dem Thema oder dem Prozess der Gruppe zu tun hat. Schmerzen, starke Abneigung oder unausgeräumte Vorurteile können der aktuellen Mitarbeit in der Gruppe ebenso im Wege stehen wie große Heiterkeit oder freudige Ereignisse. Unterschwellig schwächen sie die Konzentration auf das eigentliche Vorhaben und binden Energie, die der Arbeit fehlt.

Wie es zur grundlegenden Arbeitshypothese der TZI gehört, dass jeder Mensch und seine Sache wichtig sind, so gehört es auch dazu, dass seine Störungen und seine Leidenschaften wichtig sind.

Man kann dieses Postulat auch so übersetzen: »Unterbrich das Gespräch, wenn du nicht wirklich teilnehmen kannst, weil dich Belastendes oder Faszinierendes ablenkt oder du aus einem anderen Grunde unkonzentriert bist.« Wenn dies beachtet wird, so hilft sich der Einzelne meist selbst aus seiner derzeitigen Position heraus, und die Gruppe erfährt, was in ihm vorgeht und welchen Anteil sie daran hat.

Was wir mit »Störungen« eigentlich meinen, wie sie in Erscheinung treten und aus welchen Quellen sie sich speisen, sowie ihre Bearbeitung, soll uns in diesem Kapitel beschäftigen.

Zu Beginn eine alltägliche Praxiserfahrung:

Haben sie schon einmal mit einer Fliege im Zimmer ein Mittagsschläfchen gehalten? Entschuldigung, halten wollen. Oder mit einem Schmetterling? Eben bin ich eingenickt, da prallt der Brummer gegen die Scheibe, um im nächsten Moment die nächste Runde über meiner Nase zu drehen. Und das geht so weiter, bis ich ihn erwischt habe oder er mir zum Fenster hinaus entwischt ist. Dann erst gibt es Ruhe für das Schläfchen – halt, wenn da nicht noch der Schmetterling säße. Ich könnte ihn ja einfach sitzen lassen, Geräusch macht er keins und auf der Nase kitzelt er auch nicht. Aber so ein schöner Falter, der will doch lieber in die Sonne. Ist ja auch schnell gemacht, Fenster auf, vorsichtig auf den Finger – aber genau ansehen muss ich mir das kleine Kunstwerk der Flügel schnell noch – dann geht es ab.

10 Minuten sind inzwischen vergangen. Den Rest der Zeit kann ich schlafen, wenn nicht …

Fliege und Schmetterling, störendes Ärgernis oder faszinierende Ablenkung, beides hindert auf seine Art am eigentlichen Vorhaben, in unserem einfachen Beispiel am vorgenommenen Schlaf.

Das Signal »Störung« liegt häufig auf der Lauer und macht ebenso wenig Halt vor guten persönlichen Beziehungen wie vor dem Eindringen in ernsthafte Gremiensitzungen oder in die hohe Politik.

Störung, dieses Wort weckt zunächst nur negative Assoziationen, wie eben diese oben beschriebene Fliege. Der deutsche Begriff der Störung suggeriert besonders eine negative Auslegung. Etwas an sich Gutes ist gestört. Im TZI-System steht der Begriff Störung jedoch für alles, ob negativ oder positiv, was jemanden abhält, sich mit etwas zu beschäftigen oder am eigentlichen gemeinsamen Thema mitzumachen, obwohl er es eigentlich möchte. Das kann der verabredete Arbeitsinhalt sein, das Mitgestalten eines Gesprächs oder die unabgelenkte Teilnahme am Lerngeschehen.

Darüber hinaus wird mit Störung all das ausgedrückt, was mich nicht uneingeschränkt bei mir selbst oder in einer Beziehung sein lässt. Es sind damit sowohl die negativ wie die positiv besetzten Ablenkungen gemeint: Zerstreutheit, Frustration dem Thema oder den Menschen gegenüber, körperliche Einschränkung, aber ebenso Heiterkeit und leidenschaftliche Gefühle, große Freude und eben jener Schmetterling. Auch äußere Anlässe, Lärm oder ungeeignete Räume stellen eine Störung dar. Sie alle binden Energie, die dann nicht mehr frei ist für das eigentlich verabredete Vorhaben.

Dieses zweite Postulat entstand in Anlehnung an die Regel der Psychoanalyse »Widerstand vor Inhalt« und lautete im Originaltext:

> »Disturbances and passionate involvements take precedence« (Störungen und Betroffenheiten haben Vorrang).

Was will mir eine Störung sagen?

Störungen sind Botschaften, die uns sagen wollen, dass mit der Arbeit oder in der Beziehung etwas nicht stimmt. Störungen sind Reaktionen, die verstanden werden wollen: Reaktionen auf die Arbeit am Inhalt, auf die Ziele, die vielleicht nicht alle mittragen können, Reaktionen auch auf tatsächliche oder vermeintliche Werte und Einstellungen, die zu Protest herausfordern. Nicht zuletzt sind Störungen Reaktionen auf den Prozessverlauf einer Gruppe, auf Ereignisse im Umfeld, und solche, die zu einzelnen Personen gehören.

Störungen stehen in engem Zusammenhang mit dem interaktionellen Prozess und dem Themenprozess und sind Indikatoren dafür, dass Inhalt oder Vorgehensweise oder beides über die Anliegen der Teilnehmer hinwegzugehen drohen. Wird z. B. in sehr sachorientierten Arbeitssitzungen die psychosoziale Ebene zugunsten der Zielerreichung oder wegen Zeitnot vernachlässigt, so können wir damit rechnen, dass sie in irgendeiner Weise auf sich aufmerksam macht und ihren Anteil am Prozessgeschehen meldet und sei es in Küche oder Kantine. Wir werden sehen, wie die TZI die Störung aufgreift und die darin enthaltene Nachricht zum Ausgleich der Dreiecksbalance nutzt. Das Störungspostulat sagt aus, dass gute Lern- und Arbeitsergebnisse nur zu erreichen sind, wenn Lehrende und Lernende unabgelenkt bei der Sache sein können, wenn

Einzelne sich nicht mit einem Teil ihrer Aufmerksamkeit ausgeklinkt haben.

So gesehen beruhen etliche Entscheidungen, Beurteilungen u. Ä. keineswegs auf realistischen Überlegungen, sondern unterliegen der Diktatur nicht bearbeiteter Störungen. Die Folge davon sind meist sinnlose Resultate, die alle Beteiligten unbefriedigt lassen, im schlimmeren Fall aggressiv machen. Unterschwellig schwächen abgespaltete oder inaktive Teile das Ganze. Das gilt für eine Familie ebenso wie für eine Gruppe. Die Energie, die der Arbeit zur Verfügung stehen sollte, wird benötigt, um die oben genannte Frustation bzw. Aggression doch noch loszuwerden.

Solche Mechanismen entstehen z. B.,

- wenn das Tempo zu schnell oder zu langsam ist;
- wenn Beteiligte zu wenig beteiligt werden;
- wenn über die Konsequenz der gemeinsamen Arbeit nicht in Ruhe gesprochen werden kann;
- wenn kritische Fragen nicht gestellt werden dürfen oder nicht gehört werden;
- wenn in der Euphorie der guten Atmosphäre die eigentlichen Sachziele aus den Augen verloren werden;
- wenn Tabuthemen die Szene beherrschen.

Die Gruppe kann Störungen zwar ignorieren oder durch Abwehrmechanismen in Schach halten, wirksam sind sie trotzdem. Sie zu ignorieren ist wie fliegen wollen, ohne das Gesetz der Schwerkraft zu beachten.

Daher bietet die TZI mit diesem Postulat folgende Auslegung an:

> »Unterbrich das Geschehen, das Gespräch, wenn du nicht wirklich teilnehmen kannst, wenn du gelangweilt, ärgerlich oder in einer anderen Form unkonzentriert und abgelenkt bist.«

Dies ist ein erster Schritt des Steuerns von Kommunikation, mit dem man sich aus einer unbefriedigenden Situation erlösen kann. Wo soll das hinführen, mag manch einer denken, wenn er erstmals von dieser Praxis der Störungsbearbeitung hört. Gewiss, dieses Einbeziehen von Störungen als Signal für den brachliegenden Teil der Person oder der Gruppe ist in Arbeitsteams gewöhnlich nicht üblich. Man achtet darauf, auf dem schnellsten Wege zur Sache zu kommen, und die Arbeit an Störungen schaut tatsächlich zunächst Zeit raubend und hinderlich aus. Allmählich erst wird erfahren und verstanden, dass die so genannten Störungen erstaunlicherweise nicht nur Fakten zum Prozess, sondern auch Fakten zur Sache liefern. So wird ein Teil der eigentlichen Arbeit auf der Ebene der Störung vollzogen oder zumindest vorbereitet.

»TZI – in Konsequenz angewandt – rührt an viele Tabus«, schreibt Ruth Cohn im Zusammenhang mit dem Störungspostulat. »Sie rührt an das Tabu, schwach und unwissend zu sein; an das Tabu, gerade nicht bei der Sache zu sein; an das Tabu, sexuelle und zärtliche Gefühle zu haben, auch ›wo sie nicht hingehören‹; an das Tabu zu weinen. Und Menschen erfahren dabei, dass die Erlaubnis, so zu sein, wie man ist, Leistungsdruck in Leistungsfreude verwandelt, Konkurrenz in Kooperation – inklusive der Suche nach kreativen Lösungen.« (Cohn 1975)

Nach all diesen Überlegungen müssen wir die Aufforderung »Störungen haben Vorrang« korrekterweise umformulieren in den Hinweis »Störungen nehmen sich de facto den Vorrang«, wollen wir damit wirklich der Alltagserfahrung entsprechen. Auch wenn wir noch so souverän mit unserem Ärger oder mit den Gedanken an ein schönes Treffen umgehen, die Energie ist dort und nicht hier gefesselt, ja, sie wird es zunehmend mehr sein, je energischer wir sie dort wegholen wollen. Für eine kleine Wegstrecke mag sich die Energie noch aufteilen in das offizielle Themeninteresse und die inoffiziellen Störattacken, dann aber wird das Letztere siegen. Die Aufmerksamkeit wird sich den Störungssignalen zuwenden und ein Ventil für sie finden. Offizielles Interesse und Störung sind nicht mehr nebeneinander zu bewältigen, das eine hat das andere abgelöst.

Störungen, die von Einzelnen in Gruppen – auch in Partnerschaften – ausgesprochen werden, hängen in vielen Fällen mit Problemen zusammen, die auch die noch schweigenden Teilnehmer etwas angehen. Einer hilft damit dem Unbehagen vieler ans Licht, er ist quasi der Mund der anderen.

Das Nichtbeachten von Störungen hat oft schwerwiegende Folgen und führt im schlimmsten Fall zu Explosionen am ungeeigneten Ort zu ungeeigneter Zeit, abgesehen davon, dass es Menschen demotiviert und krank macht. »Zu lange durchgehalten« heißt es dann und niemand will die Signale gehört oder gesehen haben.

2. Quellen der Störung

a) Du erinnerst mich an …

Eine der wichtigsten Quellen für Störungen ist die so genannte »Übertragungskiste«.

In Arbeits- und Lerngruppen ist es wie überall im Leben: Wo Menschen etwas miteinander zu tun haben, sind Antipathie und Sympathie die Quelle einer Störung. Das wollen wir zu erklären versuchen.

Nicht nur in den hier erwähnten unfreiwilligen, auch in frei gewählten Situationen treffen Menschen auf Menschen, die sie in irgendeiner Weise an Personen erinnern, die ihnen früher in positiver oder negativer Weise begegnet sind: Eltern, Lehrer, Nachbarn, Chefs. Diese Erinnerungen werden ausgelöst durch Ähnlichkeiten in Gestik und Sprache, in beruflicher Position und in vermeintlich ähnlichen Ansichten. Wir erleben im anderen die frühere Person, von der wir uns schon immer abgelehnt fühlten, mit der wir uns noch auseinanderzusetzen haben. Wir sind mit unserer momentanen Aufmerksamkeit in alten Situationen gefangen. Nicht nur negative Erinnerungen, auch positive Erfahrungen stören die offene und neue Zuwendung zu anderen Menschen und zur Aufgabe.

Wir nennen das eine Übertragung und sie ist immer ein »Irrtum in Zeit, Ort und Person«.

Etwas zu anderer Zeit, am anderen Ort mit anderen Menschen Erlebtes oder Erlittenes wird ohne Reflexion herübertransportiert ins Jetzt.

Aus diesem – mehr oder weniger unbewussten – Vorgang leiten wir bestimmte Verhaltenserwartungen ab. Unser Gegenüber »soll« oder »wird« sich so verhalten, wie Vater, Lehrer oder großer Bruder es taten. Damit haben wir eine häufige Quelle für Störungen, da in den meisten Fällen die Übertragung nicht mit der Realität übereinstimmt. Auch Chefs oder selbst Leiter lösen unvermeidlich Störungen durch Übertragungen aus, vor allem wenn sie Personen gleichen, deren Autorität Teilnehmer oder Mitarbeiter früher erlebt haben. Es knüpfen sich positive und negative Erwartungen an seine Person, die der neue Chef meist enttäuschen muss, weil er ein anderer Mensch ist. Wenn er nicht durch klare Auskünfte und durch Konsequenz im Verhalten die Verwechslung richtigstellt, wird sie ein Dauerstörfaktor werden. Natürlich können auch Gruppenleiter und Chefs ihrerseits dem Übertragungsirrtum aufsitzen. Dann laufen sie Gefahr, selbst die Störung auszulösen.

b) Angst übernimmt die Regie

Es liegt nahe, im Zusammenhang mit Übertragungen auch die Angst als Auslöser von Störungen anzusehen.

Angst – das ist eine der tiefgreifendsten und intensivsten Anlässe für Störungen im Leben überhaupt. Die Angst vor den eigenen Emotionen z.B. programmiert eine persönliche Störung vor und zieht unweigerlich Störungen im zwischenmenschlichen Bereich nach sich.

Wer hält sich nicht lieber zurück, als sich einem Angriff auszusetzen und sei es auch nur einem phantasierten. Die volle Konzentration auf die Sache und auf die Situation ist dann nicht mehr gegeben. Die Störungsursache »Angst« hat die Regie übernommen und zeigt sich in immer neuen Gesichtern.

Oft ist nur ein Symptom als Störung sichtbar, nicht aber der wirklich angstbesetzte Grund, für den das Symptom steht. Es ist schon im therapeutischen Feld schwierig und langwierig, die wirklichen Ängste aufzuspüren, die sich meist als Widerstand gegen Erinnerung tarnen. In der Therapie sind sie Hauptgegenstand der Arbeit und nehmen breiten Raum ein. Der Therapeut hat das theoretische Konzept des Angstaufbaus und der Angstminderung in seinem beruflichen Handswerkszeug und hat gelernt, seine Patienten aus dem Dschungel dieser Ängste zu geleiten.

Wie viel schwerer ist es jedoch für Teamleiter, Lehrer, Fortbilder oder gar im privaten Dialog, diese Art angstbesetzter Störungen zunächst einmal als solche zu erkennen, sie dann nicht beiseitezuschieben, sondern sie anzuerkennen und ihnen so viel Raum und Aufmerksamkeit zu schenken, wie es für den Gestörten nötig ist, um an dieser eben laufenden Arbeit wieder konzentriert mitarbeiten zu können.

Störungen, die in Arbeits- oder Lerngruppen aufkommen, sollten nur so weit Bearbeitung finden, wie sie bei dem oder den Gestörten den momentanen Fortgang der gemeinsamen Arbeit und die Teilnahme daran verhindern. Hier ist nicht der Ort für therapeutische Arbeit und Teilnehmer sollten nicht wegen einer momentanen Störung gleich zum Patienten gemacht werden.

c) Der Körper als Störungsträger

Der Körper ist zugleich Träger und Quelle von Störung. Als Träger drückt er aus, was Worte nicht mehr formulieren können. In sich verstärkenden oder wandelnden Formen von Krankheit signalisiert er im Auftrag der Seele oder auch des Geistes: »Ich kann nicht mehr!« Je länger er es tun muss, je später er gehört und verstanden wird, je unvertrauter er seinem Besitzer ist, umso schwieriger ist die Nachricht zu entschlüsseln.

Kopfschmerzen lassen sich relativ leicht als Wunsch nach besserer Luft, nach einer Pause, nach weniger theoretischen Konferenzen und mehr Entspannung entschlüsseln, aber wer will schon wissen, zu welchen »eigentlichen« Störungen die Magenschmerzen gehören, die Wadenkrämpfe oder das holpernde Herz. Vielleicht gehören sie wirklich zu einem reichlichen Essen, zu einem unbequemen Stuhl oder zu einer freudig-aufgeregten Erwartung. Dann sind sie Quelle der Störung, nicht Träger. Vielleicht aber auch beinhaltet die Reaktion eine noch unbekannte Nachricht der Seele, für die sie Träger sein muss.

Es sind nicht so sehr die gestörten oder die störenden Gedanken, die ihren Ausdruck im Körper suchen. Sie lassen sich für eine Zeit lang an die Seite stellen, bis sie sich zu einem »passenden« Moment doch noch mit Worten Luft machen. Es sind in erster Linie die gestörten Gefühle, die sich durch körperliche Reaktionen Gehör verschaffen. Nicht wenige davon haben als chronische Krankheit für lange oder immer den Körper besetzt, längst abgelöst von der ursprünglichen Störung.

Die Hilfsregel, die auf die Beachtung der Körpersprache hinweist, macht uns noch verstärkt ein Angebot, auf Störungen aus diesem Bereich zu achten.

Der körperliche Ausdruck der Störung meldet sich aber nicht überall oder irgendwo. Er hat seine bestimmten Stellen, und wer einmal gelernt hat, auf sie zu achten, kann sie als Signal nutzen und dementsprechend reagieren.

Wir sprechen von der Achillesferse und erinnern uns an Achilles, der unverwundbar geworden war – bis auf eben eine Stelle an der Ferse, die nicht von der schützenden Hornhaut überzogen wurde. Ausgerechnet dort, an dieser Stelle, traf ihn der tödliche Pfeil des Paris.

Meine Achillesferse, das ist die Stelle an meinem Körper, die mir als Erstes eine Störung durch einen Schmerz signalisiert. Kenne ich sie eigentlich und nutze ich ihre Schmerzen als ein Signal, das mir wichtige Nachricht gibt? Und in der Gruppe, in der Familie, im Team: Wer ist da die Ferse, die auf Überforderung im zwischenmenschlichen Bereich oder im Arbeits- und Leistungsvolumen aufmerksam macht?

Das ist der körperbezogene Aspekt der Störung. Er lässt sich ebenso wenig zurückstellen, wie die Gefühle es tun.

3. Störungen – Lauffeuer durchs Dreieck

Nachdem wir die Übertragung, die Angst und den Körper als Quellen der Störung angeschaut haben, werden wir die Anlässe zu Störungen im TZI-Sinn nun mithilfe des schon bekannten Dreiecks verdeutlichen.

In der Sprache der TZI ausgedrückt und auf das Dreieck bezogen unterscheiden wir als Störung:

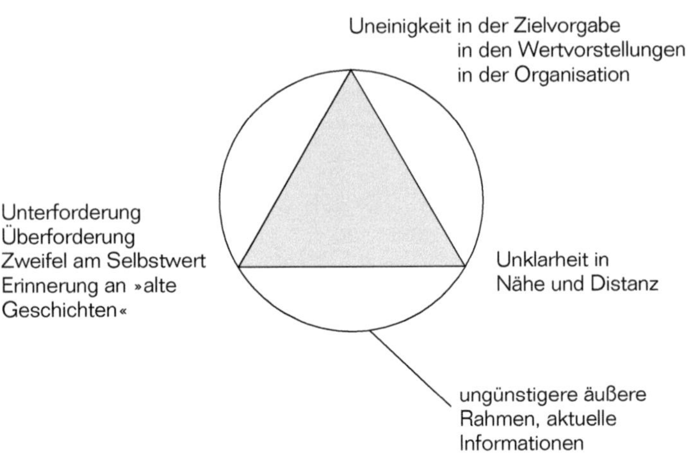

Abb. 19: Störungsquellen

Störungen können an allen Ausläufern des Dreiecks und im Globe ihren Ursprung und Ausgangspunkt haben. So können wir von personenbezogenen, individuellen, prozessbezogenen, interaktionellen und im Umfeld bedingten Ursachen für Störungen ausgehen, was immer nur heißen kann, dass sie dort ihren Ursprung nehmen. Als Weiteres kann noch die Struktur Quelle der Störung sein. Zu viele Teilnehmer können ebenso störend wirken wie zu wenige. Zu diesen Quellen der Störung gehört auch alles, was mit Raum, Zeit, Material und Informationsfluss zu tun hat.

Von einem dieser Eckpunkte kommt die erste Nachricht des Gestörtseins und nicht immer bleibt sie auf diesen Punkt beschränkt. Ist die erste Nachricht einer Störung zunächst ein persönlicher Anlass, so nimmt sie schnell ihren Weg durchs Dreieck. Wie auf einer Zündschnur züngelt sie relativ schnell weiter, steckt andere Menschen an, sucht Verbündete in der Gruppe, die Öl ins Störfeuer gießen.

So gesehen sind auch Störungen im Es oder in der Kommunikation meist Bestandteil und Ausdruck des Gesamtprozesses. Sie finden ihre Nahrung in einer schlecht gesteuerten oder unbeachtet gelassenen Dreiecksbalance ebenso wie in ungeeignet formulierten Themen. Sie können in zu großer Direktheit oder Uneindeutigkeit des Themas liegen, das zu hohe oder zu niedrige Ansprüche an die Teilnehmer stellen oder einfach inaktuell sein mag.

Störungen werden im kommunikativen Bereich durch Übertragungen, durch Antipathie, die meist mit Fremdheit dem anderen gegenüber zu tun hat, durch Sympathie, die denken lässt, wir wären doch alle gleich, angeregt oder geweckt. Beides stört in gleicher Weise die Kommunikation, solange es nicht aufgedeckt, angesprochen und in den Prozess integriert wurde.

Ich-Störungen können auch aus Quellen stammen, die nur mit der Person selbst zu tun haben. Eine solche Ich-Störung mag entstehen, indem im Laufe des Arbeitsprozesses eine alte psychische Wunde berührt wird. Es muss von der Situation und von der Gruppe abhängen, ob es zunächst genügt, die Störung auszusprechen und ihr damit im aktuellen Geschehen wenigstens einen Platz zuzuweisen, oder ob sie zusätzlicher Zeit der Bearbeitung bedarf oder ob sie gar akut zum Thema gemacht werden muss. Dabei ist allerdings zu beachten, dass jede individuelle Störungsbearbeitung eine Ich-Lastigkeit in der Dreiecksstruktur bewirkt, die später zum Wir und zum Es ausbalanciert werden muss.

Tiefer gehende Störungen Einzelner, die nicht durch methodische Interventionen aufgefangen werden können, bedürfen therapeutischer Aufarbeitung, die auch im Rahmen der TZI nur von therapeutisch vorgebildeten Leitern und selten während des Arbeitsprozesses geleistet werden kann. Ich-Störungen Einzelner müssen nicht zwangsläufig mit dem Arbeitsprozess zu tun haben, sie haben ihre Quellen in einer Vielzahl von außen kommender Anlässe: Der Krach am Frühstückstisch, der unverhoffte freudige Anruf in der Pause, eine Nachricht in der Post können ebenso Anlass für Stimulierung wie für störende Verstimmung sein.

4. Horch, was kommt von draußen rein – Störungen aus dem Globe

Eine besondere Stellung in der Hierarchie der Störungen nehmen solche ein, die meist unvorhergesehen aus dem Globe ins Geschehen eindringen. Es ist ein ablenkendes Ereignis vor dem Fenster, eine Nachricht im Fernsehen oder eben jene Wahl, von der wir in einem Praxisbericht im Folgenden zunächst hören werden.

An einem Montagmorgen – er liegt jetzt schon gut zwanzig Jahre zurück – begann ein Seminar zum Thema »Wie deine Mutter! Auseinandersetzung von Müttern und Töchtern« in der damals gerade politisch umstrukturierten DDR. Am Tage vorher hatte die erste freie Wahl stattgefunden. Wir waren uns dieses Ereignisses und seiner Ausstrahlung sehr wohl bewusst und hatten ein entsprechend offenes Einstiegsthema gewählt:
»Aus welchem Anlass habe ich mich angemeldet und was ist heute und jetzt, wo ich hier bin, mein aktuelles Thema?«
Trotzdem waren wir erstaunt, wie unterschiedlich das Thema angenommen wurde. Einige machten sich sofort Luft in ihrem Ärger über den Ausgang der Wahl, andere schwiegen, wenige begannen ohne Zögern ihr Anliegen bzgl. des Kursthemas zu schildern. Der Globe hatte die Gruppe in vielfacher Weise im Griff. Diejenigen, die über den Wahlausgang schimpften, hatten den Globe am unmittelbarsten im Blickpunkt. Die Schweiger waren auf ihre Art noch bei der Wahl. Betroffen darüber, dass sie, aus der Sicht der Mehrheit hier, die »falsche« Partei gewählt hatten, waren sie auf einen offenen Dialog nicht vorbereitet und nach 40 Jahren Diktatur auch nicht eingeübt. Das spontane Thema aus dem Globe, als Störung erlebt, ängstigte.
Nach relativ kurzer Zeit machte eine Frau ihrem Unmut über das »auswärtige« Thema Luft: »Ich will zum angesagten Thema. Von Politik habe ich genug.« War es Widerstand, war es Erleichterung? Erst als einige vorschlugen, ihr politisches Interesse in die Pause zu verlegen, Zeitungen sichergestellt waren und genügend Zeit reserviert war, wussten sich auch die Schweiger aus ihrer peinlichen Lage, diskutieren zu müssen, erlöst. Eine Störung aus dem Umfeld hatte ihren Raum gefunden und so wurde der Weg frei zum eigentlichen Thema. Es ist für mich immer wieder faszinierend, wie sich die Gruppe selbst den Weg aus ihren Störungen sucht, gebe ich nur den Raum dazu und ein passendes Einstiegsthema.

Bis jetzt sind die positiven Anlässe von Störungen ein wenig zu kurz gekommen. Ich möchte sie hier mit einem Beispiel ergänzen, in welchem wir einen Innenglobe kennen lernen:

> Diesmal war die Störung – man sollte es nicht glauben – ein Baby, wenige Wochen alt und wohl verwahrt in einem Kinderwagen. – Eine Gruppe von Sozialarbeiterinnen und Erziehern hatte mich zur Supervision gebeten. Sie seien eine nette Gruppe und verstünden sich alle gut, sodass es kaum Missverständnisse gebe. Supervision der Arbeit aber sei nötig. Und daran wollten sie auch ernsthaft arbeiten, als ich mit ihnen ein erstes Mal in der Gruppe saß. Aber da war das Baby. Immer wenn Vater oder Mutter am Klärungsprozess aktiv beteiligt waren oder wenn es bei anderen heikel wurde, quengelte es. Nicht besonders nachhaltig, aber doch gerade so, dass jemand aufstand und sich um das Baby kümmerte. War es Zufall, war es Hintergrundregie oder auch nur meine Gegenübertragung, die mich von vornherein skeptisch sein ließ: »Mit einem Baby, das kann doch nicht gut gehen.«
> Wir haben die vorbereiteten Themen an diesem Abend nicht mehr geschafft, aber ich erfuhr, wie sehr sich nicht nur die Eltern, sondern die ganze Gruppe gerade auf dieses Baby gefreut hatten. Die Störung hieß Johanna und ihr Wohlergehen durfte zunächst Vorrang haben vor allen Themen und eventuellen Auseinandersetzungen. Aber auf Dauer? Da musste dann doch eine Babybetreuung her und die wirklichen Supervisionsthemen auf den Tisch.

Dieses Praxisbeispiel ist schon ein erster Hinweis darauf, dass Störungen, wenn immer möglich, integriert werden müssen bzw. sich meist nicht von selbst aufarbeiten.

Es kann hier und später nicht die Frage sein, ob Störungen generell zu vermeiden sind. Sie sind es nicht! Das ist die Realität. Es kann auch nicht die Frage sein, ob, wann und wo sie sinnvoll sind. Störungen sind, was sie sind: Blockaden und zugleich Botschaften dafür, dass an Prozess und Inhalt nicht alle mit gleicher Aufmerksamkeit teilnehmen können und dass ein unberücksichtigter Aspekt im Geschehen aufgegriffen werden sollte.

5. Störungen entgegenwirken

Es ist in den üblichen Arbeits- und Lernabläufen weit verbreitet, Hindernisse im Weg, seien sie persönlicher, fachlicher oder technischer Art, zu bagatellisieren oder mit so lapidaren Sätzen wie »Der war schon immer etwas kompliziert« oder »Bleiben wir doch bei der Sache« abzutun.

Angesichts der Tatsache, dass Störungen als Botschaften zu Prozess, Inhalt und Leitung zu verstehen sind, ist es für die TZI ein wichtiger Arbeitsschritt im Gesamtprozess, diese Botschaften zu entschlüsseln und ihre Nachricht zu integrieren.

Es mag sich banal anhören, wie so manches in der TZI, aber schon ein erster Schritt, das Aussprechen einer Störung, hat nachhaltig konzentrierende Wirkung. Es ist ein gravierender Unterschied, ob wir das, was uns betrifft und gefangen nimmt, ignorieren, bagatellisieren, auf andere Ebenen verschieben müssen oder ob eine Atmosphäre herrscht, in der die Aufforderung greift: »Sag einfach, was los ist!« Das heißt, die Wirklichkeit von Menschen und von Gruppen zu akzeptieren, wie sie ist.

Um das Störungspotenzial möglichst niedrig zu halten, legt die TZI schon in der Planung und dann in der Durchführung von Gruppen besonderen Wert auf die Anfangsphase. Nicht umsonst heißt es: »Der Anfang ist die Hälfte vom Ganzen.« Anfangseinheiten einer neuen Gruppe stehen erfahrungsgemäß mehr oder minder stark im Schatten von Unsicherheit und Angst. Was stört nicht alles, wenn man mit neuen Menschen in neuen Räumen und mit fremden, noch ungeklärten Themen konfrontiert wird. In solch einer Atmosphäre haben die Aufdeckung einer Störung und ihre frühe Bearbeitung noch keine Chance, zunächst einmal ist eine feste und doch genügend offene Struktur gewünscht als Angebot gegen Angst und Unsicherheit. So liegt Störungsminimierung immer vor Störungsbearbeitung. Das gelingt mit einer sorgfältigen Planung.

In den ersten Minuten werden die Weichen dafür gestellt, ob neben dem äußeren Ankommen auch ein inneres Ankommen möglich sein wird. Mit dem inneren Ankommen steht und fällt der Start ins lebendige Arbeiten und Lernen, in dem Störungen Raum haben, aber nicht durch unsensible Leitung erst heraufbeschworen werden.

Und dann gibt es da noch den Koffer mit den unerledigten Dingen von zu Hause, von denen man sich noch nicht trennen kann. Wenn auch dieses Gepäck erst einmal abgeladen werden kann, ist der Teilnehmende einen Schritt ungestörter da.

Erst das Ausgestalten einer akzeptierenden Atmosphäre am Anfang schafft die Voraussetzung dafür, dass später mit Kritik und Auseinandersetzung konstruktiv, d. h. für alle als Lernprozess hilfreich, umgegangen werden kann. Generell gehen wir in TZI-Gruppen anfänglich besonders sparsam mit Kritik und Wertung um und schaffen uns damit eine tragfähige Grundlage für notwendige Auseinandersetzungen bzw. Störungsarbeit. Außer dieser weitgehenden Akzeptanz sind es die Hilfsregeln, auf die wir an anderer Stelle eingehen, die den Vertrauenssockel ausbauen helfen. Der Leiter hat natürlich entscheidenden Einfluss darauf, ob eine akzeptierende Atmosphäre entsteht und beibehalten wird. Er ist hier die Orientierungsperson für Umgang und Offenheit. Welche Hilfen ihm dabei zur Verfügung stehen, haben wir im Leitungskapitel (Kap. 16) ausführlich beschrieben. Der Leiter ist nicht neutraler Moderator, ihm bleibt es im weiteren Verlauf auch im Wesentlichen überlassen, die Störungen im Arbeitsprozess aufzudecken und ein konstruktives Konfliktlösungsmodell anzubieten, bei dem keiner Verlierer sein muss oder sich blamiert.

6. … und wenn es doch so weit kommt! Ansätze zur Störungsbearbeitung

Auch wenn wir darauf achten, die Störungsquellen zu mindern und durch geschickte Planung und Leitung eine Struktur zu schaffen, die Störungen niedrig hält, werden wir immer wieder mit einer Störungsbearbeitung konfrontiert werden. Absolut störungsfreie Kommunikation ist ebenso eine Illusion wie die Angst, jede Störung sprenge die Beziehung oder den Prozess. Wie wir gesehen haben, ist eher das Umgekehrte der Fall: Das Einbeziehen der Störung fördert meist Thema und Prozess. Es muss von der Situation, von der Art der Gruppe und natürlich von der Störung selbst abhängen, in welcher Form, wann und in welchem Umfang sie bearbeitet werden soll. Je existenzieller jemand betroffen ist, umso tiefer gerät er unter Umständen in eine emotionale Krise. Trotzdem sollten wir zunächst davon ausgehen, Störungen nur so weit zu bearbeiten, dass der Gestörte am verabredeten Thema für die verabredete Zeit wieder teilnehmen kann. Es sei denn, er ist psychisch akut in Gefahr. Dies ist zwar eine eingrenzende Vorgabe, aber es geht zunächst nur um die Arbeitsfähigkeit für den nächsten Schritt.

Diese eingrenzende Vorgabe hat auch eine nützliche Konsequenz: Sie verhindert es, in einer herbeigesuchten Störungsflut zu ertrinken, in solchen Störungen, die uns gelegentlich Schüler oder unmotivierte, unfreiwillige Teilnehmer bescheren und die nahezu nichts mit der momentanen Situation zu tun haben, sondern einer nicht angesprochenen, geschweige denn bearbeiteten Störung an anderer Stelle zuzuordnen sind.

In der Praxis stellt sich das dann etwa so dar: Ein Teilnehmer einer innerbetrieblichen Fortbildung fällt im Gesprächsverlauf immer wieder durch uneinsehbar aggressive Einwürfe auf, während er im informellen Gespräch einen eher freundlichen Eindruck macht. Erst nach mehreren Sitzungen hält er seinem inneren Druck nicht mehr stand und explodiert in einer Kaskade von Wutausbrüchen gegen einen anderen Teilnehmer, mit dem er eine alte Rechnung offen hatte und von dessen gleichzeitiger Teilnahme an dieser Fortbildung er überrascht worden war. Die Gelegenheit zu einem moderierten Gespräch außerhalb der Gruppe konnte so viel klären, dass der Betroffene bis zum Ende dablieb und sich genügend konzentrieren konnte.

Um diese Arbeitsfähigkeit zu erreichen, können wir uns generell von einer Strategie leiten lassen, die ich die »Hierarchie der Störungen« nennen möchte. Dieser Begriff geht davon aus, dass Störungen hierarchisch angeordnet sind. Sie unterscheiden sich hinsichtlich ihrer existenziellen Auswirkungen und hinsichtlich des Schwierigkeitsgrads ihrer Beseitigung. So ist es in der Regel leichter, technische Störungen zu beheben als persönliche. Je individueller ich mich getroffen fühle, umso eher gerate ich in eine emotionale Krise, aus der ich mir nur schwer selbst heraushelfen kann.

Die Störungen lassen sich mithilfe des folgenden Modells in ver-

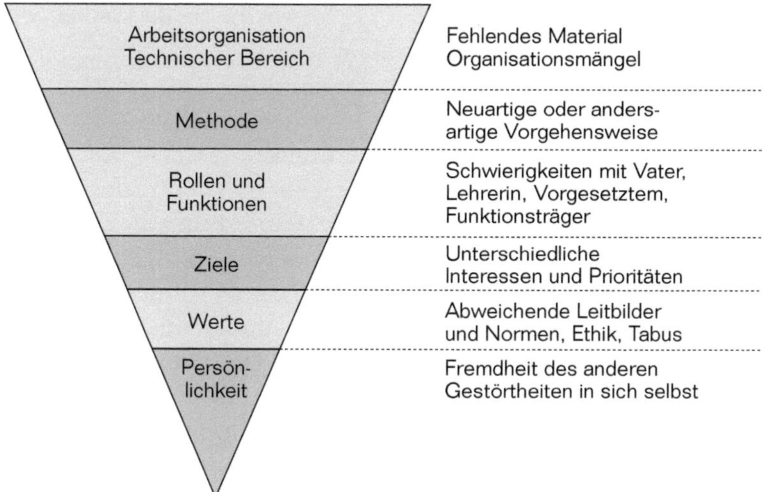

Abb. 20: Hierarchie der Störungen

schiedenen Ebenen einordnen, und es scheint sinnvoll zu sein, sie der Reihe nach anzugehen.

Häufig treffen wir Störungsursachen schon auf der Organisationsebene an. Da hat jemand kein Schreibgerät mit und möchte gern Notizen machen. Die Gelegenheit, es zu holen, oder ein einstweilig geliehener Stift behebt die Störung. Solche im Grunde unerheblichen Störungen begleiten uns täglich und benötigen keine fremde Hilfe. Geben wir aber keine Gelegenheit, das Nötige zu besorgen, so wird das Unerhebliche leicht zum Erheblichen und der Gedanke »Wenn ich doch nur schreiben könnte (… eine kleine Pause hätte, einen Kaffee bekäme)« lenkt immer mehr vom Zuhören ab und wandelt die technische Störung in eine persönliche Verstörtheit oder in einen Leiter- oder Methodenkonflikt: »Wieso gibt es hier kein Schreibzeug (keinen Kaffee)?«

Auch bei persönlichen Störungen ist es manchmal schon mit einem hilfreichen Darumwissen getan: »Ich bin extrem müde heute, rechnet nicht wie sonst mit mir«; »Das Examen morgen lässt mich schon gar nicht mehr aufmerksam sein«. Schon das Aussprechendürfen schafft Entlastung. Auch eine Verstörtheit, die im Moment noch nicht konkret formulierbar ist, soll ruhig in Worte fassen, was schon – teilweise – formulierbar ist. Sie wird sich, da können wir fast sicher sein, im Formulieren klären.

So hat jede Störung zunächst einmal ihren Platz im aktuellen Geschehen!

Bei tiefer gehenden Störungen Einzelner, die nicht durch eine zuhörende Intervention aufzufangen sind, muss entschieden werden, ob der Themenprozess unterbrochen wird und die Störungsbearbeitung den Vorrang bekommt. In aller Regel fällt es jedoch schwer, danach am Thema weiterzuarbeiten. Meist muss ein neuer Anfang helfen, wieder in den Themenfluss zu kommen. Darum ist es anzuraten, wenn irgend möglich einen Zeitpunkt zu verabreden, zu dem die Störung dann das Mittelpunktthema sein kann. So wird das augenblickliche Vorhaben nicht wesentlich unterbrochen, und jeder weiß, wann »es« dran ist. Diese zweite Lösung ist immer dann sinnvoll, wenn es sich nicht um eine ganz aktuelle Sache handelt und wenn – zumindest beim ersten Hinschauen – nicht alle beteiligt sind.

In seltenen Fällen erleben wir Menschen, die sich auf nichts anderes konzentrieren können als auf ihre Störung. Meist handelt es sich dabei um Probleme, die sie schon lange mit sich herumtragen und die durch einen aktuellen Anstoß lebendig werden. In diesem Fall ist das Mitmachen in der Gruppe nur noch dann sinnvoll, wenn der Inhalt des Problems zufällig mit dem Thema der Gruppe übereinstimmt, was kaum anzunehmen ist. In allen anderen Fällen ist eine Teilnahme des Gestörten nicht mehr sinnvoll. Hier gilt der Grundsatz: »Die gegenwärtigen Gegebenheiten haben den Vorrang.«

Natürlich bewirken jede individuelle Störung und jede Kommunikationsstörung eine Ich- oder Wir-Lastigkeit des Prozesses, die später entsprechend ausbalanciert werden müsste. Aber nur in wenigen Fällen verhindert eine Störung jede weitere Zusammenarbeit.

Erheblich schwieriger noch sind verständlicherweise die Störungen, die aus unterschiedlichen Zielvorstellungen entstehen und in denen sich der eine ständig wegen der Prioritäten, die der andere setzt, gestört fühlt. Da kommen dann auch schnell voneinander abweichende Überzeugungen, Normen und Leitbilder ins Spiel, in dessen Verlauf es schließlich nicht mehr um gegenseitige Zustimmung, sondern höchstens noch darum geht, sich gegenseitig zu akzeptieren. Hier hat die Störung eine Tiefe erreicht, in der Kampf, wirkliche Auseinandersetzung und im Extremfall Trennung anstehen. Hier geht es um die Tiefendimension von gestörten Lebensgrundsätzen, die immer die persönliche Ebene betreffen und von Beziehungsstörungen geprägt sind.

Die Qualität aller Störungsbearbeitung hat mit der damit zur Verfügung stehenden Zeit zu tun. Wollen wir die abgespaltenen Persönlichkeitsanteile Einzelner oder die gestörten Personen der Gruppe wirklich integrieren, so dürfen wir uns nicht unter Zeitdruck setzen. In aller Regel wird das verzögerte inhaltliche Pensum leicht wieder aufgeholt, sind erst einmal alle dabei. Keine Zeit zu haben für Störungen kann auch heißen, der Störung keine Wichtigkeit zuzumessen. Niemand scheint richtig daran interessiert, nicht einmal der Gestörte selbst!

Aus dem Blickwinkel der Ganzheit betrachten wir die Störung immer als Ausdruck des Auseinanderfallens dieser Ganzheit und messen ihr in ihrer Hinweisfunktion auf das Auseinanderfallen einen hohen Stellenwert zu. So verliert die Störung ihren Schrecken. Sie gilt nur so lange als eine solche, als sie noch nicht im Gesamtzusammenhang des Geschehens verstanden werden kann. Sie hat Symbolkraft und ist nicht mehr und nicht weniger als eine der vielen Formen, in denen sich Menschen, Prozesse und Themen darstellen.

11 Gesprächsregeln – Förderer lebendiger Kommunikation

1. Allgemeine Überlegungen

Menschen, Familien und Gesellschaften tragen natürlicherweise ein Bedürfnis nach **tragfähigen Verabredungen** in sich, die den Umgang miteinander regeln. Solche, die ihnen ausreichenden Zusammenhalt und gleichzeitig Eigenständigkeit und Distanz zu anderen erlauben. Viele dieser regelnden Verabredungen bestehen seit langem, ohne dass sie bewusst reflektiert werden, niemand stellt sie infrage, keiner stört sich daran. Manche Regel hat viele gesellschaftliche Veränderungen kommen und gehen sehen, ohne dass jemandem ihre Sinnentleerung auffiel. Und dann kommt einer neu in die Familie, in die Firma, in die Gruppe! Allein durch sein Kommen stellt sich rasch heraus, dass längst nicht mehr gilt, was gilt. Der Neue bringt neue Regeln mit oder stellt alte infrage. Das geschieht meist unausgesprochen und wenig reflektiert.

Die TZI stellt ganz bewusst ein Regelsystem zur Verfügung, welches helfen soll, jede Form von Kommunikation – verbale und nonverbale – zu fördern, zu vertiefen, transparenter zu machen und damit die Wertmaßstäbe in Handlungen umzusetzen.

1. »Sprich per Ich anstatt per Man oder per Wir.«
2. »Achte auf deine Körpersprache.«
3. »Stell möglichst wenig Fragen, es sei denn, du erläuterst ihren Hintergrund.«
4. »Vermeide Interpretationen.«

So beginnen die wichtigsten dieser Kommunikationsregeln, denen wir uns jetzt zuwenden wollen.

Ruth Cohn ist zunächst von neun solcher Regeln ausgegangen, die sie situationsgemäß erweiterte oder verminderte. Jede Gruppe wird die für sie wichtigen Regeln einführen und jeweils solche hinzufügen, die für die Situationen erforderlich scheinen. Hier sind deshalb nur diejenigen Regeln zusammengestellt, die in nahezu allen Situationen die Kommunikation, das Verständnis für die Einzelnen und die inhaltliche Arbeit und für die Zusammenhänge zwischen beiden fördern.

Regeln, auch solche, deren Nutzung offensichtlich Hilfe anbietet, geraten leicht in Misskredit und werden mit ihrem eigentlichen Auftrag nicht akzeptiert. Reglementiert wurden wir oft genug! Wer will sich schon maßregeln lassen! »Wenn du die Regeln nicht einhältst!«, damit haben wir schon als Kind Erfahrungen gemacht und nicht immer gute.

TZI-Regeln sind Angebote zu direkter und offener Kommunikation. Leitlinien, nicht Kampfinstrumente. Sie sollen im Umgang mit sich selbst und anderen zu mehr selbst verantworteten Aussagen führen und das Versteckspiel indirekter und verschlüsselter Kommunikation aufdecken helfen.

Sie sind nicht als Ordnungsfaktoren zu betrachten und sie wollen auch nicht – von den Führenden einfach gegeben – die Organisation einer Hierarchie besser steuern helfen.

Ihre Funktion ist es vielmehr, zum handelnden Ausdruck der humanistischen Haltung zu werden. Sie sind »Hilfstruppe« für die Balance des Dreiecks. Sie unterstützen außer der Direktheit und Offenheit auch die Integration der Beziehungs- und Sachebene im Gesprächsverlauf.

Gesprächsregeln, in diesem Sinne verstanden, bieten eine Art Geländer, an dem ich mich festhalten kann auf der Brücke vom verallgemeinernden »Man« zum selbstaussagenden »Ich«, vom Ignorieren des Körpers und seiner Sprache zum Wahrnehmen, Ausdrücken und Einbeziehen dessen, was in mir und mit mir passiert, von der verschlüsselnden Frage zur offenen und direkten Aussage. Nur so gesehen sind die Regeln hilfreich für empathisches Miteinanderumgehen.

Wie z. B. eine Rot-Grün-Regelung an einer Verkehrskreuzung nur im Zusammenhang mit anderen Verkehrsregeln und mit dem

Ziel höchstmöglicher Sicherheit für alle zu verstehen ist, so lassen sich auch die TZI-Regeln nicht separat voneinander anwenden. Sie korrespondieren untereinander, mit den Postulaten und mit dem Wertehandeln der TZI.

Nur durch ein sich ergänzendes Netzwerk sind sie eine sinnvolle Praxishandhabe, um dem ethischen Menschenbild der TZI entsprechend zu handeln.

»Hilfsregeln helfen, wenn sie helfen«, schreibt Ruth Cohn. In den ersten Jahren ihrer Anwendung wurden in der TZI besonders die Hilfsregeln mit Begeisterung aufgegriffen, hatte man doch schnell begriffen, dass sich hier im Gesprächsverlauf etwas zugunsten der Person und der Sache änderte. Mehr noch als die Postulate verankerten sie sich schnell im Gedächtnis der Teilnehmer.

»TZI – das ist ›Ich‹ sagen anstatt ›Man‹«, konnte man da schon einmal als Definition dieser Methode hören. Methodisch-mechanistisch angewandt sah man die Regeln gelegentlich an den Wänden der Seminarräume. Es bildete sich eine Art Kommunikationspolizei, die Regelverstöße ahndete. Diese Anwendung der Regeln degradierte diese zu einem Pflichtprogramm und wurde appellmäßig abgerufen. In der Rigorosität der knappen Worte und in der zu direkten Erklärung wirken sie dann eher erschreckend denn hilfreich.

Es bedarf auch heute noch einer längeren geduldigen Phase des Verstehens und Einübens in den Zusammenhang von Regel und ethischem Hintergrund. Gleichzeitig sind wir eine oder gar zwei Generationen weiter und das Sichausdrücken im Namen meiner selbst hat eine neue Qualität und Selbstverständlichkeit gewonnen.

In den meisten Gruppen genügt es, zunächst als Leiter die Regeln zu benutzen, sich klar auszudrücken, im Einzelfall auf die Regeln hinzuweisen und ansonsten sich aufs Tun zu beschränken. Das hat überall da seinen Sinn, wo ich TZI nicht explizit lehre, sondern zunächst erreichen will, dass sich das Arbeitsklima im kommunikativen Bereich verändert. Später vielleicht werden die Teilnehmenden die Frage stellen, was denn hier anders war und wodurch. So kann sich Bewusstheit für den Umgang miteinander entwickeln und die Regeln werden zunächst ausprobiert und angewandt. Erst später werden die Regeln auch explizit ausformuliert und genannt.

In sehr intellektuellen Gremien oder auch vorwiegend sachorientierten Arbeitsteams ist eine sensible, dem Sprachstil und dem Handlungsstil der Teilnehmer angepasste Formulierung nötig.

Es kann also keine Normierung der Hilfsregeln und ihrer Anwendungsart geben.

2. Praxisstudie: Eine Gruppe regelt ihr Zusammenleben

Ein Arbeitsbericht aus einem Führungsseminar für das mittlere Management soll uns Einblick geben in eine Entstehungsgeschichte von Regeln. Als Seminarziel galt es, Führungsinstrumentarien auf ihren Nutzen zu überprüfen und ihre Anwendung einzuüben.

Eines der ersten Themen nach dem Ankommen der Teilnehmer und nach dem Sich-bekannt-Machen zielte auf die gemeinsame Arbeitsorganisation im Seminar und damit eben auf freiwillig und gemeinsam verabredete Regeln. Das Thema dazu lautete:

»Welche Verabredungen sollen hier gelten, damit wir effektiv und in gutem Klima arbeiten können:

- in Bezug auf jeden Einzelnen: Was will ich mit mir selbst verabreden;
- in Bezug auf die Zusammenarbeit: Was soll für alle gelten;
- in Bezug auf die Leitung: Was sollen die Leiter tun.«

Die Fragestellung wurde in Kleingruppen diskutiert und im Plenum zusammengetragen. Auf diesem Arbeitsweg waren die Forderungen an das Verhalten Einzelner mit den Verabredungen für die Zusammenarbeit ineinandergeflossen und damit einer Gesetzmäßigkeit gefolgt, nach der das Verhalten Einzelner eben immer nur im Gegenüber mit anderen gestaltungsfähig ist. Das – unfrisierte – Ergebnis des Verabredungskatalogs sieht wie folgt aus und bezieht sich über die Regeln hinaus auch auf die vorangestellten Postulate (siehe S. 123 ff.):

Sprich und handele per Ich
Achte auf Deine Körpersprache

Verabredungen, die Eigenbestimmung fördern
Achte auf dich selbst

- genügend Zeit für mich nehmen, Zeit zum Verdauen des Erarbeiteten;
- selbst bestimmen, wann ich aktiv werden will;
- mich konfrontieren lassen;
- meine persönlichen Interessen bekannt geben und verabreden, wann sie besprochen werden können;
- ich möchte laut denken dürfen;
- die Freiheit haben, »dumme« Fragen zu stellen; dieses Seminar als »Probebühne« nutzen;
- mitsteuern, indem ich sage, was mir wichtig ist

Verabredungen, die dem Störungspostulat zuarbeiten:

- wenn ich abgelenkt bin, möchte ich es sagen;
- ich möchte mich melden, wenn ich Einwände oder Vorbehalte habe, und zwar gleich;
- Konflikte anmelden und Gelegenheit suchen, sie zu klären;
- eigene Bedürfnisse anmelden, ehe sie wegen Unterdrückung zu einer Störung werden.

Verabredungen, die sich um den Körper kümmern:

- Zeit nehmen, um Sport zu treiben und Schlaf nachzuholen;
- darauf achten, wann ich eine Pause brauche;
- Boxenstopp und mal überlegen, wie es mir eigentlich geht.

Verabredungen, die in die Frageregel münden:

- Einbringen von Verständnisfragen;
- sich nicht ausfragen lassen;
- der andere soll mir ehrlich sagen, was er wissen will.

Verabredungen, die die Zusammenarbeit fördern:

- Meinungen anderer anhören und stehen lassen;
- mitsteuern;
- darauf achten, dass wir uns nicht verzetteln;
- ernst genommen werden und andere ernst nehmen;
- offener Austausch, aber auch die Verantwortung dafür übernehmen, was ich sage.

Beim Zusammentragen dieser Regeln bemerkten die Teilnehmenden, dass viele der Anliegen an Zusammenarbeit schon in den Regeln für jeden Einzelnen ihren Niederschlag gefunden hatten. Hier wurde auch besonders an die Schwierigkeit gedacht, die sich beim Besprechen von firmeninternen Problemfällen ergibt, in denen es um andere Firmen, um Hierarchien, Tabus und inoffizielle Informationen geht, um all das sensible Beziehungsgeflecht, das besonderen Gesetzen der Diskretion unterworfen ist.

Was die Leiter tun sollen:

- helfen, Entscheidungsprozesse herbeizuführen;
- klare Zielformulierungen vorgeben und die Arbeitsschritte für den Themenablauf festlegen;
- helfen, aus dem Generellen das Individuelle herauszuarbeiten, Bedürfnisse abklären und die Vorgehensweise transparent machen;
- den Prozessablauf zur Diskussion stellen;
- Möglichkeiten zur Reflexion anbieten;
- dafür sorgen, dass niemand verletzt wird.

Bis auf den letzten Punkt konnten wir als Leiter alles gut akzeptieren (siehe auch Kap. 16). Beim letzten Punkt wurde es schwierig. Die Teilnehmer wollten sich infrage stellen und konfrontieren lassen, wir dagegen sollten dafür sorgen, dass Verletzungen vermieden würden. Das ist oft das Schwierige am Wunsch nach Ich-Entwicklung: Sie soll nach dem Motto »Wasch mich, aber mach mich nicht nass« erfolgen. Wir konnten uns im Seminarverlauf davon überzeugen, dass alle Verabredungen dazu helfen, Verletzungen zu vermeiden oder frühzeitig zu erkennen, dass es aber bei allem positiven Ansatz von Veränderung meist nicht ohne Schmerzen abgeht.

Eine weitere Regel, auf die wir von der Leitungsseite her Wert legten, wurde zunächst empört abgewiesen. Sie heißt:

Die Teilnehmer sollen selbst denken und arbeiten.

Erst langsam setzte sich die Erkenntnis durch, dass das Seminarergebnis von der Mitgestaltung aller abhängt, wenn auch die Leiter ihren besonderen Beitrag leisten.

Nachhaltiges Lernen und Verändern sind nie auf dem Konsumwege zu haben. Hatten die Teilnehmenden aber einmal das selbst gesteuerte Arbeiten ausprobiert, so wurde daraus diese schöne Balance zwischen Futtersuchen und Gefüttertwerden, die auch Kindern in der Familie, Schülern in der Klasse und Mitarbeitern in ihren Arbeitsbereichen guttut und gut gefällt.

… und was machen wir abends?«
Verabredungen zur »Gemeinschaftspflege«:

Zusammensitzen beim Bier, Kartenspielen, In-die-Sauna-Gehen u. Ä. waren damit gemeint, aber längst nicht alle waren damit einverstanden. Es löste bei einigen zunächst einmal Zurückhaltung aus und Sorge vor verordneter Gemeinsamkeit über die offiziellen Treffen hinaus.

Im Nachfragen wurde langsam bewusst, dass Gemeinschaft, wie sie hier vom Einzelnen gewünscht wird, nur entstehen kann, wenn einer konkret sagt: »Ich schlage vor … und werde mich kümmern um … und ich suche dazu noch Interessierte«, oder ähnliche konkrete Wünsche und Angebote.

So wurde aus dem passiven Ruf nach Gemeinschaft ein aktives Zusammenspiel von Angebot und Nachfrage mit freier Entscheidung für jeden.

Gemeinschaftsgefühl und gutes Klima kann man nicht herstellen oder durch Regeln verordnen, schon gar nicht als Leiter. Soll es sich nicht um bloße Vorspiegelung von Gemeinschaft handeln, so müssen alle zusammen Bedingungen schaffen, in denen sie entstehen kann.

Ein Seminar, in dem ein solcher Katalog entstehen kann, bietet einen unvergleichlich größeren Raum an Freiheit, als es Arbeitsplätze in Firmen und in Institutionen mit hauptsächlich vorgegebenen Regeln sein können. Hier herrscht kaum Rivalität, und keine Abhängigkeit von Hierarchieebenen gibt den Ton an. Das ist im Alltag anders, in ihm herrschen andere Bedingungen. Wichtiger als dies scheint aber die Tatsache zu sein, dass in unserem Fall die Gruppe selbst und damit jeder Einzelne an der Gestaltung der Verabredung beteiligt war und dass keine dieser Verabredungen galt, solange sie noch nicht diskutiert und von jedem »gegengezeichnet« war, womit er dann sein Einverständnis gegeben hatte.

Die Praxis dieser selbst gesuchten Verabredungen sorgt dafür, dass Themen und Arbeitsprobleme nicht nur auf der sachlich-theoretischen Ebene abgehandelt werden, sondern dass inhaltlich-faktische Ergebnisse und Beschlüsse mit emotionaler Beteiligung umgesetzt werden.

Das alles gelingt nur, wenn die Regeln wirklich in eine Haltung, der die Axiome und die Postulate zugrunde liegen, eingebunden sind. Wenn das nicht der Fall ist, können sie ebenso der Intoleranz und dem Dogmatismus dienen.

Überall gibt es Regeln und Verabredungen in reichlicher Fülle, offizielle und noch mehr inoffizielle. Ob sie, wie hier, gemeinsam verabredet und von allen akzeptiert und mitverantwortet sind oder ob sie, einseitigen Reglementierungen gleich, »verordnet« werden, macht den Unterschied aus. Einmal werden sie zu Hilfen gemeinsamer Zielerreichung, ein anderes Mal zu einengenden Käfigen.

12 Das Herz und der Schmerz sprechen mit. Notizen zur Körpersprache

»Geh du voran«, sagt die Seele zum Körper,
»auf mich hört er nicht, vielleicht hört er auf dich.«
»Ich werde krank werden, dann wird er Zeit für
dich haben«, sagt der Körper zur Seele.
(ULRICH SCHAFFER: Entdecke das Wunder, das du bist)

1. Allgemeine Überlegungen

»Beachte Signale aus deinem Körper und achte auf solche Signale auch bei den anderen!«

So lautet eine weitere Kommunikationsregel, der wir hier Aufmerksamkeit schenken wollen, denn sie ist nicht nur in Gruppen, sondern bei jedem Zusammentreffen von Menschen angebracht und hilfreich. Auch im Umgang mit sich selbst.

Unter Körpersprache verstehe ich all die nonverbalen Mitteilungen, die durch körperliche Haltungen, Zustände und Bewegungen, die wir in unserem täglichen Leben ausführen, vermittelt sind, von der Art, wie wir gehen, sitzen, stehen, liegen, bis zu unserem Gesichtsausdruck. Ich sehe in diesen meist spontanen Bewegungen wesentliche Bestandteile unserer Verständigung. Dazu gehören auch alle körperlichen Erlebnisse wie Schmerz, schneller Pulsschlag oder Krankheit. Wer die Sprache seines Körpers beachten lernt, wird genauer verstehen, wie Gedanken und Aussagen von ganz bestimmten Körpergefühlen begleitet werden und wie diese ihrerseits etwas ausdrücken. Bei sich selbst und bei anderen auf die Sprache des Körpers zu achten verschafft wichtige zusätzliche Informationen über das Gesprochene und Gehörte hinaus. Der eigene Körper signalisiert Zutrauen oder Ablehnung, Freude oder Ärger sehr deutlich und in der Regel eher, als es aussprechbar wird. Ein Kloß im Hals signalisiert mir u. U. frühzeitiger und eindringlicher, dass die momentane Situation für mich nicht entspannt ist.

Die TZI will mit ihrem Hinweis zu mehr Körperbewusstsein dazu anregen, auf die Ganzheitlichkeit von Intellekt, Gefühl und Körper zu achten, und dabei auch aufzeigen, wie Signale des Körpers als Ausdruck des momentanen Geschehens genutzt werden können. Diese Regel nimmt deutlicher als alle anderen den ganzheitlichen Gedanken des ersten der Axiome auf: »Der Mensch ist eine psychobiologische Einheit.« Er hat intellektuelle, emotionale und physische Energien, Ausdrucksformen sowie Bedürfnisse. Jede von diesen repräsentiert jeweils eine Facette der gleichen Einheit Mensch. Es ist wie bei einem Mobile: Wenn ein Teilbereich angerührt wird, reagiert das ganze Mobile »Mensch«. Dabei wird aber seine körperliche Reaktionsform gern unterbewertet.

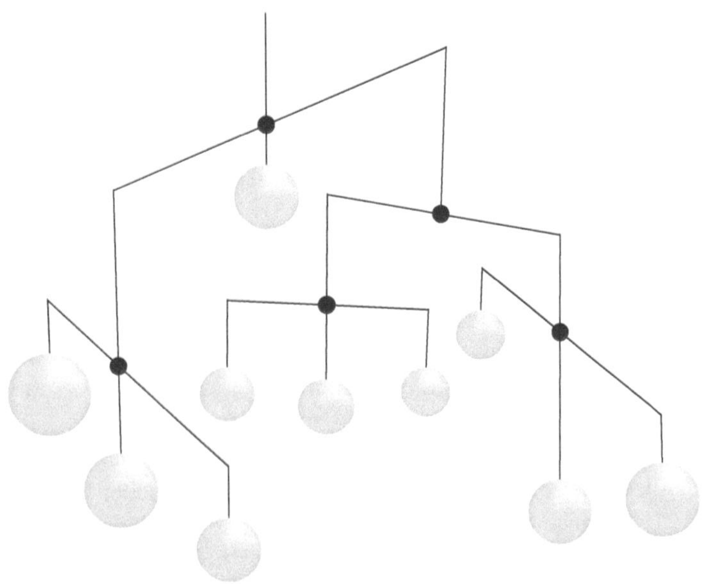

Abb. 21: Der Mensch – ein Mobile

Ruth Cohn hat sich zu dieser Sichtweise der Zusammengehörigkeit schon 1955 geäußert, frühere Autoren (Goldstein 1934) dabei aufgreifend: »Alle Formulierungen, denen die Vorstellung zugrunde liegt, dass psychische Erfahrungen organische Leiden erzeugen oder dass körperliche Ereignisse psychische Störungen verursachen, sind nicht wirklich ganzheitlich. Die psychische Seite sowie die physiologische Seite sind zwei Perspektiven, die wir von einem Menschen haben; sie sind aber nicht zwei verschiedene Vorgänge. Beide Aspekte kennzeichnen einen Wandel, sind aber keine alternativen Ausgangspunkte des Wandels.«

Im Hinblick auf zunehmende Globalisierung müssen wir uns bewusst sein: Körpersprache ist keineswegs eindeutig! Nicht jedes Spiel mit den Fingern muss Ablehnung, Ärger oder Langeweile signalisieren. Hier hilft, eine Weile zu beobachten, um dann nachzufragen und nicht einfach nach dem Schema »Wenn …, dann« zu verfahren.

2. Körpersprache ist aktiv und reaktiv

Normalerweise entwickelt der Mensch in unserem Lebensraum nur wenig Bewusstsein für seinen Körper und dessen Sprache. Der Körper ist einfach da und funktioniert, das heißt, man glaubt, er funktioniere. Georg Kühlewind (1983) weist in eindrücklicher Weise darauf hin, dass viele Körperzustände für normal und gesund gehalten werden, die ganz und gar nicht gesund sind.

Erst wenn der Körper nicht mehr funktioniert, vielleicht durch einen Hexenschuss, oder wenn er besonderen Belastungen ausgesetzt ist, z. B. einem extrem langen Fußmarsch, wenden wir ihm Aufmerksamkeit zu und spüren die Sprache unseres Leibes. Genau genommen hören wir gleichzeitig auch die Seele, aber es ist nicht so sicher, dass wir diese Doppelung auch bemerken. »Was mich kränkt, macht mich krank«, sagt ein Sprichwort und meint damit die seelischen Kränkungen. Ehe es aber wirklich zur Krankheit kommt, signalisieren körperliche Symptome, dass »etwas nicht stimmt«. Ohne objektive Auslöser dingfest zu machen, fühlt man sich nicht wohl, hat aus heiterem Himmel Kopfweh, ist müde, wie es nach gutem Nachtschlaf gar nicht sein dürfte. Nicht immer ist nur das Wetter schuld.

Aber Körpersprache ist nonverbale Sprache und damit oft präziser als das gesprochene Wort. Sie hat dabei einen Vorteil: Sie durchläuft nicht die vielen Filter, die unsere Gedanken durchlaufen, ehe wir sie dann in Worte gefasst herauslassen. Körpersprache ist unmittelbar, spontan und damit authentisch. Menschen drücken das, was sie denken und fühlen, in Sprache und Handlung aus. Dem Vorausgehenden oder begleitend Nebenhergehenden dient eine weitere, direktere und schnelle Ausdrucksform, die mit und durch den Körper. Sie ist Ausdruck aus dem Spontanen. Längst spüre ich meinen schnelleren Pulsschlag, ehe mir meine Angst deutlich wird, die ich vor der gleich beginnenden Konferenz habe. Längst hat sich mein Magen verkrampft, ehe mir klar wird, dass ich mit den Dingen, an denen wir arbeiten, schon seit längerem nicht mehr einverstanden bin. Je stärker die Schmerzen werden, umso nebensächlicher wird die eigentliche Arbeit, nebensächlich so lange, bis ich entdecke, was die Schmerzen und das »Eigentliche« miteinander zu tun haben, für welches psychische Geschehen oder für welche Kränkung im zwischenmenschlichen Prozess dieser Schmerz die Anwaltschaft übernommen hat.

Weder Freude noch Angst, weder Hunger noch Erschöpfung lassen sich in einen körperlichen und einen seelischen Anteil trennen. Nur gedanklich können wir solche Trennungen vornehmen, im tatsächlichen Ablauf des Geschehens sind Körperfunktion und emotionaler Ausdruck eng miteinander verflochten. Körperempfindungen können wir nicht bewusst »machen«. Sie stellen sich ein, wie Gefühle sich einstellen. Ob ich Herzklopfen haben will, kann mein Kopf nicht bestimmen. Körperempfindungen sind Signale aus einer Sphäre, zu der Gedanken keinen Zugang haben.

Frühzeitig werden wir durch den Körper – würden wir nur auf ihn hören – auf Störungen und auf gebotene Distanz hingewiesen, ebenso auf Zuneigung und auf den Wunsch nach Nähe. Auch Störungen im Gruppenprozess nehmen gelegentlich den Weg über den Körper, um sich bemerkbar zu machen. Da bekommt nicht gleich die ganze Gruppe Magenschmerzen, aber eine hat Kopfweh oder einem tut der Rücken weh, obwohl der Stuhl bequem und die Zeit noch nicht zu fortgeschritten ist. Später erst identifizieren wir die Schmerzen als Signal.

In der Familie sind es meist die Kinder, die mit einer Krankheit die Pläne »boykottieren«, und in den Firmen sprechen wir von vermehrten krankheitsbedingten Fehlzeiten und machen den nassen Herbst dafür verantwortlich.

Zwar kommen Körpersignale nicht zufällig, aber es wäre ein falscher Rückschluss, jedes körperliche Missbehagen, jeden Schmerz auch der Seele zuzuschreiben. Manchmal hat man wirklich zu lange im kalten See gebadet oder sich bei zu langem Schreiben die Schultern verspannt, und es wäre spitzfindig, jedes Mal nach dem seelischen Aspekt der Schmerzen zu suchen.

Längst bevor Ruth Cohn die TZI entwickelte, war ihr das Einbeziehen des Körpers aus der Erlebnistherapie vertraut. In der Schule von Elsa Gindler, die im Stammbaum auftaucht, hatte sie das bewusste Erleben des Körpers kennen gelernt. Diese lehrt den Menschen, systematisch den Körper wahrzunehmen und sich der Fähigkeiten des Körpers bewusst zu werden. Sie geht weiterhin davon aus, dass über das Bewusstmachen der verspannten Muskeln diese schon dazu neigen, sich zu entspannen und zu lösen. Sie gewann damals schon die Erkenntnis, dass körperliche Entspannung oder Verspannung eng mit der seelischen Verfassung eines Menschen in Beziehung steht und dass man auf dem Weg über den Körper die Seele entdecken und verstehen lernen kann, ein Wissen, welches in naturnäheren Völkern nie verloren ging.

»Körper als Symbol der Seele«, nennt Fulbert Steffensky in »Feier des Lebens« (1988) diesen Zusammenhang. Auch die analytische Therapie benutzt die Körperempfindungen als ergänzenden, oft diagnostischen Aspekt. Man könnte analog zu somatischen Untersuchungen auch von einer psychischen Differenzialdiagnose ausgehen, würde man auf der Suche nach der Leidensursache Körper und Seele integriert betrachten.

3. Den Körper einbeziehen

Die Körpergefühle dem innerpsychischen Geschehen zuzuordnen und beides in Worten auszudrücken ist oft gar nicht so einfach, obwohl es ganz einfach ist: Woher denn sonst als aus den Körpersignalen, weiß ich, ob ich traurig, fröhlich oder ängstlich bin. Mein Herzklopfen, mein drückender Magen, meine unruhigen Hände drücken aus, wie es gerade um mich steht.

Auch Körperreaktionen unterstreichen im Gruppengeschehen die Kommunikation oder machen auf vergessene Aspekte in Prozess und Thema aufmerksam. Wie wir wissen, steht in TZI-Gruppen nicht der medizinisch-therapeutische Aspekt im Vordergrund der Zielsetzung (es sei denn, es ist ihr offizielles Thema). Aber in TZI-Gruppen können wir wieder lernen, die Kommunikation nicht nur auf verbale Aussagen zu stützen, sondern die Mitteilungen des Körpers als Gesprächsbeiträge zu akzeptieren und zu nutzen. Hier geht es darum, die Körperreaktionen dem aktuellen Prozess Einzelner oder dem Gruppengeschehen zuzuordnen. Der Aufforderung

»Achte auf deine Körpersprache!«

können wir in der Praxis einige Fragen zuordnen, die den Prozess der Integration fördern.

- Was spürst du im Augenblick?
- Wo bist du locker, wo verspannt und woran erkennst du das?
- Wo sitzt der Schmerz?
- Wann und in welchem Zusammenhang hat der Schmerz begonnen, sich verstärkt, ist wieder abgeklungen?
- Aus welcher anderen Situation kennst du diese Körperreaktion?
- Versuche auszudrücken, was sie dort zu bedeuten hatte.
- Was fällt dir jetzt dazu ein?
- Wenn du dir noch keine Antwort auf diese Fragen geben kannst, dann bleibe aufmerksam bei deiner Körperwahrnehmung – bis du herausbekommst, was sie dir, der Gruppe, dem Thema oder dem Prozess sagen will. Vielleicht aber ist sie auch Reaktion einer Nachricht aus deinem privaten Umfeld.

Der Leib als Träger menschlicher Existenz kann auf mancherlei Weise missverstanden werden. Wer die Sprache seines Körpers beachten und verstehen lernt, wird mit der Zeit immer genauer herausfinden, welche speziellen körperlichen Ereignisse zu welchen Gedanken gehören oder welchem Gefühl sie zuzuordnen sind. Auf die Sprache des Körpers zu achten schafft nicht nur wichtige zusätzliche Informationen, sondern kann auch vor weitergreifenden Störungen bewahren. Nichts geht am Körper vorbei. Er ist deshalb auch der Maßstab, nach dem ich meine Existenz gestalte. Nur so weit, wie der Körper will, kann mein Aktionsradius reichen. Auch das ist Globe.

13 Wieso? Weshalb? Warum? Notizen zur Frageregel

»Wenn du eine Frage stellst, so sage auch, warum du fragst und was die Frage für dich bedeutet.«

So lautet die eingangs schon genannte Regel, die wir unabhängig von Gesprächen in Gruppen auch im alltäglichen Umgang beherzigen sollten.

Die Frageregel wendet sich weniger an Informationsfragen, die durch Wortwahl und inhaltliche Aussage ihren Fragecharakter begründen, sondern vornehmlich an solche Fragen, die ohne einen Zusatz leicht als Verhör oder als Anklage aufgefasst werden können.

Es vergeht kein Tag, an dem nicht jeder von uns eine Reihe von Fragen stellt und seinerseits auf Fragen antwortet. Ohne Frage: Fragen ist aus unserer Kommunikation nicht wegzudenken.

Im Fernsehen hörte man allabendlich: »Wieso, weshalb, warum, wer nicht fragt, bleibt dumm« – eine Aufforderung nur für Kinder?

Der ganze Bereich der Orientierung und der Information ist durchzogen von Fragen. Wie sonst sollten wir Zusammenhänge verstehen oder neu verstehen, wie sonst sollten wir Wissen erwerben, wie sonst sollten wir Missstände aufdecken und verändern. Neue und aktuelle Informationen liegen nicht immer griffbereit auf dem Weg, wir müssen sie suchen und ohne Zweifel auch erfragen. Hier sollten wir ruhig abgucken von der unermüdlich forschenden Art der Kinder, die zu allem ihre Fragen stellen. Diese Art Fragen legitimieren sich dadurch, dass ihr Hintergrund für alle bekannt ist, benannt wird oder unschwer aus Sprache, Situation und Tradition zu identifizieren ist.

Schon Sokrates, der es sich zur Hauptaufgabe gemacht hatte, seinen Mitbürgern zu mehr Erkenntnis zu verhelfen, tat das mit eindringlichem, ruhelosem Fragen. Er zerstörte damit vermeintliches Wissen und führte zunächst zum »Wissen des Nichtwissens«:

Mit dieser Art Fragen leistete er quasi Geburtshilfe für Neuentdeckungen, und jeder, der sich ihm stellte, wusste, dass die Fragen diesem Ziele dienten. Für solche Fragen würden wir auch keine neue Regelung benötigen. Sie erklären sich von selbst.

Die Frageregel der TZI bezieht sich auf solche Fragetechniken, die für Verteidigungs- und Machtspiele stehen, die tendenziös oder gar inquisitorisch werden können, die in vermeintliche oder tatsächliche Verhöre ausarten und beim Befragten Rechtfertigungsphantasien auslösen. Im Grunde hat der Frager die Antwort längst parat, in seinem Sinne eine Wunschantwort.

Mancher Schlagabtausch läuft da zwischen den Gesprächspartnern hin und her: Lehrerin: »Möchten Sie Ihre Tochter nicht lieber umschulen? Glauben Sie nicht auch, dass sie mit dem Stoff überfordert ist? Sprechen Sie wenig mit Helga?« Mutter: »Wir fragen uns, warum Sie als Sportlehrerin gerade die Klassenlehrerin sind? Wissen Sie überhaupt, wie ungern die Schülerinnen Ihre Gymnastik mitmachen?« Vielleicht weckt es Erinnerungen an ähnliche schriftliche oder auch mündliche Situationen. Die Voten enthalten Hypothesen und Vorwürfe, als Fragen kaschiert, und selbst die eigentlichen Informationsfragen kommen in ihrer subjektiven Aussage Vorwürfen gleich. Emotional negativ besetzte Botschaften werden auf vermeintlichen Sachfragen transportiert. »Wir fragen uns …« würde wohl, wäre man ehrlich, als Aussage heißen: »Als Klassenlehrerin halten wir sie für ungeeignet.« Aber wer sagt schon so etwas geradeheraus, wenn die Situation bereits so verfahren ist. In eine Frage gekleidet, kann ich – darauf angesprochen – immer noch bestreiten, es je so gemeint zu haben.

Fragen dieser Art gebären weitere Fragen, schüren Aggressionen und Ärger, führen weg von jeder Aussagekraft. Weder die objektive Botschaft »Helga schafft den Stoff der 10. Klasse nicht« noch die emotionale Botschaft ist eindeutig zu identifizieren. Die Gesprächspartner sind auf beiden Seiten auf Vermutungen angewiesen und ihrer Phantasie ist freier Lauf gelassen. Schnell inszeniert sich ein Duell, vielleicht lediglich ausgelöst durch Ungeschicklichkeit oder Schüchternheit. Hier kann uns wieder die Eisbergtheorie aus dem Dreieckskapitel helfen, die unkoordinierten Vorgänge auf zwei Ebenen zu durchleuchten. Da ist eine Lehrerin, die mit einer Schülerin nicht zurechtkommt. Ob die schlechten Kenntnisse die Beziehung blockieren oder ob die gespannte Beziehung das Lernvermögen der Schülerin blockiert, wissen wir nicht. Da hat eine Mutter einen Stoß bekommen und reagiert betroffen und aggressiv. Dieses Beispiel kann für viele ähnliche Fälle stehen, in denen klare Aussagen vermieden werden sollen, aber, in Fragen umgemünzt, die Situation auch nicht bessern.

»Meinen Sie nicht auch, dass …« oder »Haben Sie schon einmal über … nachgedacht?«, so beginnen häufig auch Kritikgespräche mit Mitarbeitern oder Gespräche über Arbeitsresultate, mit denen man nicht einverstanden ist, und jeder Gefragte weiß, was ihn nun erwartet. Anstelle dieser Frageformulierung mit Suggestivcharakter würde eine direkte Aussage wie etwa: »Ich möchte mit Ihnen über … sprechen«, ein besseres Klima und bessere Gesprächsvoraussetzungen schaffen.

»Obszön« nennt Bodenheiner in seinem Werk »Warum?« (1985) diese Art der Fragetechnik; sie sei unanständig, sie beschäme, sie sei nicht ehrlich. Das Hebräische drückt die Begriffe »Frage« und »Hölle« mit dem gleichen Wort aus: sche'ol = Hölle, der Ort des Grauens und der Angst, in den man hinuntergestoßen wird; Fragesituationen, peinlich-beschämendes Bloßgestelltwerden, solange die Frage ohne verständnisgebenden Hintergrund auf den Gefragten trifft.

Bloßgestelltwerden, dieses unangenehme Gefühl wird umso stärker, je deutlicher ein Machtgefälle zwischen Frager und Befragtem besteht. Wer die Frageform für sich in Anspruch nimmt, hat in vielen Fällen damit auch die Position zu seinen Gunsten abgesteckt. Wir sehen uns – wenn auch nur einem vermeintlichen – Richter oder Polizisten gegenüber. Vermeidung von dieser Art negativ besetzter Fragetechnik hilft dementsprechend auch, Situationen partnerschaftlich anstatt herrschaftlich zu gestalten.

Es ist noch nicht einmal die Frage selbst, die als solche problematisch ist, problematisch ist allein die Tatsache, dass der Befragte nicht weiß, was der Fragende mit seiner Aussage machen wird und ob er mit Vertrauen rechnen kann. Verstärkt werden solche Situationen, wenn sie längst vergangene Erfahrungen wachrufen, in denen der Befragte degradiert wurde. Selbst die banale Frage »Wie geht es

Ihnen?«, an der richtigen Stelle platziert, baut eine Hierarchie auf. Nur Erlaubnisfragen, solche die auf Bestätigung und Lob hoffen, sind auch von unten nach oben üblich. Nicht das Infragestellen als solches ist hier die Frage, sondern die Unklarheit über Beziehung und Situation.

Die Frageregel der TZI will dazu beitragen, dass diese unnormale Einseitigkeit aufgehoben wird.

Bei kaum einer anderen sprachlichen Kommunikation bestimmen Lautstärke, Mimik und Wortwahl so sehr den Aussagewert wie bei der Frage. Der Empfänger hat längst wahrgenommen und eingeordnet, was auf diesem Wege herüberkam, ehe die Worte mit dem »eigentlichen« Inhalt sein Ohr erreichen. Zumeist eilt das Nonverbale dem Verbalen um einiges voraus.

Eine ebenso legitime Frage wie die vorne genannte Informationsfrage bleibt die Frage im therapeutisch-beratenden Kontext, die Frage des Therapeuten an den Klienten. Das Instrument der Frage zielt hier darauf ab, den Gesprächspartner – es kann durchaus auch ein Freund oder Mitarbeiter sein – auf seiner Suche nach Konfliktlösungen oder bei Innovationen zu begleiten, ihn anzuregen, seinen eigenen Erkenntnisweg zu gehen und für sich selbst die passenden Antworten zu finden. Allerdings nur im professionellen Bereich ist der Frager hierzu ausdrücklich autorisiert. Der Arzt, der Richter, der Organisationsberater darf, ja muss sogar offene Diagnosefragen stellen, Suggestivfragen sind auch ihm nicht gestattet.

Es gehört zur hohen Kunst des Therapeuten, sparsam und im richtigen Augenblick diejenigen Fragen zu stellen, die das Konfliktpotenzial erhellen und dem Gesprächspartner helfen, seine eigene Problematik zu verstehen und eigene Antworten zu finden. Sind die Fragen exakt platziert, so können sie sich auf ein Mindestmaß beschränken, und das Gegenüber kann darauf eingehen, ohne sich ausgefragt zu fühlen.

Hier wie in anderen Fragesituationen ist es günstig, so genannte »offene« Fragen zu stellen. Das sind im Gegensatz zu »geschlossenen« Fragen, auf die nur mit »Ja«, »Nein« oder »Vielleicht« oder »Weiß ich nicht« geantwortet werden kann, Fragen, die ein breites

Spektrum an Antworten ermöglichen. Auf die Frage: »Wenn Sie an diese Begebenheit denken, tut es sicher weh«, wird ein Klient möglicherweise mit »Ja« antworten, wohingegen er viele Antworten offen hätte, wenn die Frage lautet: »Welche Gedanken und Gefühle stellen sich denn ein, wenn Sie an die Begebenheit denken?«, z. B: »Ja, es gibt immer noch einen Stich, aber langsam bekomme ich schon mal Wut darauf und dabei fällt mir ein …« Eine offene Frage wie diese bietet eher den Beginn für einen Veränderungsprozess als Fragen mit vorprogrammierten Ja-Nein-Antworten.

Auch bei solcherart »erlaubten« Fragen im therapeutischen Rahmen lässt sich ein Oben-unten-Gefälle, dem TZI womöglich entgegenwirken will, nur schwerlich vermeiden. Die erlaubte Frage hat für eine begrenzte Zeit der gemeinsamen Arbeit sicher einen Sinn, aber auch hier sollte überprüft werden, welche erlaubten Fragen sich ebenso in authentische und ausgewählte Aussagen des Therapeuten wandeln lassen.

»… so sage, warum du fragst«, lautet der 2. Satzteil der Frageregel. Sobald ich meiner Frage auch den Grund meines Fragens zugeselle, kann für den anderen ein Denkanstoß daraus werden. Meine Frage gewinnt an Transparenz und eine offene Antwort kann nicht mehr so schwerfallen.

Ein Beispiel hierfür ist folgende Situation:
Chef zur Mitarbeiterin, Ehemann zu seiner Frau:
»Wie sieht's denn in der Haushaltskasse aus?«
Reaktion (meist unausgesprochen):
»Ach du liebe Zeit, Kontrolle. Hab ich zu viel ausgegeben?«, oder: »Wo mischt er sich nun schon wieder ein!«

Oder aber: gleiche Personen, gleiche Situation, erläuterte Frage:
»Ich würde so gern mal mit allen zum Essen gehen. Wie sieht's denn in der Haushaltskasse aus? Geht das noch diesen Monat?«
Reaktion (vielleicht sogar ausgesprochen):
»Ja, wenn's jetzt nicht reicht, sparen wir dafür«, oder: »Dazu habe ich nicht viel Lust, aber ich mache mal folgenden Vorschlag …«

Vielleicht bleibt die Frage als solche trotzdem unangenehm und der Befragte fühlt sich nicht sehr wohl in seiner Haut, aber es gibt eine hohe Wahrscheinlichkeit, dass durch Transparenz Vertrauen und Offenheit gefördert werden.
(Siehe Bewusstseinsrad, Kap. 16)

14 Ich–Man–Wir: Sprechen im eigenen Namen

»Vertritt dich selbst in deinen Aussagen:
Sprich per ›Ich‹ und nicht per ›Wir‹ oder ›Man‹.«
(»State yourself – speak for yourself«
ist die englische, noch präzisere Formulierung.)

Zu den die Postulate ergänzenden Regeln gehört auch diejenige, die dazu auffordert, im eigenen Namen zu sprechen und etwas von sich selbst zu sagen, anstatt in anonyme Redewendungen auszuweichen, die sich hinter einem »Man« oder einem »Wir« verstecken.

Die verallgemeinernden Redewendungen des »Wir« und »Man« sind in den meisten Fällen Versteckspiele, mit denen persönliche Aussagen vermieden werden. »Wir glauben ...«, »Man sollte doch lieber ...«, »Jeder hier ...«: Diese Satzanfänge zeigen uns, wie der Sprechende der Verantwortung für sich selbst aus dem Wege geht und das »Man« der öffentlichen Meinung für sich sprechen lässt und damit die Zuhörer zu überzeugen versucht.

»Wir« und »Man« gehören zu den meistgebrauchten Wörtern im deutschen Wortschatz. Majestätsplural nannte man dieses Wir vor hundert Jahren und auch heute noch hat es etwas Herrschaftliches an sich und schafft rasch Oben-unten-Verhältnisse. Im Altenheim, im Krankenhaus, auch in Werkshalle und Schule hören wir diese vereinnahmenden Wir-Sätze.

Anstatt eine eigene Aussage zu machen, wird mit diesem »Man« oder »Wir« einfach verfügt. Es sind unerlaubte Übergriffe auf andere, Übereinstimmungen voraussetzend, die gar nicht getroffen wurden. Geradeheraus anzuordnen wäre dann ein ehrlicherer, wenn auch nicht gerade wünschenswerter Weg.

Eine Ich-Formulierung dagegen bewirkt, dass aus einer allgemein gültigen oder vereinnahmenden Aussage eine persönliche wird. Sie zwingt dazu, die eigene Meinung zu äußern und zu den eigenen Gefühlen zu stehen. Dadurch gewinnen der Sprechende und seine Aussage an Kontur. Mit seinen eigenen Gedanken und Gefühlen zeigt er auch ein Stück von sich selbst, und so haben die Zuhörer die Chance, wirklich teilzunehmen. Sie müssen kein Pseudointeresse entwickeln oder sich langweilen. Persönliche Voten sind in der Regel farbiger als Allgemeinaussagen.

Ich-Aussagen helfen zu offener Kommunikation. Wir können voneinander erfahren und persönlich darauf reagieren. Es wird nicht über jemanden gesprochen und auch nicht für ihn.

Das ist zunächst nicht leicht. TZI achtet hier sehr konsequent auf einen allmählich sich wandelnden Sprachgebrauch, der aber nicht in Sprache stecken bleiben soll.

Das Einüben in die direkte Rede, in ein klares »Ich« ist ein Weg, der eine Veränderung in der Einstellung bewirkt, es ist ein therapeutisch-pädagogischer Lernansatz, der bis in politische Haltungen wirkt. »Ich will …« oder »Ich werde …« statt »Man sollte doch …« zu sagen leitet eine Veränderung bei mir selbst und beim Gegenüber ein und zwingt beide Seiten dazu, authentisch und aktiv zu werden. Das erfordert Mut und Geduld und eine andere Bewusstheit für sich selbst und seine Aussage. Es verändert die Kommunikation.

Die Regel »Sprich per Ich« habe ich schon sehr mechanisch angewandt gesehen, so als ob diejenigen, die sie schon können, wie Wachhunde auf das nächste »Man« ihrer Kollegen warten. Abgesehen von einer gewissen Lernwilligkeit möchte ich mir das so erklären: Größere, persönliche Offenheit, die mit dem Ich-Sagen einhergeht, macht auch verletzlicher, und wer will sich schon gern bloßstellen, während andere sich hinter einem »Man« zurückhalten.

Ich-Sagen, verbunden mit wirklichem Ich-Denken, führt stets vom Abstrakten zum Konkreten. Nur die konkrete Aussage der Person kann auch zu gewünschten konkreten Zielen führen.

15 »Du bist so ...« Anmerkungen zu Interpretationen

»Halte dich mit Interpretationen so lange wie möglich zurück. Sprich stattdessen deine persönlichen Reaktionen aus.«

Diese weitere wichtige Hilfsregel weist auf die Asymmetrie hin, die in Beziehung und Kommunikation dadurch entsteht, dass einer die Aussage, Mimik und Gestik, die Handlung eines anderen zu verstehen meint und sie deutet, ohne sich vom Handelnden selbst über das Warum dieses Ausdrucks oder dieser Handlung unterrichten zu lassen.

Interpretationen sind nur dann hilfreich und angebracht, wenn sie in der geeigneten Situation und taktvoll ausgesprochen werden. Die größte Chance, positiv gehört zu werden, haben solche Interpretationen, die dem anderen schon relativ bewusst sind oder deren Aussage er zumindest ahnt. Dann kann es für ihn fast eine Erlösung sein, und er erlebt es nicht mehr als Interpretation, sondern als Erleichterung. Diese Interpretationen treffen dann vielleicht exakt den blinden Fleck, diese Stelle der eigenen Persönlichkeit, zu der wir ohne den Spiegel des anderen nicht hinschauen können, wobei wir aber doch neugierig sind auf diesen Aspekt unseres Selbst.

Der Zeitpunkt des Aussprechens spielt immer eine entscheidende Rolle. Ist meine Deutung zwar generell richtig, erfolgt sie aber in einem Moment, in dem der andere nicht darauf gefasst ist oder aus einem anderen Grund nicht bereit ist, zu hören, so wird er sie verneinen, auch wenn sie stimmt. Dieses Schicksal ereilt positive wie auch negative Deutungen.

Es bedarf schon in der Therapie eines feinen Fingerspitzengefühls, um Interpretationen so zu platzieren, dass sie den Explorations- oder Heilungsprozess fördern. Wie viel schwerer ist es dann, im Alltagsbetrieb oder im Gruppengeschehen das Wahrnehmen und das Wahrgenommene zu deuten, voneinander zu trennen und es dem Gegenüber auch als solches anzubieten. Inadäquat ausgedrückte Interpretationen erregen nicht nur Abwehr, sie verlangsamen oder unterbrechen gar den Prozess.

»Sprich nicht über den anderen, sprich zu ihm!«, so könnte diese Regel auch lauten. Wenn wir dies berücksichtigen, veranlasst die persönliche Aussage auch eine persönliche Gegenreaktion und fördert damit spontane Interaktion.

Ein Beispiel:
»Du kommst jedes Mal zu spät. Das tust du ja nur, um Aufmerksamkeit zu erregen.« – »…«
Die hier fehlende Antwort könnte für die Sprachlosigkeit stehen, in die der so Interpretierte verfällt.

Verwendet man dagegen den folgenden Dreischritt, so dient das in aller Regel der nachhaltigen Bewusstseinsförderung:

1. Schritt:	Beschreiben der Situation:	»Ich nehme wahr …, sehe, höre … bei mir selbst, bei dir, in der Situation …«
2. Schritt:	Bewerten des Wahrgenommenen:	»Dazu fällt mir ein, das löst bei mir aus …, Angst, Wut, Lust, Unverständnis …«
3. Schritt:	Absicht erklären, appellieren:	»Deshalb frage ich …, möchte ich …, schlage ich vor …

Auf unser Beispiel bezogen, kann das heißen: »Ich merke, du kommst jedes Mal zu spät. Das macht mich ärgerlich, weil wir dann mit dem Beginn warten müssen, und darum schlage ich vor, dass wir ohne dich anfangen und du selbst siehst, wie du den Anschluss findest. Oder was schlägst du vor, damit wir pünktlich – auch mit dir – anfangen können?«

Und nun können seine Aussagen zu einer Lösung für alle führen. Jeder erklärt sich und seine Reaktion und erklärt nicht den anderen. Die eigene Reaktion ist nicht immer leichter aussprechbar, aber sie ist in jedem Fall am bedeutsamsten. Diese Tatsache weist auf die weit verbreitete Trennung von Objekt und Subjekt hin. In der TZI soll nicht aufgeteilt werden in Personen, über die gesprochen wird, und solche, die über sie sprechen. Hier gibt es keine Forscher und Forschungsobjekte, solange es sich um Menschen handelt. In einem gleichrangigen Kommunikationsprozess interpretiert jeder nur sich selbst.

16 Der Leiter: Lernquelle und Modellfigur

1. Der Leiter als Lernquelle

Neben fachlicher und sozialer Kompetenz sind die Persönlichkeit, das Selbstverständnis und die Verhaltensweisen des Leiters ein wichtiger Bestandteil für das Zusammenleben mit der Gruppe und für das Lernen und Arbeiten in einer Gruppe, einem Team, einer Firma. Der Leiter ist Modell, unabhängig davon, nach welchem methodischen Konzept er anleitet oder leitet. Er wirkt als Anreger oder als Kontrapunkt. Auf welche Art und Weise er zum Arbeiten und Lernen verhilft, er ist in jedem Fall eine wichtige Lernquelle über alles Fachliche hinaus. Das »Was« erhält durch das »Wie« des Leitens sein ethisches Gewicht.

Die Rolle und Funktion des Leiters, so wie sie mit dem Handwerkszeug der TZI ausgestattet werden, sollen uns im Folgenden beschäftigen.

Jede Intervention eines Leitenden wirkt immer im Verbund mit seiner Persönlichkeit und seinen Verhaltensweisen. Sie wirken quasi durch seine Person hindurch. Er ist – mal mehr, mal weniger – immer Teil seiner Intervention. Die Art und Weise, wie er Themen einbringt, auf Widerspruch reagiert, Feedback gibt oder sich in kritischen Situationen verhält, schafft bei den Teilnehmenden ein Bild seiner Persönlichkeit, ohne dass er sich dessen bewusst ist. Selbstwahrnehmung und Sensibilität für die eigene Wirkung auf andere sind in diesem Zusammenhang wichtige Themen in der persönlichen Reflexion, egal ob man Kinder oder Schüler anleitet, einer Abteilung vorsteht oder eine Gruppe moderierend betreut. Besonders gefragt ist der Leiter als Person in Spannungssituationen. Immer kann er Konflikte und Krisen besser lösen helfen, wenn er im TZI-Sinn personengerecht reagiert und sich nicht (nur) hinter seiner Rolle verschanzt. Ob und wie er Spannungssignale wahrnimmt und darauf reagiert, hängt u. a. auch von seiner Persönlichkeitsstruktur ab und von seinen Kenntnissen und Erfahrungen im Umgang mit Konflikten und Krisen. Sie können nur so weit gelöst werden, wie der Leiter es sich zutraut.

Die Rolle des TZI-Leiters ist aktiver, sichtbarer und teilnehmender, als es im klassischen gruppendynamischen Training der Fall ist, bei dem der Leiter auf die Vorgabe von Themen und von Strukturen für die Bearbeitung der Inhalte weitgehend verzichtet. Er arbeitet dabei im Wesentlichen nur mit dem Material, das der gruppendynamische Prozess – im privaten oder beruflichen Alltag würde man es Zufall nennen – zwischen den Teilnehmern hervorbringt, und unterstützt speziell das Lernen der Teilnehmer auf dieser Ebene durch Feedback. Dieses Vakuum an Leitung und Struktur zwingt in gruppendynamischen Trainings die Teilnehmer dazu, sich mit ihrem Verhalten in unstrukturierten und unübersichtlichen Situationen zu befassen und für das Entstehen einer Gruppe und ihrer inneren Struktur den Leitfaden selbst zu suchen. Diese Art des Vorgehens, die in den 70er-Jahren sehr verbreitet war, findet man in dieser Form nur noch in Therapiegruppen oder fachlichen Experimentiergruppen.

Für eine Vielzahl von Lern- und Problemlösegruppen aber ist sie ein ungeeignetes Lernfeld. Der Fokus liegt hier in aller Regel nicht auf dem Erleben der Gruppendynamik selbst, sondern auf der Bearbeitung eines Themas oder einer Aufgabe. Das Einbeziehen der sozialen und emotionalen Ebene bleibt deshalb nicht auf der Strecke, verlangt aber ein entsprechendes Leitungsmodell, das Kopf und Sinne gleichermaßen aktiviert, wie wir es in der TZI anbieten.

Es gibt keine Gruppe, in der nicht eine Dynamik entsteht, und jeder Leiter weiß, dass die Nutzung und die Steuerung dieser Dynamik zugunsten des Lernprozesses der Gruppe zu seinem Handwerkszeug gehören müssen. In TZI-geleiteten Lern- und Arbeitsgruppen ist die entstehende Dynamik so weit zu thematisierender Gegenstand, wie sie auf die Lern- und Arbeitsthemen einwirkt, diese vertieft, beschleunigt, lebendig macht oder stört.

Das klassische Lehrmodell dagegen, bei dem der Lehrer durch Vortrag den vorprogrammierten Stoff vermittelt und somit selbst die zentrale Quelle für den Erwerb von Wissen darstellt, ist ein anderes Konzept, von dem sich das hier benutzte Leitungsmodell abgrenzt. Der Stoff wird stark vorstrukturiert, die emotionale Ebene wird dabei eher als störend empfunden, mit Nachsicht behandelt oder mit Gewalt unterdrückt, nicht aber in den Lernprozess einbezogen.

2. Der Leiter als Modellteilnehmer

In der TZI wird der Leiter neben seiner Leitungstätigkeit als Modellteilnehmer verstanden. Seine persönliche Offenheit setzt Maßstäbe für die Teilnehmer, die sie gleichzeitig als Herausforderung erleben sollen. Er entscheidet sich in der Auswahl seiner Gedanken und Gefühle, die er der Gruppe zur Verfügung stellen will, mit der Frage: »Welche meiner Gedanken und Gefühle sind jetzt für Prozess, Thema und Teilnehmer förderlich?«, gelegentlich auch im konfrontativen Sinn.

Diese Haltung und Technik in der Leitung gehen von der Überlegung aus, dass niemand erwarten kann, dass Teilnehmer oder Mitarbeiter von sich selbst etwas Persönliches preisgeben, solange der Leiter selbst sich versteckt und nur als ein Mensch, über den man phantasieren kann, sichtbar wird. Steuert der Leiter seine eigenen Gedanken und Gefühle bei, und zwar nicht nur die »echten«, sondern alle, die der Situation gerecht werden, so macht er damit den Teilnehmern Mut, selbst echt zu bleiben und von sich selbst nicht nur die Sonnenseite zu zeigen, sondern auch solche Anteile ihrer Person, mit denen sie eher hinter dem Berg halten, die aber einen wichtigen Einfluss auf die Interaktion nehmen und zum Verständnis beitragen.

3. Drehen am Bewusstheitsrad

Solche Bewusstheit Gefühlen und Gedanken gegenüber, von der wir hier sprechen, muss vom Leiter vorgelebt und von den Teilnehmern gelernt und geübt werden. »Sich bei jedem Schritt meines Handelns dessen bewusst sein, was ich mit diesem Schritt bewirke«

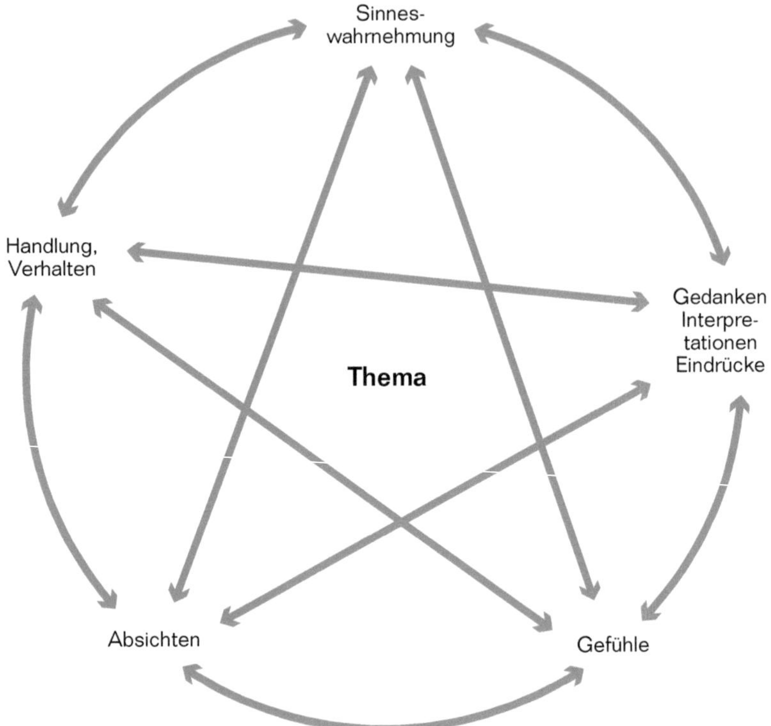

Abb. 22: Bewusstheitsrad

ist das anspruchsvolle Ziel dieses Lernprozesses, den wir uns mit obiger Skizze verdeutlichen wollen.

Bewusstheit in Bezug auf die eigenen Wahrnehmungen, Gedanken, Gefühle und auf die dabei beteiligten Sinne kann ich mir in einem kreisförmigen Prozess vorstellen:

1. Schritt: Wahrnehmung bewerten

Eine visuelle, akustische oder taktile Wahrnehmung entfacht einen Eindruck, der Gedanken, Phantasien und Vermutungen auslöst, die zunächst nur wenig vom Kopf her gesteuert sind. Dieser erste Eindruck wird begleitet von Gefühlen der Wut, Angst, Freude, Trauer oder was sonst aus der großen Palette der Gefühle diese Wahrnehmung beim Gegenüber wachruft.

Die neuere Entwicklung der Kommunikationspraktiken stellt uns in zunehmendem Maße vor die Tatsache, dass Gruppen und Teams sich ausschließlich auf der virtuellen Ebene begegnen. Der hohe Stellenwert der direkten Wahrnehmung, Körpersprache, Stimme, Gestik, Mimik und mehr kommt in der Kommunikation nicht mehr zum Tragen.

Damit beschränkt sich die gegenseitige Wahrnehmung auf Akustik und das, was auf dem Bildschirm zu sehen ist: Wortwahl, Schriftform und Größe.

2. Schritt: Inoffizielle Absichtserklärung

Wahrnehmungen des 1. Schrittes lassen in einem meist nicht öffentlichen 2. Schritt eine erste Absicht entstehen.

»Am liebsten würde ich …«
»Dem sollte man mal …«
»Ich müsste …, und zwar sofort«

Diese Impulse werden in aller Regel nicht in eine Tat umgesetzt.

3. Schritt: Filtern

Aber ehe ich eine dieser so genannten »Absichtserklärungen« in eine Tat umsetze, meldet sich die Stimme, die verbietet, warnt, davon abhält oder einen anderen Vorschlag macht. Die eigentlich geplante Absicht bleibt unausgesprochen und somit weiterhin inoffiziell im Hintergrund. Jeder Mensch hat hier seine ganz eigenen Filtersysteme, die sich im Laufe seines Entwicklungsweges ausgeprägt haben. Sie sind im Allgemeinen aus üblichen Normen, aus Erziehungsprinzipien, aus kulturellen Vorgaben und aus guten und vermeintlich schlechten Erfahrungen zusammengestellt. Ihre Wirkung läuft inzwischen unreflektiert.

Ich wähle eine »gefilterte« Antwort, zeige nur einen Teil meiner Reaktion, meist den, der mir nicht so gefährlich oder provozierend erscheint, der aber u. U. auch nur die halbe Wahrheit ist. Meine De-facto-Handlung entspricht im besten Fall der inoffiziellen Antwort (Absicht) in gefilterter Form. Sie kann aber auch ganz anders ausfallen und sogar ins Gegenteil umschlagen: Lachen statt Weinen, Mitgefühl statt Wut. Auf der anderen Hälfte der Wahrheit bleibe ich sitzen – lasse damit auch in gewisser Weise unsere Interaktion sitzen, denn mein Gegenüber wird nur auf das reagieren, was er wahrnimmt, oder im Gegenzug seinerseits deuten oder vermuten.

So dreht sich das so genannte Bewusstheitsrad immer mehr aus der eigentlichen Achse, es sei denn, ich lebe als Leitung vor, die in der »Blackbox« zurückgehaltenen Impulse ausgewählt zu veröffentlichen und damit der Kommunikation neue Impulse zu geben. Wir erreichen nie vollständige Bewusstheit, aber wir fördern mit diesem Lernprogramm die Fähigkeit, besser zu sehen, was im Moment wirklich geschieht.

4. Aufmerksamkeit beim Leiten – sechsfach

Die Rolle des Leiters einer Gruppe im hier verstandenen Sinne ist die eines aktiven Lern- und Arbeitshelfers, der durch die von ihm angebotenen Themen, Lernstrukturen und Interventionen die Gruppe bei ihrer Entwicklung unterstützt und sie gleichzeitig bei der Arbeit an ihrer Aufgabe fördert. Er ist damit, wenn man so will, Anwalt für eine Reihe von Aspekten, die nicht immer ganz widerspruchsfrei sind, aber zunächst von der Leitung Integration fordern. So ist er in erster Linie Anwalt

a) für den *Auftraggeber*, für den er das Projekt durchführt und mit dem er im Kontraktgespräch Ziele vereinbart und dem er Zusagen gemacht hat, die er in der Gruppe vertreten wird. Dieser Auftraggeber kann eine Firmenleitung oder deren Organe ebenso wie eine Bildungsinstitution sein. Oft ist die Gruppe selbst der Auftraggeber, z. B. im Supervisionsfall (»Helfen Sie uns …«), und manchmal sind die Teilnehmer gar nicht so begeistert, wenn man sie an die selbst formulierten Ziele erinnert.

b) für die Klärung der inhaltlichen *Lernschritte* der Gruppe und ihre Durchführung in der vorgegebenen bzw. vorhandenen Zeit, dafür, dass die Gruppe fähig wird, ihre Lernschritte selbst aktiv anzustreben.

c) für jeden einzelnen *Teilnehmer* und dessen Entwicklung in der Gruppe, jedoch nur in dem Umfang, wie dieser dazu selbst nicht oder im Augenblick nicht imstande ist.
Der Schritt vom Etwas-tun-Sollen oder -tun-Müssen, weil man es so tut oder weil andere es so verlangen, hin zum Tunwollen aus eigener Entscheidung ist für manche recht groß. »Sei deine eigene Chairperson« lernt sich langsam und kostet ihren Preis in Form von vielen kleinen Versuchen. Darüber hinaus aber gibt es gelegentlich psychische Ausnahmesituationen, in denen Erwachsene nicht autonom handlungsfähig sind und ein zwar zeitlich begrenztes, aber stringentes An-die-Hand-Nehmen des Leiters über eine Klippe der Desorientierung hinweghelfen kann.

d) für die *Dynamik des Gruppengeschehens,* damit offene Interaktion und Kommunikation stattfinden können.
Mit dem Gruppengeschehen ist es wie mit den Flüssen. Sie suchen sich ihren Lauf durch die Landschaft, oft mühsam, immer wieder gegen Hindernisse anlaufend, sie umgehend, sich verzweigend, verriegelnd oder die Klippen hinunterstürzend. Nun, Flüsse kann man kultivieren, ohne sie zu zerstören, und Gruppenflüsse lassen sich ähnlich leitend fördern, ohne sie gleich zu kanalisieren.
Das tun Leiter, indem sie geeignete Strukturen vorgeben, anstatt die Gruppe in jeder Situation selbst finden zu lassen, wie sie arbeiten will.

e) dafür, dass die *Realität des Umfeldes* und der Umwelt, in der die Teilnehmer leben, nicht vergessen wird.
Das alltägliche Umfeld hat eine Art Dauerpräsenz, aber auch alles andere außerhalb der Gruppe wird der Leiter im Blick behalten und gegebenenfalls ansprechen.

f) und schließlich darf er auch *sich selbst* mit seinen Fähigkeiten und Grenzen nicht aus den Augen verlieren.
Der Leiter sollte sich solche Bedingungen schaffen, durch die er für sich und seine Sache eine gute Chance erhält. Er soll beim Leiten nicht durch sich selbst gestört werden. Es ist kein Qualitätsmerkmal, hinterher besonders erschöpft zu sein, geschweige denn während des Leitens das Ende herbeizusehnen.

Diese sechsfache Aufmerksamkeit kennzeichnet das Leitungsverständnis der TZI, das in vielen Schritten gelernt und erprobt werden muss, ehe es selbstverständliches Handeln wird.

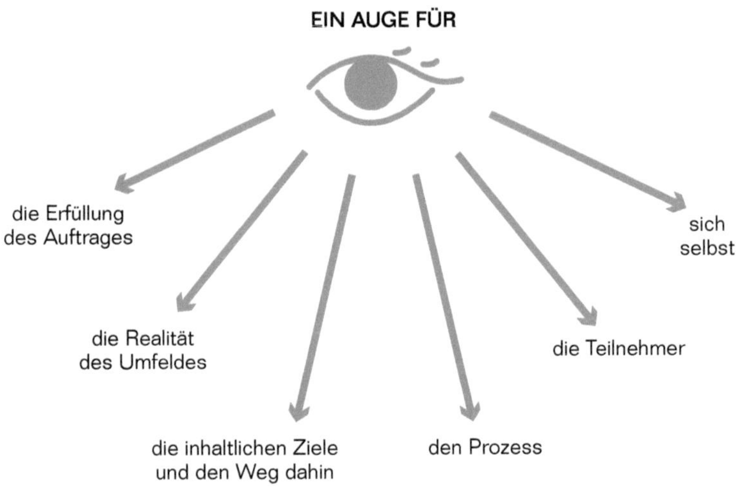

Abb. 23: Sechsfache Aufmerksamkeit

Dies stellt ein Grundkonzept für die Leitung in TZI dar, und jeder möge sich selbst fragen, für welches Hinschauen ihm ein siebtes Auge Hilfe sein könnte.

5. Wer leitet denn da heimlich mit? Biographische Spurensuche

Leiten, das haben wir nicht nur in Seminaren oder in eigener Praxis gelernt, sondern ebenso sehr in der eigenen Geschichte, in Familie, Schule und Verein, in Auseinandersetzung mit leitenden Menschen auf unserem Lebensweg. Dort sind uns die Modelle und Vorbilder begegnet, an denen wir uns auch heute noch – bewusst oder unbewusst – orientieren. Diese Begegnungen haben Spuren hinterlassen und Muster für das eigene Leitungsverhalten gegeben.

In manchen Familien gibt es formelle, für alle erkennbare und anerkannte Leiter. In anderen geschah die Übernahme von Leitung eher situativ, eher zufällig oder in Konkurrenz zueinander. Was immer sich auch anbietet: Diese allerersten Bilder haben ihren Einfluss auf uns. Wo immer wir leiten, die Schatten früherer Leiter begleiten uns. Die persönliche Reflexion hilft und ist notwendig, diese Schatten zu sortieren und gegebenenfalls aufzulösen, damit sie uns nicht unzweckmäßig ins Handwerk pfuschen. Ihre Chance wird dadurch geringer, unser Verhalten aus dem Hintergrund unreflektiert mitzusteuern.

Als Leiter sollte ich meine Entwicklung als Leiter – und die daran beteiligten Baumeister – verstehen und ihre Wirkung auf mein heutiges Handeln in etwa einschätzen können. Vermutlich finde ich hier auch einen der Schlüssel, warum ich überhaupt Leiter geworden bin und warum gerade in diesem Bereich und mit diesen Menschen. Wessen Fremdansprüche erfülle ich damit etwa? Gegenüber welcher meiner Hintergrundfiguren musste ich mich mit dieser Berufswahl beweisen und muss ich es heute immer noch? Zum Aufarbeiten dieser Fragen dienen u. a. Seminare auf dem Lernweg in Leitungs- und Führungsaufgaben, die die Reflexion und die Entwicklung der eigenen Person zum Inhalt haben. Folgende Übung kann über den Weg der eigenen Biographie zu vertiefendem Verstehen der eigenen Reaktionen verhelfen.

Übung zur biographischen Spurensuche

Lassen Sie Bilder aus Ihrer Kindheitsfamilie vor Ihrem inneren Auge auftauchen. Vermutlich tauchen rasch die allgemein anerkannten »offiziellen« Leiter auf. Suchen Sie jedoch weiter nach den Leitern im Hintergrund der Familiensituation. Identifizieren Sie auch Ihren eigenen Standort in diesem Bild und stellen Sie sich dann im Hinblick auf Leitung folgende Fragen:

- Welches Bild, welche Konstellation ergibt sich?
- Wer war die Leitfigur für mich?
- Woran ist sie erkennbar?
- Wie ist ihr Verhalten, ihre Stimme, ihre Bewegung?
- Was gefiel oder missfiel mir damals an Person und Situation?
- In welcher Nähe bzw. Distanz stand ich zu dieser Person?
- Wie erinnere ich den Größenunterschied?
- Was tut sie gemeinsam mit wem?
- Wie sind andere Menschen in dieses Bild einbezogen?
- Welche alten Gedanken, Gefühle und Leitsätze fallen mir wieder ein?
- Gibt es eine typische Aussage dieses Leiters über Leitung und über die zu Leitenden, die mir noch jetzt im Ohr klingt und die mich betrifft?
- Welche Gefühle und Gedanken löst die Leitfigur jetzt spontan bei mir aus?

Sie können diese Übung weiterführen in Bezug auf andere Personen, die Sie als Vor- oder Antibilder von Leitern erlebt haben, auch später in Schule, Freizeit oder Beruf. Hier werden sich neue Leiter melden, deren Vorbild oder Negativbild eventuell noch spürbarer auf Sie einwirkt.

Aber nicht nur die Leiter, auch die Teilnehmer haben ihre Leiterbilder auf dem Weg ihrer Persönlichkeitsentwicklung geprägt. Diese Bilder beeinflussen die aktuellen Vorstellungen, Wünsche und Erwartungen an heutige Leiter und verstellen damit den unbefangenen Blick auf die Person, die jetzt leitet.

Was der Leiter aus dem früheren Erfahrungspotenzial eher nachahmend oder gegenteilig verwendet, verwendet der Teilnehmer meist wiederholend.

Aus Leitersicht bieten sich die folgenden beiden Varianten an:

»Ich werde das so machen wie z. B. mein Vater, das hat mir gefallen und hat sich bewährt.«

»So wie mein Vater will ich auf gar keinen Fall leiten, so autoritär, so schwach, so unsichtbar.«

Aus der Teilnehmersicht erleben wir dagegen ein anderes Modell:
»Alle, die leiten, sind meistens, immer …«
»Darum ist es gut, wenn ich …«

So weckt jeder Leiter bei den Teilnehmern alte Erfahrungen des Geleitetwerdens neu. Subjektive Erfahrungen aus der Vergangenheit werden in das aktuelle objektive Geschehen hineingesehen, ohne dass es bewusst wäre. Bei diesem Vorgang der Übertragung werden nicht nur negative Erinnerungen, Gefühle und Handlungsmuster in die momentane Situation hineingenommen, sondern auch positive. Beides ist gleich störend. Eine Übertragung ist, wie wir wissen, ein »Irrtum« in Zeit, Ort und Person! Ehe diese falsche Einschätzung nicht aufgedeckt und, so gut es geht, aufgelöst wird, werde ich als gegenwärtige Person, die leitet, nur verzerrt wahrgenommen, und es wird dementsprechend unangemessen auf meine Intervention reagiert. Meistens kann ich dabei nur enttäuschen, denn ich bin nicht der, den sie in mir sehen. Hier ein sensibles Ohr zu haben hilft, Probleme besser zu erkennen und auseinanderzusortieren. Die Leitungsfunktion als solche anzuerkennen und Übertragungssituationen so weit wie möglich aufzulösen ist ein Anliegen der TZI. Leiterbezogene Vorurteile sollen so nicht stehen bleiben. Auch der Leiter muss sich dessen bewusst sein, dass nicht jeder finstere Blick, nicht jede spontane Zuneigung ihm als Person gilt, sondern eventuell derjenigen Person, mit der er verwechselt wird.

Die Teilnehmer müssen sich bewusst sein, dass hier ein Mensch als Leiter vor ihnen steht, den sie als eigenständige Person erleben werden, von dem sie sich Schritt für Schritt ein eigenes Bild machen können und bei dem sie auch ihrerseits neue Verhaltensweisen erproben können. Es ist für manche Teilnehmer ein schwieriger Lernweg, zu akzeptieren, dass der Leiter für oben genannte Aspekte des Gruppengeschehens die Augen offen hat, für andere sie aber selbst Sorge tragen müssen. Das Ausprobieren der Postulate und Regeln hilft ihnen dabei: Am Anfang einer jeden Gruppe stellt der Leiter durch seine Interventionen die Weichen dafür, ob er im weiteren Verlauf sein kann, was TZI-Leitung möchte: Teilnehmer mit besonderen, klar umrissenen Funktionen.

Zwar sollte jede Gruppe, die mehr als fünf Teilnehmer hat, grundsätzlich geleitet werden, aber dieser Leiter hat gleichzeitig Sitz und Stimme als Teilnehmer. Seine Gedanken und seine Gefühle haben ähnlichen Stellenwert wie die der Teilnehmer. Er wird neben der Aufgabe als Chairman der Gruppe auch sein eigener Chairman sein. Bleibt dagegen der Leiter mehr oder weniger neutraler Dirigent, so wachsen die oben genannten Übertragungsphantasien umso mehr.

Gruppenleiten ist eine Funktion und kein Statussymbol, das unreflektiert mit Macht ausstattet. Leitung muss stets neu zugesprochen werden, soll sie ihr Potenzial voll ausschöpfen.

6. Immer nur geben? Anmerkungen zur Psychohygiene des Leiters

In der Leitungsfunktion bin ich als Person stark gefordert. Mit meiner Person, mit meinem Verhalten bin ich immer Modell und Ressource für das Lernen der Gruppe. Mich nicht zu verhalten ist nicht möglich. Ich muss immer auch mich selbst beobachten und die Auswirkungen meines Verhaltens auf den Prozess und die Teilnehmer reflektieren. Der Prozess mit den Teilnehmern verlangt ebenso Konzentration und Aufmerksamkeit wie die eigene Selbststeuerung und Selbstbeobachtung. Ich sollte als Leiter teilnehmen und trotzdem Distanz wahren. Ich sollte Menschen mögen, obwohl manche mir zunächst einmal unsympathisch sind. Ich sollte immer wieder mit Menschen in Kontakt treten, obwohl mir vielleicht gar nicht danach zumute ist. Ich sollte auch dann aufmerksam sein können, wenn ich gerade müde oder abgelenkt bin. Ich sollte mich intensiv auf Menschen, Prozesse und Probleme einlassen und mich rasch erholen.

Ich sollte leiten und stehe an anderer Stelle als Teilnehmer selbst auf unsicherem Boden, z. B. innerhalb der Hierarchie meiner eigenen Firma.

Dies ist nicht das Anforderungsprofil an einen Übermenschen. Der unvollständige Katalog soll nur darauf hinweisen, dass Leitung eine belastende Aufgabe ist, für die ich einen Ausgleich brauche, um nicht auszubrennen oder in Routine zu verfallen.

Energie tanken und Ausgleich suchen

Die Fachwelt bezeichnet diesen im Folgenden genannten Fragenkomplex und die Antworten darauf als *»Leitfaden zur Psychohygiene«*.

- Wie und wo hole ich mir die Energie und den Ausgleich für diese Arbeit?
- Wie gut sorge ich für mich selbst? Wie und wo lade ich meine Sorgen ab?
- Wie finde ich meine innere Ausgeglichenheit?
- Wo bekomme ich meine »Streicheleinheiten«, damit ich nicht durch meinen Hunger nach Anerkennung, Liebe, Status oder Macht die Teilnehmer und den Prozess missbrauchen?

Jeder wird dabei seine eigene Strategie, diese Fragen für sich zu klären, entwickeln. Der Leiter hat ebenso wie die Teilnehmer Anspruch auf Autonomie und Selbstbestimmung und darauf, mit seinen Störungen ernst genommen zu werden. Seine Person zählt wie alle anderen. Er übernimmt die Verantwortung für seine Wünsche und Bedürfnisse und bestimmt selbst, wie und wo er sie befriedigen will, eingedenk aller Konsequenzen.

Dennoch: Ich bin als Leiter nicht Teilnehmer, kann z. B. nicht einfach aussteigen oder für eine Weile in die innere Emigration gehen. Ich muss Störungen und Betroffenheit, die nichts mit dem Seminar zu tun haben, zu einer späteren Zeit, nach dem Seminar, verarbeiten und dafür sorgen, dass ich einigermaßen ausgeglichen an die Arbeit gehen kann. Die folgenden Fragen sollen anregen, das eigene Gleichgewicht von Geben und Nehmen zu überprüfen. Die Hypothese dahinter ist, dass nur der zu anderen und in der Sache gut sein kann, der es auch zu sich selbst ist.

- Welche äußeren Bedingungen während des Seminars will ich für mich sicherstellen bzgl. Ruhe, Komfort, Zeit nur für mich, Sport, Essen usw.?
- Welche Hilfen brauche ich während der Leitung und zu kurzfristiger Vorbereitung gegebenenfalls vor Ort (Personen, Materialien, Bücher, Medien usw.)?
- Welche Belastungen von außen muss ich fern halten oder ihre Bearbeitung delegieren, damit ich wirklich hier sein kann und nicht mit einem Teil meiner Person und meiner Zeit zusätzlich in einem anderen Feld agieren muss?
- Wie sieht die Balance von »neuen« und »alten« Themen meiner Arbeitsinhalte aus?
- Wo bin ich überfordert, wo unterfordert?
- In welchen Gruppen kann ich »nur« Teilnehmer sein, mich leiten lassen? Was lerne ich dabei? Was sehe ich neu?
- Mit wem kann ich offen und unbelastet über Dinge sprechen, die mir Mühe machen und Probleme bereiten? Wie habe ich meine Supervision organisiert?
- Wie viel Zeit habe ich für mich, in der ich tun und lassen kann, was ich will? Oder bleibt auf meinem Zeitkonto für den privaten Lebensvollzug mit Familie oder Freunden zu wenig übrig, wenn der Arbeitgeber, die Teilnehmer und andere »Gläubiger« ihren Anteil kassiert haben?
- Welche Rolle spielt das Thema Ernährung oder Sport für mich?
- Wie viel Geld muss ich verdienen? Stimmt unter diesem Aspekt z.B. meine Auftragsliste? Sind darunter zu viele, die mich zwar brauchen, mich aber nicht angemessen bezahlen können? Was hole ich mir dort anstelle des Honorars? Welche Leistung gebe ich bewusst ohne Honorar?

Genug der Fragen! Sie gelten als Anstoß. Jeder kennt seine spezifischen Lücken und Stolpersteine und kann diese Fragen durch andere Erinnerungshilfen ersetzen, um nicht ein nächstes Mal in die gleiche Belastungssituation zu geraten. Und jeder weiß auch, dass der Graben zwischen dem guten Vorsatz und der Umsetzung ziemlich tief ist.

Noch ein kleines PS: Eine wichtige Lernchance für jeden Leitenden ist es, dafür zu sorgen, immer mal wieder Teilnehmender oder Mitarbeitender sein zu können. Woher sonst sollte er oder sie wissen, was man auf dem Stuhl der Gruppenmitglieder, sozusagen auf der anderen Seite des Geschehens, hofft, fürchtet, phantasiert, was ärgert, freut, motiviert oder ermüdet.

Nicht nur Leiter von Seminaren und Arbeitsteams, auch Lehrer und Therapeuten nehmen – wenn sie mit TZI arbeiten – Abschied von ihrer Neutralität. Sie bringen sich mit ihrem Fachwissen und gleichzeitig mit ihrer Person ein. Dabei lässt es sich gar nicht vermeiden, dass sie ein Teil des Prozesses sind und dass das Thema oder die Aufgabe für sie auch persönliche Wirkung hat, dass sie sich tatsächlich mit ihm auseinandersetzen müssen.

TZI-Gruppenleiter sind keine Gurus. Sie überzeugen mit Echtheit und mit überlegter Offenheit und nicht mit undurchdringlichen Mienen.

17 Die Praxis soll es zeigen. Anwendungsbereiche der TZI

»Beachte, was du gesellschaftspolitisch tust, wenn du was tust.«
(RUTH COHN, 1986)

Die erstaunliche und fast selbstverständliche Wirksamkeit der dargestellten Methode lässt sich natürlich am sichersten in der Praxis erleben und überprüfen. Davon soll in den folgenden Berichten so viel wie möglich eingefangen werden.

In ausschnitthafter Darstellung verschiedener Berufsfelder wollen wir uns hier der Anwendung von TZI in der Beratung

- im Schul- und Hochschulbereich,
- in der Priesterausbildung,
- in der politischen Arbeit und Bildung,
- im Firmenalltag

zuwenden. In ihrer Unterschiedlichkeit wird die variable Anwendung der gleichen Methode sichtbar. Jedes Werkzeug – so auch TZI – muss für Zielgruppe, Ziele und Inhalte modifiziert werden: Immer steht TZI als Arbeitsbeziehung auf der einen Seite und als Didaktik mit ihren eigenen Ansprüchen, ihrer Wertevermittlung, auf der anderen Seite.

Einseitig ausgedrückt könnte man sagen, TZI bilde den Rahmen der fachlichen Ansprüche, aber TZI vertritt mit seinem philosophischen Hintergrund entgegen einer reinen Methodik eine ethische Ausrichtung, die die Didaktik durchzieht. Das »Fach«, die Arbeitsaufgabe und die Ethik der TZI lassen sich niemals voneinander trennen in nur Inhalte oder nur Methode, immer aber bewusste Haltung.

Die Praxisberichte werden darauf hinweisen, wie die Technik zum inhaltlichen Weg wird, wenn sie entsprechend angeboten wird.

1. TZI in der Beratung

Wie in der klassischen Analyse bilden auch in der Lebensberatung und Paarberatung die tiefenpsychologischen Theorien und Denkmodelle den Hintergrund für den Dialog zwischen Klient und Berater, mit deren Hilfe aktuelle innerpsychische sowie soziale Konflikte und damit verbundene Leiden, z. B. Handlungseinschränkung im aktuellen Umfeld, ihre Bearbeitung finden. Das Konzept basiert auf der Annahme, dass alle Vorgänge, die sich im »Hier« der Situation und im »Jetzt« des gegenwärtigen Zeitpunkts ereignen, im Sinne eines Kausalzusammenhangs ihren Ursprung und ihre Wegbereiter in früheren Erlebnissen und in den dabei gemachten Erfahrungen haben: Die primären Prägungen bleiben ausschlaggebend und wirken in die aktuelle Situation hinein. Diese Zusammenhänge werden in der Beratung so weit wie möglich aufgedeckt, durchgearbeitet und neu bewertet.

> Aus der »Hier-und-Jetzt«-Situation der aktuellen Problematik schauen wir ins »Dort und Damals« der Vergangenheit, beleben die alten Themen neu, arbeiten sie durch und setzen sie in Beziehung zu gegenwärtigem Erleben. Für die Ebene des »Da und Später« der Zukunft entwerfen wir Modelle der Verhaltensänderung, bereiten den Weg dahin vor und unterstützen die ersten Schritte.

Dieser Dreischritt, den wir auch beim Leiten von Themen in Seminaren zur Persönlichkeitsentwicklung oder in Entwicklungsprozessen im Firmenbereich anwenden und dort ausführlich vorgestellt haben, bildet auch die Grundlage der Beratungspraxis, wenn ich mit dem TZI-Konzept arbeite.

Die lebensbegleitenden Themen so mit einzubeziehen, dass die Jetzt-Situation aus dem Zusammenhang heraus verstanden werden kann, ohne jedoch die Vergangenheit im Sinne einer Analyse aufzuarbeiten, ist Gegenstand und Ziel von Beratung.

> Anders als im Vorfeld einer Therapie hat der Beratungsklient in aller Regel klarere, genauer abgegrenzte und beschreibbare Anliegen und Probleme, an denen er arbeiten will:
> »Mein Mann ist vor einem Jahr gestorben. Alle sagen, ich solle doch jetzt das Beste aus meinem Alleinsein machen. Aber ich möchte eigentlich selbst herausfinden, ob es nicht noch was anderes gibt, als ›das Beste draus zu machen‹.« Aber wie? –
> »Es geht mir eigentlich gut. Ich bin gern in meinem Beruf, und die Schwierigkeiten mit meinen Eltern, damals, als ich ausziehen wollte, liegen zum Glück auch hinter uns. Nur mit richtigen Freunden will es nicht so klappen. Meist sitze ich allein zu Hause, obwohl ich mir etwas anderes erträume.« –
> »Ich bin Floristin und arbeite in einem Geschäft in der Innenstadt. Mein Freund ist auch Gärtner, der ist selbstständig. Das schwebt mir auch schon lange vor, aber ich bekomme es irgendwie nicht richtig hin. Ich möchte wissen, warum mir der Mut fehlt, wo ich an meinem Freund doch ein Vorbild habe.«

So schildern Klienten die Situation, in der sie stehen, und die Problematik, aus der sie einen Ausweg suchen.

Ist die Situation einmal geschildert und thematisiert, so kann die Arbeit beginnen im Sinne des vorne geschilderten Dreischritts vom

> Hier und Jetzt der Gegenwart
> zum Dort und Damals der Vergangenheit,
> zum Da und Später der Zukunft.

Nicht immer muss der skizzierte Dreischritt in dieser Abfolge zur Anwendung kommen. Besonders in Organisationsentwicklungsprozessen ist ebenso der umgekehrte Schritt denkbar:

Das Später hat den Vorrang: Wie sähe eine Organisation aus, mit der wir effektiv auf den Markt reagieren könnten?

Damals: Von welchen Altlasten müssen wir uns befreien? Was wirkt noch aus dem »toten Winkel« und verhindert den Fortschritt? Welche Strukturen hindern?

Es geht zunächst darum, Einsichten zu verschaffen in Zusammenhänge zwischen aktuellen Erlebnissen, speziell Versagenserlebnissen, und alten Erfahrungen.

Dann geht es darum, Handlungsentwürfe für die Zukunft zu entwickeln, die aus den konflikthaften Situationen heraushelfen und bessere Perspektiven aufzeigen.

Kein konfliktauslösendes Verhalten steht isoliert da. Wir kennen alle das Sprichwort vom Kind, das in den Brunnen gefallen ist. Ähnlich, wie dieses Kind erst einmal den Weg zum Brunnen zurückgelegt haben muss, haben auch Konflikte zwischen Mensch und Mensch und Problemsituationen Einzelner und von Firmen ihre Pfade hin zum Brunnen. Menschen, die Beratung suchen, fühlen sich schmerzlich darauf hingewiesen, dass in ihrem Leben oder Arbeiten etwas nicht stimmt, angestoßen meist durch einen Konflikt in ihrem Inneren (Ich-Konflikt)oder aus Unzufriedenheit mit ihrer Stellung und Interaktion im Umfeld (Wir-Konflikt).

Eine weitere Gruppe von Konflikten nimmt ihren Ausgang an den Sachaufgaben, mit denen Menschen zu tun haben, an konträren Denkmodellen, schwierigem Lernstoff (in TZI-Sprache: Es-Konflikte. Hier sind wir am ehesten geneigt, sie »Probleme« zu nennen).

Bei näherem Hinschauen ist dann meist alles ineinander verzahnt. Natürlich sind damit immer auch die Frage nach dem Sinn des Lebens, der Wunsch nach einer inneren Orientierung verbunden. Viktor Frankl weist darauf hin, dass der Verlust von Sinnorientierung eine der Hauptquellen psychischen Leidens ist. Diese Sinnlosigkeit kann oft nur sehr indifferent ausgedrückt werden. Ist aber erst mal ein Thema daraus formuliert – und dabei kann die Beratung Hilfestellung leisten –, so ist der erste Schritt aus dem unverstandenen und ängstigenden Dunkel des Sich-selbst-nicht-Verstehens getan. Meist entdecken dann Klient und Berater schnell, dass es sich bei der individuellen Problematik keineswegs nur um ein isoliertes Einzelschicksal handelt, sondern dass der persönliche Aspekt des Problems durchaus auch einen gesellschaftlichen und politischen Aspekt hat (Globe-Bezogenheit).

So gesehen ist es kein Einzelschicksal, dass jemand es nicht schafft, ein befriedigendes Leben und Zusammenleben mit anderen zu gestalten. Es ist ein globales Thema über den Einzelnen hinaus. Es sind die so genannten Verhältnisse, das Geschehen im Umfeld, welches diese individuelle Situation mit ausgelöst haben.

Ein Beratungsanlass hat immer vier Dimensionen:

- An der Ich-Ecke des Dreiecks:
  Das Gefühl der eigenen Unzulänglichkeit, das spürbare Leiden, oft an Körper und Seele, der Wunsch nach Entfaltung sind die *Ich-Komponente* des Konfliktpotenzials, die die Frage stellt: »Wer bin ich und wie lebe ich? Wie korrespondieren Kopf, Körper und Seele?«
- An der Wir-Ecke des Dreiecks:
  Die Defizite und Unzulänglichkeiten im sozialen Umfeld sind die *Wir-Seite* der Problematik. Sie fragt nach der Gestaltung des Zusammenlebens und nach dem Konfliktpotenzial, das damit verbunden ist.
- An der Es-Ecke des Dreiecks:
  Wenn z.B. die Lernstoffe, die Sachaufgaben oder die Themenbereiche nicht so sind, wie ich sie mir wünsche.
- Am Kreis, der das Dreieck umgibt:
  Die vierte Dimension ist die des *Umfeldes*.
  Jeder ist aus seiner subjektiven Sicht der Mittelpunkt seines Umfeldes und gleichzeitig ist er ein Teil von ihm. In diesem Kräftefeld, einmal stärker, einmal schwächer, stellen sich die Fragen nach der Bewertung und Einschätzung des eigenen Handelns, es stellt sich auch die Frage, welchen persönlichen Anliegen oder welchen Umweltanliegen wir den Vorrang geben, welche wir auch bekämpfen, auf welche Situationen im Globe wir entsprechend reagieren wollen.

Dieses Dreieck mit seinen Fragen an den entsprechenden Eckpunkten bildet eine diagnostische Leitlinie und wird später auch den Lösungsweg begleiten, indem es den Kausalzusammenhang aufzeigt.

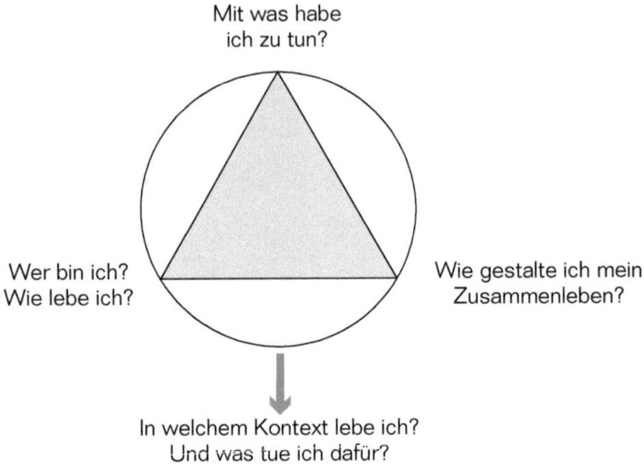

Abb. 24: TZI-Dreieck als diagnostische Leitlinie

Während mich also der Klient in den ersten Gesprächen zum Anlass seines Beratungswunsches hinführt, habe ich das Dreieck der TZI vor meinem inneren Auge und bin aufmerksam gespannt, wie er sich zwischen sich selbst, seinen Gruppenzugehörigkeiten und seinen Sachanliegen eingerichtet hat und wie sein Bezug zur Umwelt aussieht. Ich gehe also im Dreieck hin und her, während ich ihm zuhöre; auch meine ersten Interventionen richte ich darauf aus, mehr Klarheit zu bekommen, wie die Ich-, Wir- und Sachbereiche mit Leben gefüllt sind bzw. brachliegen:

- Er wird sich als Person subjektiv spüren: Wie sorgt er für seine Wünsche und Bedürfnisse? Was fängt er mit sich allein an? Wie sorgt er für sich und seinen eigenen Lebensraum? Wie kommt er mit sich selbst zurecht?
- Weitergehend im Dreieck habe ich meine noch unausgesprochenen Fragen beim Wir: Wie grenzt er sich und seinen eigenen Raum gegen andere ab und wie nimmt er Kontakt auf? In welchen Gruppierungen lebt er und wie steht's mit dem Sowohl-als-auch von Individualität und Integration? Wie gibt er sich ein, ohne sich aufzugeben?

Entscheidend dabei ist, ob diese Lebensgestaltung, die offenbar infrage steht, zu seinem Grundtyp passt. Erscheint mir dieser Mensch kontaktfreudig oder wirkt er eher zurückgezogen? Scheint er sein Temperament kaum zügeln zu können oder muss man ihm jeden Satz entlocken?

Ein eindrucksvolles Bild geben hier meist Schilderungen aus Arbeits- und Freizeitbereich.

- Und weitergehend auf die *Ebene der Sachbezüge, der Arbeit, der intellektuellen Interessen:* Welches sind Inhalte, mit denen er sich befasst, die ihn fesseln, die er entwickelt, und welche davon teilt er mit anderen als eine Themenverbundenheit? Sind die Sach- und Gedankeninhalte seiner Person und seinem Alter entsprechend und welche Werte bestimmen sein Denken und Handeln?
- Auch die Kreisbewegung um das Dreieck, *den Globe,* habe ich im Auge: Wie nimmt er die Geschehnisse um sich herum wahr und wie nimmt er daran teil? Wie lässt er z. B. kulturelle und politische Ereignisse auf sich wirken und welches ist sein Beitrag an denselben? Wo und wie mischt er sich ein?

So bekomme ich bald einen Überblick, welche Bereiche in der aktuellen Situation bei ihm ganz brachliegen oder wenig Beachtung finden, ob das schon immer so war und zu seiner Persönlichkeitsstruktur gehört oder ob hier ein Mangelbereich nach Veränderung ruft.

Es wäre nämlich zu einfach, eine möglichst ausgewogene Balance von Ich-, Wir- und Es-Beteiligung für jeden gleich vor Augen zu haben. Nicht alle Menschen haben die gleichen Bedürfnisse an die jeweiligen Schwerpunkte. Lebensqualität und seelische Gesundheit können nur dann als solche wahrgenommen werden, wenn die Ich-, Wir- und Es-Anteile individuell zu dieser Person passen.

Wir müssen davon ausgehen, dass Menschen ihr Leben nach unterschiedlichen Grundmustern gestalten und dass sie von daher auch unterschiedlichen Mangelerlebnissen ausgesetzt sind.

Modell der Lebensgestaltung

Wir werden im Folgenden in Anlehnung an Fritz Riemann (1961) ein Modell verschiedener Persönlichkeitsstrukturen kennen lernen, ihre Stärken und vermeintlichen Schwächen sowie ihren Umgang mit ängstigenden Situationen aufzeigen. Es stellt ein Entwicklungs- und Konfliktmodell dar, das auf den Einzelnen zugeschnitten und auf Gruppen übertragbar ist. Es kann an dieser Stelle nicht der Ort sein, umfassende Kenntnisse zu vermitteln. Dazu verweisen wir auf Fritz Riemanns eigene Veröffentlichungen und auf praktische Weiterbildungsangebote, in denen die eigene Person und die des anderen besser kennen gelernt werden können und Krisenprävention sowie Intervention und das Erkennen von neurotischen und psychotischen Krankheitsbildern gelehrt werden, die auch nichttherapeutischen Gruppenleitern eine wertvolle Hilfe sind.

Vier Grundformen

So vielgestaltig menschliches Verhalten und menschliche Ängste auch sein mögen, so lassen sie sich doch vier Grundformen zuordnen, die sich aus zwei Gegensatzpaaren ergeben:

- Wir wollen eigenständig werden und bleiben:
  - Streben nach Selbstbewahrung und Individuation –
- und wir wollen uns in kollektive Zusammenhänge einfügen:
  - Streben nach Integration.
- Wir streben nach Dauer und Beständigkeit –
- und wir wollen Impulse der Veränderung und der Wandlung umsetzen.

Anders ausgedrückt:

- Dem Grundstreben nach Distanz steht das Grundstreben nach Nähe gegenüber.
- Dem Grundstreben nach ordnenden, dauerhaften Strukturen steht das Grundstreben nach Wandel und Veränderung gegenüber.

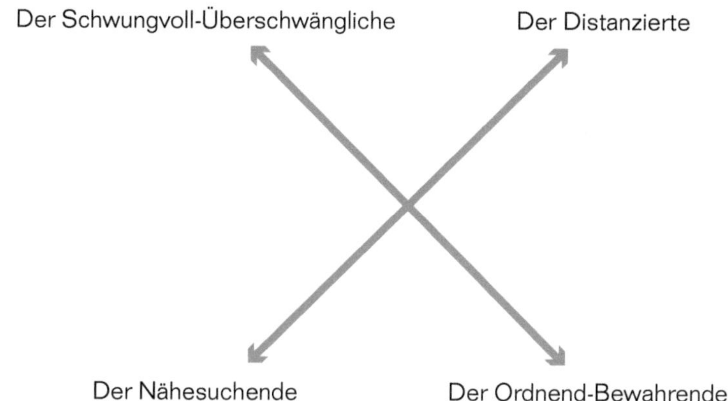

Abb. 25: Grundelemente der menschlichen Persönlichkeit

Es hat der Mensch also grundsätzlich immer vier Möglichkeiten, in einer Lebenssituation zu handeln bzw. auf einen Impuls zu reagieren. Er wird aus diesen vier Möglichkeiten jeweils eine als seine bevorzugte einsetzen und durch die anderen ergänzen. So entsteht ein mehr oder weniger ausbalanciertes »Mischungsverhältnis«.

So wird ein Mensch, der von seiner Grundstruktur her ein größeres Maß an Nähe sucht und diese auch geben will, eher in eine Krise geraten, wenn er Wir-Defizite hinnehmen muss, als ein distanzierter Mensch, dem es so viel wichtiger erscheint, für sein eigenes Ich und seine eigenen Themen genügend Raum zu haben und sie vor anderen zu schützen. Dieser gerät in Panik, wenn er zu viel »Wir« aushalten muss, sei es durch zu wenig Abgrenzungsmöglichkeit im Privatbereich oder zu viel Gruppenarbeit im Berufsalltag. Das Leben im »Wir« kostet ihn die Kräfte, die es dem Nähesuchenden bringt. Wo also der eine durch das Fehlen eines ausgedehnten sozialen Umfeldes ein Defizit erfährt, fühlt der andere sich in seiner Individualität bedroht.

Der vorwiegend ordnungsbewahrende Mensch kommt dagegen ohne Sachaufgabe, ohne klare Themenstellung und ohne eine übersichtliche Struktur dieser Themen gar nicht aus. Der Sach-/Themen-Aspekt ist für ihn der wichtigste Punkt im Dreieck. In allen Wir-Gruppierungen übernimmt er gern die Verantwortung für die Aufgabe und hat, was den Ich-Aspekt angeht, eigentlich nur dann Probleme, wenn ihm seine Sachaufgaben genommen werden.

Wir erleben in Beratungssituationen und Gruppen noch einen vierten Typ, den schwungvoll-überschwänglichen, der meist so viele Themen anbietet, dass man nicht weiß, wo man beginnen soll, der sich aber am liebsten selbst zum Thema macht. Für ihn sind viele Kontakte wichtig und anregend, er leidet insgeheim auch unter Wir-Defiziten, kann sie aber schlecht dauerhaft gestalten. In Gruppen sprengt er – häufiger noch sie – leicht und schnell den Rahmen.

So hat das Einbeziehen des Dreiecksmodells und der Typenkenntnis einen wichtigen diagnostischen Wert und hilft darüber hinaus, Defizite zu erkennen und sie personenbezogen aufzuarbeiten.

In aller Regel folgt der Ablauf der Beratung einem Interventionsaufbau, der den Weg von Nah- zu Fernzielen beschreitet. Diesen Weg verfolge ich auch, wenn ich mit TZI-Elementen arbeite.

Es beginnt mit einem ersten Aufeinander-zu-Gehen sich noch fremder Menschen. Nicht nur der Klient, auch der Beratende ist etwas ängstlich und beklommen. Es sollte ihm jedoch gelingen, das Neue der Situation für beide zu thematisieren und damit ein erstes Angebot an Beziehung zu schaffen. Aus Ich und Du wird ein Arbeits-Wir auf Zeit, welches die Probleme des Klienten zum Thema haben wird.

Ohne diese Beziehungsgrundlage kann kein Klient sein Problem lösen und kein Berater ihm dabei behilflich sein. Dieses Beziehungsangebot wird anfänglich thematisiert und auf die Beratungssituation beschränkt. Der Klient soll von Anfang an spüren, dass er als Mensch mit einem Problemthema und nicht als Problem vor mir sitzt.

Dem diagnostischen Gespräch und einem ersten Nachspüren der dreiecksbezogenen Defizite folgt dann die Problembenennung, die dem Prozess der Themenfindung und der Formulierung gleicht. Es ist eine oft langwierige, kreative Arbeit und bereits ein Teil der Klärung und Lösung.

Der Leiter von Gruppen formuliert und verantwortet das Thema gewöhnlich allein. In der Beratung dagegen formulieren Klient und Berater gemeinsam, bis der Klient sich seinem Problem als

Thema gegenübergestellt sieht. Damit haben wir den Ansatz für weitere Schritte.

In dem Beispiel der kürzlich verwitweten Frau wäre es die Konfrontation mit ihrem Alleinsein nach langem Zusammenleben. Auch die Kinderlosigkeit würde noch einmal thematisiert und das »Ersatzprogramm«, das andere ihr aufzwingen wollen. Sie wird für alle Dreiecksaspekte eine Neugestaltung finden müssen, auf der sozialen Ebene und im Umgang mit sich selbst wird sie neue Themen suchen oder weit zurückliegende neu beleben müssen. »Was könnte ich als ganz Eigenes probieren, woran hätte ich Freude, was würde mich in dem Maß fordern, welches ich jetzt möchte und kann. Es soll meines sein und mir nicht von anderen empfohlen.« So könnten die Konsequenzen der Überlegungen heißen.

Im Fall der jungen Frau, die einen »richtigen« Freund sucht und meist allein sitzt, geht es wohl in erster Linie um das Ich-Du einer direkten Beziehung, um den Wunsch nach und die Furcht vor Nähe und Intimität. Warum sie so wenige Wir-Kontakte hat, ob sie solche wirklich will und mit welchen ihrer eigenen Themen das unter Umständen zusammenhängt, wäre eine weitere Frage.

Mit diesen Beispielen soll deutlich werden, wie das Dreieckskonzept über den diagnostischen Aspekt hinaus Leitfaden für Lösungswege wird.

Nicht selten spielt zusätzlich der Globe eine entscheidende Rolle für die Lösung der Probleme:

Die junge Floristin trennte sich von dem Gedanken an ein eigenes Geschäft, nachdem sie sich über Finanzierungsmöglichkeiten informiert hatte, also den Globe realistisch in Augenschein genommen hatte. Das Risiko des freien Marktes wollte sie nicht auf sich nehmen: »Da bin ich nicht der richtige Typ – so viel Schulden.« Sie hatte nun verstanden, warum sie mit ihrem Wunsch nach Selbstständigkeit immer schon in der Idee stecken blieb.

Den großen Wunsch nach selbstständigem, mitbestimmendem Arbeiten wollte sie dagegen nicht aufgeben und entschied sich im Rahmen der neu abgesteckten Möglichkeiten für eine Geschäftsführung, in der sie relativ selbstständig sein konnte. Sie hatte es gelernt, nach innen und nach außen zu schauen und sich erst danach zu entscheiden – ein Weg, zu dem das Chairmanpostulat hilft. Der

Fachausdruck »Chairperson« ist bei ihr und bei den anderen Klienten nicht gefallen, aber alle haben verstanden, um welchen Selbstfindungsprozess es geht.

Je besser es den Menschen gelingt, mehr über sich selbst zu erfahren, umso gezielter werden sie für ihre Dreiecksbalance selbst Sorge tragen.

Je mehr das Wechselspiel des Abwägens eigener Wünsche gegen die der anderen und gegen die tatsächlichen Möglichkeiten geübt wird, umso näher ist der Klient seiner Problemlösung. Er wird zwar nicht das phantasierte Allmachtsgefühl einer selbstständigen Kauffrau haben, wie unsere Floristin es sich wünschte, aber die potenzielle Selbstständigkeit und Einflussnahme einer Geschäftsführung werden vor dem Ohnmachtsgefühl bewahren, das in der Problemsituation nicht losließ.

Jede Form von Beratungsarbeit muss eine Balance zwischen Abstinenz und Einmischung des Beraters finden. Durch das Einbeziehen von TZI-Elementen nimmt die Abstinenz ab, ohne gleich der Einmischung Raum zu geben. Der Beratende lebt das Chairmanprinzip vor: der Situation entsprechend offen zu sein, d.h. mit dem, was ich von mir sage, den Klärungsprozess im Auge zu haben und nicht etwa gefallen zu wollen. Beratungsarbeit mit TZI-Elementen ist konkreter, thematisierender, deutlicher strukturiert als die Technik des analytischen Konzeptes, bei dem die Aktivität des Sprechens mehr beim Klienten liegt denn beim Therapeuten und bei dem die Beziehungsebene der beiden wesentlich weniger als Wechselbeziehung angesprochen wird.

Hier wie da hängt es letztlich von der Situation und von der Beziehung ab, ob therapeutische Abstinenz notwendig ist oder ob es dem Prozess und der Person mehr hilft, wenn auch der Berater mitteilt, an welcher Stelle und wie ihn selbst der thematische Inhalt tangiert. Jeder Beratungsfall ist ein individueller. Es gibt kein Konzept für alle Fälle.

Dieser Text könnte dazu verleiten, eine TZI-Ausbildung mit einer Befähigung zur Beratung gleichzusetzen. Mit TZI als Handwerkszeug kann ich Gruppen leiten und Arbeitsteams begleiten. Professionelle Berater dagegen brauchen wie alle Berufsgruppen Fachwissen und spezielles Methodenwerkzeug. TZI ersetzt nicht die dort erlernten Theorien und die dort erworbenen Fähigkeiten, aber ergänzt sie in idealer Weise. TZI allein hilft in keinem Berufsfeld, innerpsychische Prozesse zu verstehen und psychosoziale Probleme nachzuvollziehen.

- TZI ist methodisch gesehen das »Brillengestell«, in das die Brillengläser des jeweiligen Fachwissens eingesetzt werden.
- TZI bestimmt das Menschenbild mit, das der Zielvorstellung zugrunde liegt.
- Nicht zuletzt prägt TZI den Berater und seinen Stil. Er ist analog dem Seminarleiter mit seiner Persönlichkeit, mit seinem Tun und Sein ein wesentlicher Vermittler seiner Botschaft.

2. TZI und Politik

Ein Beitrag von Manfred Krämer

Die politische Dimension der TZI

Am 9. November 1998 kam ich mit Ruth Cohn während ihres Aufenthalts in Berlin in ein anregendes Gespräch über das Verhältnis von TZI und Politik.

Ausgangspunkt war die Erinnerung an den Holocaust. Ruth Cohn hatte an diesem Tag die Rede des verstorbenen Ignatz Bubis gehört, in der er sich scharf mit Martin Walser auseinandersetzte.[3]

Ich hatte an einer Demonstration gegen das Vergessen des Holocaust vor der Synagoge in Berlin teilgenommen.

In diesem Gespräch erörterten wir zwei Gefahren, die es beim Umgang mit dem Holocaust gibt:

Die Verdrängung des Themas im Namen einer geschichtslos verstandenen Gegenwart, in der wirtschaftliche Zwänge zum absoluten Maßstab des gesellschaftlichen Denkens werden.

---

3 Walser hatte in seiner Rede zum Empfang des Friedenspreises des Deutschen Buchhandels unter anderem von der »Auschwitzkeule« gesprochen und wurde deshalb von Ignatz Bubis als »Verharmloser« von Auschwitz angegriffen.

Ein ausschließlich moralisierendes und sich ständig wiederholendes Sprechen über den Holocaust, das bei vielen Jüngeren Widerstand hervorruft. Sie fühlen sich oft mit den von ihnen abgelehnten Taten zu Unrecht identifiziert. Nicht die Verantwortung für die Taten wollen sie übernehmen, sondern dafür eintreten, dass Toleranz und Mitmenschlichkeit in unserer Demokratie ein neues Erstarken des Faschismus unmöglich machen.

Wir fragten uns, was der Beitrag der TZI zu einer menschlichen und demokratischen Kultur sein könne.

In den Axiomen und Postulaten der TZI sowie den methodischen Aspekten, die die Entwicklung der autonomen Person fördern, sieht Ruth Cohn den Beitrag der TZI für eine humanere Welt.

Die TZI kann Menschen helfen, ihre sozialen Beziehungen konstruktiv für sich und die anderen zu gestalten und Raum für neue Erfahrungen und Perspektiven zu eröffnen. Der Mensch nimmt sich in seinen inneren Mustern und Gefühlen wahr und erkennt, wie er durch seine Umwelt im Denken, Fühlen und Handeln geprägt wird.

Die Mitverantwortung für einen menschlichen Globe ist dadurch eine selbstverständliche Konsequenz der TZI.

Mit der Stärkung der »Chairperson« durch die TZI ist auch eine selbstkritische Einstellung gegenüber Verlagerung und Projektionen eigener Schatten und Schwächen auf andere verbunden. Feindbilder können so als Teil der eigenen Psyche erkannt und überwunden werden.

Damit ist zugleich ein verantwortlicher Umgang mit Macht und Autorität im Sinne der humanistischen Axiome der TZI verbunden. Der/die Einzelne kann selbstbewusst zu dem Wunsch nach Einfluss und »Macht« stehen und sieht in einer konstruktiven Einflussnahme oder Ausübung von Autorität keine abzuwertende Fehlhaltung, sondern eine legitime Ausdrucksform von Menschen, die die Gesellschaft beeinflussen und mitgestalten wollen. Sie werden befähigt, sich in Konfliktsituationen angstfreier und eindeutiger zu verhalten und den Mut zur Stellungnahme zu entwickeln.

Das Bewusstsein von innerem Gebundensein und äußeren Abhängigkeiten enthält die Chance, sich immer neu der eigenen Möglichkeiten und Grenzen bewusst zu werden und an der Spannung zwischen Ziel und Realität nicht zu verzweifeln.

Für Ruth Cohn steht das pädagogische und psychologische Denken von Anfang an nicht im Gegensatz zum politischen.

»Von Anfang an jedoch, seit meinen Erfahrungen in der Nazizeit, wollte ich einen Weg finden, gesellschaftstherapeutisch zu arbeiten, pädagogisch und politisch. Dieser Wunsch blieb in den ersten Jahren in Amerika durch persönlich bedrängende Erlebnisse und Aufgaben im Hintergrund; doch er war stets lebendig treibende, innere Kraft, die in den letzten zwanzig bis fünfundzwanzig Jahren meine Tätigkeit weitgehend bestimmt hat.« (Cohn/Farau 1984, S. 323)

Gewalterfahrungen zu Beginn der NS-Herrschaft ließen Ruth Cohn einen Tag vor dem ersten Boykott jüdischer Geschäfte aus Berlin in die Schweiz flüchten.

In ihrem Engagement für Flüchtlinge in Zürich erlebte sie, ähnlich wie Dietrich Bonhoeffer in seinen Aktionen für jüdische Flüchtlinge, die Grenzen von Gesetzen:

»Gesetze, die das Recht schänden, müssen gebrochen werden – um der Gerechtigkeit willen.« (Cohn/Farau 1984, S. 465)

Das Gefühl der existenziellen Bedrohung, als 1940 fälschlicherweise der Alarm kam, dass die Deutschen die Schweizer Grenze überschritten hätten, führte sie aus Angst vor Folter zu Selbstmordgedanken (Cohn/Farau 1984, S. 466).

All diese Erfahrungen regten sie an, darüber nachzudenken, »dass es eine therapeutische Pädagogik geben müsse, einen Weg, durch den verhindert werden könnte, dass Menschen zu Nazis oder ihren Opfern würden, eine Möglichkeit, Wissen von sich selbst auch ohne Couch und Psychoanalyse erfahrbar zu machen« (Cohn/Farau 1984, S. 336).

Der deutliche politische Bezug von Ruth Cohn führt mich zu Fragen nach dem Bezug von Vertreterinnen und Vertretern der TZI zu politischen Organisationen und Entscheidungsstrukturen einerseits und der Bedeutung der TZI in der Kommunikation politischer Organisationen andererseits.

1. TZI-Kurse werden überwiegend von psychologisch und therapeutisch interessierten Menschen besucht, die sich als Person weiterentwickeln oder Kommunikationswissen in sozialen Feldern vermitteln wollen. Ihre Kommunikation ist eher von den Normen der kleinen Gruppe als von denen komplexer Institutionen geprägt.

Von daher herrschen Regeln der sozialen Harmonie und weniger der Konfliktregelung vor.

Der Mentor des deutschen »Linkskatholizismus« Walter Dirks (1964) hielt in den 60er-Jahren den Christen vor, sie mieden das schmutzige Geschäft der Politik, um ihre eigenen Finger sauber zu halten. H.E. Richter (1972) kritisierte in den 80er-Jahren die linke Intelligenz, dass sie sich zu sehr aus den Konfliktfeldern des Politischen raushalte und sich auf die Rolle wirkungsloser Kritik beschränke, anstatt mitzugestalten. Vertreter/-innen der TZI sollten sich nach ihrem Beitrag zur politischen Kultur befragen und untersuchen, ob bei ihnen nicht Vermeidungsverhalten gegenüber der Politik und ihren machtpolitischen Strukturen und Prozessen verbreitet ist, ob nicht individuelle Orientierungen der Selbstentfaltung einen verantwortlichen und aktiven Umgang mit dem mühsamen politischen Engagement in politischen Großorganisationen wie Parteien und Gewerkschaften verhindern.

Trotz dieser Anfrage sehe ich durchaus, dass in den meisten TZI-Seminaren auch politische Fragen einbezogen werden und dass in der Betonung der »Chairperson«auch eine politische Dimension steckt.

2. Der unzureichenden Balance zwischen Ich und Globe zugunsten des Ichs und seiner Bedürfnisse in WILL entspricht in der politischen Szene die Vernachlässigung des Ichs im hektischen Stress und im Machtfeld der Politik.

Die Reflexion von humanen Prozessen, von Verletzungen und Selbstverletzung in den politischen Machtkämpfen wird oft vermieden. Die Macht will sich nicht infrage stellen oder verunsichern lassen. Selbstkritische Reflexion hält in den Augen vieler Politiker den funktionalen Entscheidungsprozess und Machtprozess auf. Ihnen geht es um Effektivität und Absicherung der Macht und nicht zuerst um humane Kommunikation.

Die frühere Kluft zwischen Wissenschaft und Politik wird heute durch die Kluft zwischen den Milieus der »Psychologie« und der »Politik« ergänzt.

Viele, die sich früher mit sozialem Engagement in den Parteien für eine gerechtere Welt eingesetzt haben, stehen den Kommunikationsmustern in den Parteien mit großer Distanz gegenüber.

Meine These ist: Die TZI kann zu einer verstärkten politischen Achtsamkeit führen. Diese führt oft zu einer starken Distanz gegenüber den hierarchischen Machtstrukturen von Parteien und ihren auf Abgrenzung von anderen Positionen basierenden Kommunikationsmustern.

Was für viele junge Menschen gilt, gilt oft auch für kritische Ältere. Sie sind bereit, sich punktuell für ein konkretes humanes Projekt politisch zu engagieren, doch nicht langfristig als Mitglied einer großen politischen Organisation.

Diese Distanz der »Intellektuellen« und »psychologisch Gebildeten«, eben auch der TZI, wird durch den Gegensatz von Wachsenlassen kontra Effektivitität verstärkt.

TZI-Seminare sind »Gedeihräume« für die Entwicklung von Personen und Gruppen unter thematischem Aspekt. Inneres Wachstum der Person braucht Zeit. Die Entwicklung von Gruppen benötigt den sicheren Raum ebenso wie die Muße zur Konzentration. Die Bearbeitung und Reflexion einer Gruppenentwicklung oder gar Gruppenkrise sind unter Zeitdruck unmöglich. Jede Gruppe und jede Leitung brauchen einen angemessenen Zeitrahmen. Damit ist nicht Langatmigkeit gemeint, sondern Prozessförderung. Gerade in emotional dichten Situationen können plötzlich sehr schnell wichtige Prozesse stattfinden, die zu Blitzentscheidungen führen. Langsamkeit und Schnelligkeit sind dann Ergänzungen und keine Gegensätze. Die schnelle Entscheidung ist möglich, weil sie in der Person oder der Gruppe reifen konnte.

In politischen Großorganisationen ist oft ein auffälliger Gegensatz zwischen stressigem Entscheidungszwang bei politischen Sitzungen und langatmigen sachlichen Wiederholungen von Positionen zu beobachten. Nicht nur der Themenbezug steht dabei im Vordergrund, sondern auch die Selbstinszenierung derer, die eine Position verteidigen oder um sie ringen. Deshalb sind Parteitage für Außenstehende oft so langweilige Inszenierungen, weil sie als Mischung zwischen dem »Durchziehen« von Anträgen, die wenige durchschauen, und der Selbstdarstellung führender Politiker bzw. der Gruppen und Flügel erlebt werden. Vorgefertigte Konzepte werden oft starr einander gegenübergestellt, eine dialogische Offenheit für ein neues Ergebnis ist nicht selten von vornherein da ausgeschlossen, wo es um die Machtbehauptung und -darstellung geht.

Dies wird verstärkt durch gegensätzliches Sprachverhalten. In der TZI geht es zuerst um die Sprache des Verstehens und des Dialogs, in der Politik eher um die Sprache der Wirksamkeit und der Konfrontation. Unter Handlungs- und Entscheidungszwang kommt es häufig zu einer Verkürzung der Sprache. Im politischen Kampf setzen sich statt Differenzierung nicht selten Polemik und die Abwertung der anderen Seite durch.

Habe ich bisher über einige Grundsatzfragen nachgedacht, so folgen nun Gedanken zur praktischen Umsetzung der TZI.

Für mich ist TZI in drei Feldern wichtig geworden:

- in der politischen Bildung in der Schule,
- bei deutsch-polnischen Begegnungen als länderübergreifende Erfahrung,
- in politischen Veranstaltungen.

Politische Bildung mit TZI in Schule und Erwachsenenbildung

Politische Bildung hat nicht nur kognitives Wissen über Gesellschaft und Staat zum Inhalt, sondern auch die Entwicklung der Schüler/-innen und Studierenden zu »mündigen« demokratischen Bürgern.

Die nachhaltige Einübung humanen Verhaltens in Toleranz und Kooperation im schulischen Alltag hat dabei Vorrang vor punktuellen kurzfristigen Aktivitäten.

In einer Gesellschaft, in der Marketingorientierung und die

Inszenierung von Wirklichkeit durch Medien und Werbung[4] eine immer größere Bedeutung bekommen, nimmt die öffentliche Achtsamkeit für die mehrjährige Prägung von jungen Menschen durch lernfördernde oder lernblockierende Erfahrungen in schulischen Strukturen ab.

Punktuelle Aktionen werden aktualistisch überbetont, während die »Mühen der Ebenen« der alltäglichen politischen Bildung in den tausenden Schulklassen wenig wahrgenommen werden.

Von diesen »Mühen der Ebenen« können Lehrer/-innen und Schüler/-innen nicht immer ohne Frust berichten:

»Ein Thema wird begonnen, muss unterbrochen werden, wenn die Klasse gerade »Feuer« gefangen hat, weil der nächste Fachunterricht mit dem nächsten Thema beginnt. Wegen Krankheit fällt das geplante Schülerreferat aus, es muss improvisiert werden. Ein Gruppenkonflikt schiebt sich in den Vordergrund und blockiert das Fortschreiten im Thema. Lehrer und Lernende können gut oder schlecht kooperieren. Sie erleben das jahrhundertealte Schulspiel: Was in der einen Gruppe hervorragend läuft, wird in der anderen zum Fiasko. Gespräche im Lehrerzimmer, Austausch und Debatten in Konferenzen und Schülerinnen-Schüler-Gespräche in den Pausen geben darüber Auskunft.« (Krämer 1999, S. 115)

In meiner Unterrichtstätigkeit als Politik- und Soziologielehrer freue ich mich, wenn vorher politisch desinteressierte Schüler/-innen[5] durch den Unterricht motiviert werden, sich politisch zu informieren, rein emotionale Einstellungen zur Politik überwinden und sich durch Gruppenarbeit in Kooperation üben.

In Kursen und Seminaren zur Problematik der Jugendgewalt sind mir zwei Aspekte der TZI besonders wichtig geworden:

- die Ganzheitlichkeit des Lernens,
- die Eigenverantwortlichkeit der Studierenden für ihr Lernen.

---

4 Vgl. dazu Rainer Funk: Psychoanalyse der Gesellschaft. Der Ansatz Erich Fromms und seine Bedeutung für die Gegenwart. In: Erich Fromm heute. Zur Aktualität seines Denkens. München 2000.

5 Immer wieder fällt mir im Politikunterricht auf, dass sich die männlichen Studierenden hier mehr informieren und aktiver sind, während die Mehrzahl der weiblichen Studierenden anfangs wenig Interesse für meine Fächer aufbringt.

Besonders förderlich konnte ich TZI und gewaltfreies Shotokan-Karate verbinden, hier konnten sich Studierende mit ihren eigenen Ängsten und Aggressionen kennen lernen. Sie lernten verstehen, wie sie als Täter, Opfer oder Retter in gewalttätigen Situationen reagieren und welche Möglichkeiten sie haben, durch eigenes Verhalten des »Gesichtzeigens« Gewalt abzubauen (vgl. dazu ausführlicher Krämer 1995).

Dabei wurde vor allem die präventive Bedeutung des Erzieherberufs gegenüber Vorurteilen und Feindbildern durch eine in Berlin besonders notwendige Erziehung zur Achtsamkeit für Kinder und Jugendliche, auch deren Eltern, aus verschiedenen Kulturen betont.

In einem Lehrbrief an die Studierenden habe ich einige Aspekte unter TZI-Gesichtspunkten reflektiert.

Die drei wichtigsten Gedanken dieser Überlegungen waren (Krämer 1995, S. 310–315):

Wer gelernt hat, Konflikte human auszutragen, wird auf gewaltsame Formen der Konfliktlösung verzichten und helfen, diese abzubauen.

Wenn wir Konflikte frühzeitig erkennen und angehen, können wir zum Abbau von innerer Vergiftung und Eskalationen beitragen. Das zweite Postulat der TZI, das Störungspostulat, hat einen hohen friedenspolitischen Stellenwert. Der Verstärkung von Rassismus und rechtsradikaler Gewalt von Jugendlichen z. B. wurde jahrelang wenig öffentliche und politische Aufmerksamkeit geschenkt. Erst als die Gewalt immer brutalere Züge zeigte und innen- und außenpolitische Folgen sichtbar wurden, folgten politische Maßnahmen.

Wir können auf der Grundlage humanistischer Werte und des Wissens über Bedingungen bei uns, den anderen und unseren Gruppen rechtzeitig gegen die Entwicklung von Unversöhnlichkeit, Hass und Feindbildern angehen und gewaltfreie Handlungsalternativen für und mit Kindern und Jugendlichen entwickeln.

TZI in deutsch-polnischen Begegnungen

Die »Themenzentrierte Interaktion« bringt die Menschen aus verschiedenen Kulturen in Seminaren und in der Organisation WILL-International zusammen.

Das Infragestellen eigener selbstverständlicher Werte und die Möglichkeit, Menschen mit anderen Mustern zu begegnen, sie nicht mit einem westeuropäisch (westdeutsch) geprägten TZI zu »missionieren«, sondern mit ihnen neu zu lernen, stellen eine große Herausforderung dar.

In meinem Erfahrungsfeld der deutsch-polnischen Begegnung sind mir vier Aspekte besonders aufgefallen.

1. Deutsch-polnische Begegnungen stehen vor der Aufgabe, eine Balance zwischen der Erinnerung an den Terror des deutschen Faschismus und der gemeinsamen deutsch-polnischen Zukunft in einem vereinten Europa herzustellen.
   Während für die Älteren das Erstere auf dem Hintergrund ihrer Lebensgeschichte als Opfer des Faschismus oder auf der anderen Seite als Vertriebene im Mittelpunkt steht, sind für die Jüngeren ihre Zukunftsperspektiven in Europa von besonderer Bedeutung. In deutsch-polnischen Begegnungen gilt es daher, achtsam die Erfahrungen und Perspektiven der verschiedenen Generationen einzubeziehen. Eine zu starke Fixierung auf die Lasten der Vergangenheit ruft sowohl bei vielen deutschen wie auch polnischen Studierenden Widerstand hervor. Polnische Jugendliche kritisierten in TZI-Seminaren, dass Deutsche sich fast ausschließlich für Auschwitz, jedoch nicht für die aktuellen Probleme des gegenwärtigen Polen, für Land und Leute sowie die polnische Kultur interessieren.
   In den TZI-Seminaren in Polen war es deshalb wichtig, die polnische Geschichte, Kultur und auch Landschaft zu würdigen.
   Ebenso galt es, die deutsche Geschichte und Kultur in ihren Licht- und Schattenseiten ernst zu nehmen. Das bedeutete, neben der gerade in Polen wichtigen Unterdrückungs- und zuletzt Terrorgeschichte des NS-Systems auch die demokratischen und humanen Traditionen Deutschlands nicht zu ignorieren.

Ich erinnere mich an eine intensive Sitzung mit dem Thema »Wir begegnen uns mit den Bildern unserer Kindheit«, in dem auf der Grundlage von Kinderfotos die gegensätzlichen Kindheitserfahrungen von deutschen und polnischen Teilnehmer/-innen der Jahrgänge 1930–1938 zu einer bewegenden menschlichen Begegnung führten.
Politische Themen wie »Polen auf dem Weg zur EU, wie kann Deutschland Hilfe leisten?« oder »Wir suchen Wege der Kooperation zwischen TZI-Organisationen in Deutschland und in Polen« wurden ebenso bearbeitet wie Themen des alltäglichen Lebens in Deutschland und in Polen, z. B. »Unser Weg zwischen individuellen (neuen) Freiheiten und bürokratischen Zwängen«.

2. Neben der historischen Erfahrung sind die sozialen Unterschiede zwischen Deutschen und Polen zu berücksichtigen.
Bei allen deutsch-polnischen Begegnungen müssen Finanzierungsformen gefunden werden, die es polnischen Teilnehmer/-innen ermöglichen, an den Seminaren teilzunehmen. Dabei gilt es, sensibel mit Unterstützungen für polnische Teilnehmer/-innen an deutsch-polnischen Begegnungen umzugehen, damit zumindest im Seminar möglichst wenig Ungleichheit entsteht.
Gerade bei der direkten Unterstützung gilt es für Geber und Nehmer, selbstbewusst die Rahmenbedingungen des sozialen und politischen Globes zu akzeptieren und nicht durch – z. T. phantasierte – Gönner- oder Nehmerbilder die politisch notwendigen Kooperationen und Erfahrungen zu blockieren.
Einen dritten Aspekt, den religiösen, will ich anführen.

3. In deutsch-polnischen TZI-Seminaren begegneten sich Menschen, die von der mehr römisch-katholischen polnischen Kultur geprägt worden sind, und überwiegend westdeutsche, eher kirchenkritische Katholiken, liberale Protestanten und Nichtchristen. Bei diesen Begegnungen kam es zuallererst auf den Austausch über eigene Wertentscheidungen, Sinnorientierungen und spirituelle Kraftquellen an. Der intellektuelle Austausch über das, was die Wahrheit sein kann, war zweitrangig. So hieß ein Thema: »Wir tauschen uns aus über unsere inneren Kraftquellen und begegnen uns mit unseren Werten«.

4. Eine zentrale Rolle spielte auch die Frage nach der Tagungssprache. Versuche, Englisch zur gemeinsamen Tagungssprache zu machen, scheiterten an den mangelnden Sprachkenntnissen der Teilnehmer/-innen. Statt auf dem Niveau eines meist simplifizierenden Schulenglisch sprachlich zu kommunizieren, entschieden wir uns dafür, dass die Teilnehmer/-innen der Kurse in ihrer Muttersprache redeten. Polnische Teilnehmerinnen, die z. T. hervorragend Deutsch sprachen[6], übersetzten.
Die Zeit der Übersetzung förderte eine ruhigere und konzentriertere Tagungsatmosphäre und führte zu einer höheren Aufmerksamkeit für die körpersprachlichen Aspekte der Sprechenden.
Auffällig war dennoch, dass der Redeanteil der Deutschen unverhältnismäßig hoch war, selbst da, wo Polen und Deutsche gleich stark vertreten waren.
Die Begründung dafür liegt wohl vor allem in einem Sprachkreislauf. Wer zuerst spricht – dies waren meist deutsche Teilnehmende –, kann, während sein Beitrag übersetzt wird, einen nächsten Gedanken vorformulieren. Diese Zeit des Nachdenkens fehlt den Teilnehmenden, für die übersetzt wird.
Wenn in den vorangegangenen Ausführungen verschiedene Aspekte des Globe einen zentralen Stellenwert hatten, so liegt das an der Einschätzung, dass deutsch-polnische Begegnungen, wie auch andere Ost-West-Begegnungen, einen strukturellen Förderrahmen benötigen, der Kontinuität und Verbindlichkeit ermöglicht. Allein auf spontane individuelle Aktion lässt sich keine internationale Arbeit begründen. Stiftungen von Sponsoren sind hier genauso wichtig wie transparente staatliche Fördermaßnahmen, die langfristige Planung von Begegnungen unterstützen.
Deutsch-polnische TZI-Seminare leben von dem wechselseitigen Interesse an den anderen Personen, ihrer Biographie und ihrer Kultur. Die neuen Erfahrungen mit »Land und Leuten«,

---

6 In meinen vielen deutsch-polnischen Begegnungen bin ich vielen Deutsch sprechenden Polen/-innen begegnet, doch keinem Polnisch sprechenden Deutschen. Ich selbst lerne langsam, mich polnisch zu verständigen.

die in diesen Seminaren gemacht wurden, ließen die Schwierigkeiten des unterschiedlichen Globe zwar nicht vergessen, doch schwächten sie ihre Blockierungen ab. Sozial und kulturell bedingte Störungen konnten durch das selbstbewusste und selbstkritische Umgehen mit der eigenen Verantwortung für die Begegnung gemindert werden. Das »Chairpersonprinzip« bekam vor allem in der Überwindung von negativen Selbstbildern polnischer, aber auch deutscher Teilnehmer/-innen einen hohen Stellenwert.

TZI in politischen Veranstaltungen

Bei politischen Veranstaltungen habe ich häufig folgende Beobachtungen gemacht:

Besonders zu Wahlen setzt sich polemisches und abwertendes Sprechen durch.

Beiträge aus dem Publikum sind manchmal unkonzentrierte Selbstdarstellungen, die einen Bezug zum Sachthema nur schwer erkennen lassen und die Sachdiskussion verwirren.

Zu langen und unstrukturierten Vorträgen folgen diffuse Fragen und Scheinfragen. Der Kompetenz der Zuhörer wird wenig Raum gegeben.

Umgekehrt beobachte ich in Open-Space-Veranstaltungen nicht selten das Gegenteil.[7]

Es wird ausschließlich auf die Prozessdynamik geachtet, die inhaltliche Seite kommt zufällig ins Spiel.

Dabei können die sachliche Tiefe und Kompetenz verloren gehen. Nebenthemen können sich wegen der besseren Darstellung ihrer Vertreter durchsetzen, während zentrale Inhalte, die von Nachdenklichen vertreten werden, die sich nicht öffentlich darstellen wollen oder können, verloren gehen.

---

7 Seit meiner ersten Begegnung mit Open Space beim Internationalen Austauschtreffen von WILL 1998 habe ich als Teilnehmer und später TZI-Vertreter zwei Open-Space-Veranstaltung für die Bundeszentrale für Politische Bildung in Berlin mit Dr. Heidemarie Wünsche-Pietzka zu den Themen »Zivilcourage – ein Modewort?« und »Die Zukunft der Bundeswehr«, geleitet.

In der Verbindung von Themenzentrierter Interaktion und Open Space sehe ich eine gute Möglichkeit zur Gestaltung von Großveranstaltungen. Der überbetonten Prozessorientierung oder der umgekehrt vorherrschenden Sachfixierung kann mit einer Balance zwischen Ich–Wir–Sache/Aufgabe Globe entgegengewirkt werden.

TZI ist somit nicht nur eine Methode, die in Seminaren die sozialen Kompetenzen fördert. Sie ist auch bei der Strukturierung und Leitung von öffentlichen politischen Foren hilfreich.

In der Leitung von politischen Veranstaltungen[8] und bei Vorträgen habe ich die Erfahrung gemacht, dass das Kommunikationswissen von TZI den Diskussionsprozess fördert.

Folgende Elemente halte ich für wichtig:

1. Eine klare Strukturvorgabe mit einer Zeitleiste für die Gesamtveranstaltung und für die Länge einzelner Beiträge. Diese dient der realistischen Vorbereitung der Podiumsteilnehmer/-innen. In einer TZI-geleiteten Diskussion gilt der Satz von Ruth Cohn: »Plane alles exakt und vergiss die Planung, wenn es vom Prozess und der Sache her nötig ist.«
2. Eine Verbindung von Biographie und Sachthese. Die Aufmerksamkeit der Zuhörer/-innen wird anfangs gefördert, wenn sich Podiumsteilnehmer/-innen oder Referenten/-innen mit einem persönlichen Bezug zu ihrem Sachthema vorstellen. Das Thema wird dadurch im Allgemeinen nicht trivialisiert, sondern lebendig und konkret.
3. Ein Methodenwechsel in der Mitte der Veranstaltung, der dem Referenten oder dem Podium verabredeten Raum gibt und phasenweise das Publikum zu Wort kommen lässt. Nach einer ersten Phase auf dem Podium tauschen sich die Zuhörer/-innen (auch das Podium) in Zwiegesprächen aus.

---

8 Zuletzt im Sommer 2000 eine öffentliche Veranstaltung der Berliner SPD mit Wolfgang Thierse, dem Landesvorsitzenden Peter Strieder, der Soziologin Hildegart Nickel (Humboldt-Universität), der Computermanagerin Claudia Ahlsdorf und dem Schüler Denis Nocht.

4. Bei Großveranstaltungen hat sich anstelle von zufälligen Publikumsbeiträgen die Anwältin/der Anwalt des Publikums bewährt. Diese vielschichtige Funktion kann nur von Personen wahrgenommen werden, die aufgrund von Sachkenntnis viele komplexe Fragen bündeln und kurz und klar formulieren können. Da, wo spontane Publikumsbeiträge zugelassen werden, kann eine strukturierende Intervention des Leiters/der Leiterin notwendig werden. Diese wird im Interesse der Sache und des Prozesses u. U. konflikthaft sein.
5. Eine abschließende Zusammenfassung von Kerngedanken der Diskussion durch den Referenten oder den Leiter/die Leiterin eines Podiums und ein würdigendes Ritual der Verabschiedung von Referenten/-innen, Podiumsteilnehmer/-innen und Publikum. So wie der Anfang einer Veranstaltung eine motivierende Struktur braucht, ist ein strukturiertes Ende für Teilnehmer/-innen und Publikum wichtig. Die Einhaltung einer vorgegebenen Zeit verhindert hier das Ausfransen.

All dies wird vor allem dann wirksam, wenn die Leiterin oder der Leiter einer Veranstaltung den Teilnehmer/-innen des Podiums das Gefühl vermittelt, dass sie ihre Anliegen unzensiert vertreten können.

Sie hat zugleich für eine dialogische und faire Auseinandersetzung einzutreten, die die Sache und die diskutierenden Personen wertschätzt.

Auf dieser Vertrauensgrundlage, die durch strukturierende Vorgaben gestärkt wird, wird die Dynamik der Diskussion gefördert.

Zusammenfassung und Fazit

In den vorangegangenen Ausführungen habe ich im ersten Teil aufgezeigt, dass die Berücksichtigung der politischen Aspekte ein wichtiges Anliegen von und ein zentraler Bestandteil der TZI nach Ruth Cohn ist. In diesem Zusammenhang wurde reflektiert, welche Probleme bei der praktischen Zusammenschau von TZI und Politik vonseiten der TZI-Vertreter/-innen einerseits und vonseiten der Politiker/-innen andererseits entstehen können.

Im zweiten Teil habe ich unter Bezug auf ein TZI-Seminar über »Jugend zwischen Gewalt und Gewaltlosigkeit« reflektiert, wie ich mit TZI in der politischen Bildung in der Schule gearbeitet habe.

Im dritten Teil führte ich aus, wie meines Erachtens die Einbeziehung gegensätzlicher Globevoraussetzungen zu einer lebendigen Begegnung zwischen Deutschen und Polen führt.

Im abschließenden vierten Teil zeigte ich auf, wie Methodenvielfalt und klare Struktur der TZI einen sachlichen und lebendigen Diskussionsprozess in einer politischen Großveranstaltung fördern. Das von Ruth Cohn entwickelte Dreieck Struktur–Prozess–Vertrauen konnte dabei konkretisiert werden.

Das Human- und Prozesswissen der TZI können sowohl in der politischen Bildung als auch bei internationalen Begegnungen sowie bei politischen Großveranstaltungen durch die Berücksichtigung von Ich, Wir, Sache und Globe zum sachlich vertieften Austausch und lebendigen Prozess führen.

Mit der Öffnung von Prozessbeteiligten für das und die »Andere/n« kann die TZI einen wichtigen Beitrag zur Überwindung von erstarrten Kommunikationsstrukturen und damit zur Humanisierung der Politik beitragen.

3. TZI in der Schule

Ein Beitrag von Ulrike Rietz

Mein Verständnis von lebendigem Lehren und Lernen

Die fruchtbarsten Themen ergeben sich aus Fragestellungen, die ihren Ursprung in den realistischen Alltagserfahrungen der Menschen haben. Die Lehrperson, die persönliches Lernen fördert, fragt nicht, wie die Lernenden motiviert werden können, sondern wie sie deren Motivation finden kann.

Die Ausgangsfrage der Lehrperson lautet also nicht: »Wie motiviere ich?«, sondern: »Wo und wie leben sie?«, »Woran sind sie interessiert?«, »Woran liegt mir als Lehrperson?« (Cohn, 1975, S. 167).

Und ich als TZI-geschulte Lehrerin frage weiter, wenn ich mich für meine Unterrichtsstunde mit Lernenden – seien es Kinder, Jugendliche oder Erwachsene – vorbereite:

- Was ist am Lerngegenstand für mich als Lehrende, was ist für meine Schüler und Schülerinnen bedeutsam – mag es dabei um Bruchrechnung, Kommaregeln, den Kreislauf des Wassers oder um französische Konversation gehen. Worin liegt »die produktive Zumutung« (Kroeger 1983) des Lerngegenstands, mit dem ich die Lernenden konfrontieren will?
- Welche methodisch-didaktische Aufbereitung bietet sich an für die Phase der Initiation, der Exploration, der Objektivierung, der Integration (G. Otto), wenn ich die Erfordernisse der Lehrinhalte in Verbindung bringe mit der je individuellen Lernsituation der Lernenden (ICH) und dem Entwicklungsstand der Klasse, also der Gruppenentwicklung (WIR)? Und welche Rahmenbedingungen will ich beachten (GLOBE), wie z.B. die Länge der Unterrichtsreihe, die Tageszeit, die räumlichen Möglichkeiten; wer unterrichtet vor, wer nach mir, mit welchen Themen und in welchen Sozialformen? Auf welche Arbeitsformen und Medien will ich mich vorbereiten, um dann in der Stunde selbst situativ auswählen zu können?
- Was muss in der Stunde geschehen, wenn sie für mich als Lehrperson gelungen sein soll (kleinster Schritt – größter Schritt?), und was für diejenigen meiner Schüler und Schülerinnen, die sich der sachlichen Herausforderung begierig stellen, und für jene, die sich damit schwertun?
- Wie kann ich die emotionale Unterstützung derjenigen nutzen, die mir nahe sind, um mit den emotionalen Herausforderungen durch die für mich schwierigen Schüler und Schülerinnen zurechtzukommen?
- Welche Anreize/Hilfen bräuchte diese Klasse, um während der Arbeit an der Sache auch in ihrem Gruppenentwicklungsprozess voranzukommen?

- Was könnte mich und jede/n Einzelne/n in der Klasse von der Arbeit am Thema abziehen, und wie möchte ich solchen »Störungen« begegnen?
- Das Postulat »Störungen haben Vorrang« ernst zu nehmen und einzubeziehen ist kein Freibrief für die Produktion von Unterrichtsstörungen! Im Gegenteil! Jede TZI-geschulte Lehrperson erreicht einen hohen Grad an Aufmerksamkeit für die Unterrichtsinhalte, wenn sie mit »Störungen« konstruktiv umgeht (siehe Kapitel 10 »Störungen haben Vorrang«, S. 135 ff.)

Je nach Zeit und Situation durchlaufe ich diesen Prozess der Unterrichtsvorbereitung und Selbstsupervision sehr ausführlich (vgl. Kroeger 1983 und Platzer 1987) oder ich suche mir einige heikle Aspekte heraus, auf die ich besonders achten will.

Erfahrungsbericht aus einer Unterrichtsreihe

Lernen und Lehren sind eine gemeinsame Sache.

Ich als Lehrerin bin für meinen Teil verantwortlich: emotional und sachlich optimale Voraussetzungen für meinen Lehrauftrag zu schaffen und die Lernenden bei ihrem Lernauftrag optimal zu begleiten.

Dass und wie diese ihre Lernaufgabe wahrnehmen, ist ihre Aufgabe und liegt in ihrer Verantwortung. Das ist ihr Beitrag in unserem gemeinsamen Lehr-Lern-Prozess. Darin unterstütze ich sie Schritt für Schritt: diese Verantwortung zu lernen und wirklich wahrzunehmen.

Erfahrungsberichte können zu Transparenz beitragen und zum Dialog einladen. Als Beispiel schildere ich eine Lehr-Lern-Situation in einer 8. Sonderschulklasse.

Ich führe meine 8. Sonderschulklasse seit 18 Monaten. Mein Unterricht macht mir Freude, aber TZI im Unterricht anzuwenden erfordert von uns Lehrpersonen in besonderer Weise Wahrnehmungsfähigkeit. Es braucht Geduld, Phantasie, Konsequenz, Kraft zur Auseinandersetzung mit uns selbst, mit Kollegen und Kolleginnen, die anders unterrichten, mit Schülern und Schülerinnen, die anderes Lernen gewohnt sind, mit Eltern, denen dieses Unterrichtsverständnis meist fremd ist.

Aufgaben, die die Klasse – und auch ich – langweilig findet, bereite ich besonders gründlich vor, damit wir sie mit einem Minimum an Zeit so effektiv wie möglich erledigen können. Dafür haben wir dann mehr Zeit für lebendigere Lernstoffe, die durchaus nicht immer leichter sind, die uns aber oft den Zugang zu noch schwierigeren Inhalten ermöglichen.

Zurzeit ist das Davy, unser Zwergkaninchen. Es hat seinen Platz in einem eigenen Käfig neben den Mäusen in der hinteren Klassenecke. Durch Davy vertiefen wir unsere Verhaltensbeobachtungen bei Tieren. Ich berichte von Erkenntnissen aus der Verhaltenslehre und wir schließen Reflexionen über tierisches und menschliches Verhalten an. Wir suchen nach Beispielen aus unserem eigenen Verhalten im Unterricht, wir experimentieren mit unserer äußeren und inneren Wahrnehmungsfähigkeit.

Durch Davy angeregt, beschäftigen wir uns mit Vererbungslehre. Wieso hat er eigentlich weiße Flecken auf Brust und Nase, während seine Geschwister pechschwarz und grau sind? Vererbungslehre schließt nahtlos an unser Geschichtsthema über Rassismus an. Und wieder finden wir einen Bezug zu uns selbst.

Vorurteile, Verteufelungen, Sündenbockdenken – erleben wir das nicht täglich, in unserer Klasse, im Schulhaus, zwischen Schülern und Schülerinnen unserer Schule und jenen anderer Schulen, zu Hause im Wohnblock, in der Disco, auf der Straße, tagtäglich in der Zeitung?

Wir beschließen einen Tag der offenen Tür und laden eine Klasse der Nachbarschule in unseren Unterricht ein. In der Folgezeit haben ein Gegenbesuch und ein gemeinsames Karnevalsfest stattgefunden.

Die meisten Schüler und Schülerinnen unserer Klasse besitzen inzwischen einen Leseausweis für die Stadtbücherei. Wir alle tragen Bücher, Artikel und Bilder zusammen, und nach intensiven Kleingruppenarbeiten lernen wir voneinander eine Menge über Kleintierhaltung, über die Entwicklung des Hauskaninchens, über Nährstoffe in Futtermitteln, zugleich eine Vertiefung der Ernährungslehre in Hauswirtschaft; wir berechnen Futtermengen und sammeln im Brainstorming Ideen, um unsere Klassenkasse aufzufüllen. Unsere Tiere kosten Geld!

Einmal fällt der Begriff »Hasenscharte«, sachlich korrekt und unbekümmert. Da plötzlich wird Detlef sehr still. Körperlich spürbar steht das Gefühl von Schmerz und Traurigkeit im Raum, wir alle wissen, wie schwer es Detlef fällt, mit seiner Behinderung zu leben. – Den Schmerz aushalten und auf die innere Stimme hören, die eigenen Impulse wahrnehmen und dann handeln ... als ich das ausspreche, erzählt Sabine spontan, wie sie sich über die neugierigen Blicke der Mitfahrer im Bus ärgere, wenn sie Detlef sprechen hören, und dass sie sich deshalb immer absichtlich neben Detlef setze und sich mit ihm unterhalte.

Adelheid, die mir auf unserer Klassenreise vor einem halben Jahr zum ersten Male ihre verkrüppelten Füße zeigte, um mich zu fragen, was sie dagegen mache könne, tröstete Detlef und gleichzeitig sich selbst: »Ich bin auch nicht viel besser dran als du. Du hast es an der Nase und ich an den Füßen, bloß dass man die besser verstecken kann!«

Schließlich suchen wir gemeinsam nach einem Aufsatzthema.

Wir einigen uns auf drei verschiedene Formulierungen: »Wir lernen mit Davy«, »Mümmelmann in 8c« und »In unserer Klasse lebt ein Zwergkaninchen«. Die Zeit von zwei Unterrichtsstunden reicht zum Schreiben fast nicht aus.

Ich bin neugierig und gespannt darauf, wie die Schüler und Schülerinnen ihre Erfahrungen und ihr Wissen verarbeitet haben und zum Ausdruck bringen. Ich werde Neues von ihnen und von ihrer Art, zu lernen, erfahren und lesen, was ihnen wichtig geworden ist, was sie interessiert hat und was sie behalten haben. Ich werde eine Kontrolle haben darüber, ob das sachlich »Unverzichtbare« angekommen ist und wo ich gegebenenfalls nachsetzen oder korrigieren muss.

Korrektur, Benotung und differenzierte Nacharbeit werden wieder ein Lernanlass sein für die Überprüfung von Selbst- und Fremdwahrnehmung, fürs Zielesetzen und Zieleerreichen, fürs Vergleichen, für gegenseitige Anerkennung und hilfreiche Kritik – und das sowohl bei meinen Schülern und Schülerinnen wie auch bei mir.

Aus diesem gemeinsamen Aus- und Bewertungsprozess werde ich Anknüpfungspunkte für meine nächsten Lehranliegen finden und dafür, welche Lernschritte ich den Lernenden zumute. Ich werde aus Unterrichtsgegenständen wieder Themen formulieren, die ihnen ihren je individuellen Zugang eröffnen.

Der Kreis schließt sich: »Die fruchtbarsten Themen ergeben sich aus Fragestellungen, die ihren Ursprung in den realistischen Alltagserfahrungen der Menschen haben.«

Erfahrungsberichte von Lehrenden in Schule und Unterricht über ihre Arbeit mit TZI

- »Ich erlebte, wie wichtig es ist, mir meiner Fähigkeiten sowie meiner Begrenzungen und Abhängigkeiten und der der übrigen Beteiligten ganz bewusst zu sein, um auf diese Weise mich und meine Werte realistisch vertreten zu können, d. h., ›in der Interdependenz ganz autonom zu sein.‹
- »In meinen ersten Schritten versuchte ich, die Ich-Wir-Es-Balance im Unterricht zu beachten. Das heißt, die Überbetonung des Lerngegenstands durch eine erhöhte Wahrnehmung jedes einzelnen Schülers und seines Empfindens in seiner Umwelt zu ergänzen und miteinander im gemeinsamen Lernprozess auszubalancieren. Ich übte, für einzelne Stunden einzelne Themen zu finden und zu formulieren und sie so einzuführen, dass zunächst jeder seinen persönlichen Zugang zur Sache, an der gelernt werden sollte, finden konnte. Das ist für mich das Revolutionierendste an TZI.«
- »Ich fördere die Interaktion durch Gespräche und durch Unterthemen in Kleingruppen und suche gerne nach Bewegungsanreizen, was besonders Kinder im Grundschulalter gern annehmen.«
- »Ein wichtiges Ziel ist es für mich, Mehrheitsbeschlüsse in Gruppen möglichst zu vermeiden oder zumindest durch Minderheitenwahl zu ergänzen. So kommen alle Beteiligten zu ihrer Zufriedenheit und niemand fühlt sich unterdrückt. So

entwickeln die Minderheiten keine Widerstände gegenüber Mehrheitsbeschlüssen, die sie ja mittragen müssen. Die Mehrheiten lernen, Minderheiten im Auge zu behalten, sie sogar als Bereicherung der Aspektepalette zu sehen. Diese Vorgehens weise unterstützt das Chairpersonpostulat sowie die Vermeidung von Gewinner-Verlierer-Situationen, von ›Wir‹- und ›Die-da‹-Gefühlen in der Gruppe und sie fördert Kooperation statt Rivalität.«

- »Mit Fehlleistungen, schwachen Leistungen und auch meinem eigenen Unvermögen komme ich heute besser zurecht. Ich erlebe das nicht mehr als persönliches Versagen. Ich kann heute auch akzeptieren, dass manche Schüler besser erklären können als ich. Das nutze ich und bin dadurch entlastet. Außerdem fördere ich damit noch die Interaktion.«
- »Meine Schüler wissen aufgrund von Selbst- und Fremdeinschätzung, von Rückmeldesituationen in der Klasse und von gemeinsamer Suche nach den besten Lernwegen ziemlich genau um ihre eigenen Stärken und Schwachpunkte und die der Klassenkameraden. Das mache ich jetzt seit drei Jahren und das trägt zu einem unglaublichen Klassenklima bei. Es finden keine Abwertungen mehr statt – auch nicht von meiner Seite!«
- »Ich sehe heute nicht eine Klasse vor mir, sondern lauter Einzelwesen – so geht es mir inzwischen auch mit den Eltern am Elternabend. Die Schüler spüren mein verändertes Interesse an ihnen als Personen und erzählen mehr von sich. Wir teilen uns gegenseitig mehr mit, was die Lehr- und Lerninhalte für uns bedeuten, was gut geht, was spannend ist, womit wir nicht zurechtkommen oder was uns nervt. Wir können auch Erfolg und Misserfolg besser miteinander teilen. Und so beeinflussen sich die Erfahrungen auf der Sach- und auf der Beziehungsebene immer wechselseitig und schaffen Synergie. Auch Zensuren sind kein Problem mehr. Sie werden nicht als Diskriminierung erlebt. Sie stehen auch aus Sicht der Schüler in unmittelbarem Zusammenhang mit dem Arbeitseinsatz. Und: Zensuren sind veränderbar! Und wie sie das hinkriegen, dafür können sie bei mir Hilfe bekommen.«

4. TZI – eine Herausforderung für Unternehmen? Wozu ein Unternehmen Persönlichkeiten als Führungskräfte braucht

Ein Beitrag von Elisabeth Gores-Pieper

Seit längerem lassen sich in der Diskussion über Führungskonzepte/-modelle und ihre Wirksamkeit in Unternehmen zwei grobe Richtungen unterscheiden: eine rückwärtsgewandte und eine vorwärtsgewandte. Auch Klaus Doppler hat dieses Phänomen identifiziert und entdeckt – besonders in Krisenzeiten – auch in ansonsten partizipativ geführten Unternehmen den Ruf nach dem »Helden«:

»Viele rufen in schwierigen Zeiten schnell nach einem Retter aus der Not, nach einem so genannten Krisenmanager, d. h. nach einem mutigen Helden, der die Krise bewältigt und die Mannschaft ohne Wenn und Aber antreibt.« … »Allerdings, und das übersehen viele, fühlen sich Krisenmanager auch hin und wieder durch die Krise berechtigt, relativ schnell den Ausnahmezustand auszurufen, sonst übliche Prinzipien partnerschaftlicher Führung außer Kraft zu setzen und einen Blankoscheck im Hinblick auf direktive Führung zu verlangen.« … »Geführt wird nach dem Prinzip von nicht verhandelbarer An- und Zurechtweisung.«[9]

Die Fachleute, die aktuelle Lösungen in der Vergangenheit suchen, haben gerade durch die Finanz- und Wirtschaftskrise wieder mehr Gehör gefunden mit ihren Forderungen nach mehr Direktive, Strenge und Konsequenz. Wohlgemerkt, wir sprechen hier nicht von Kindererziehung, sondern von Führungsarbeit, das heißt von der Anleitung und Förderung erwachsener Menschen. Diese Forderungen sind sicher auch der zunehmenden Verunsicherung durch die Krise geschuldet. In unsicheren Zeiten neigen eher ängstliche Persönlichkeiten ohnehin dazu, strenger zu werden und den vorhandenen Spielraum im Sinne des freien Gestaltungsraumes ihrer Mitarbeiter einzuschränken. Begründet wird eine solche Einschränkung meist mit Sachzwängen und dem Überlebenskampf der Firma, was wiederum Existenzängste der Mitarbeiter massiv

9 Dr. Klaus Doppler, »Über Helden und Weise«, in: Organisationsentwicklung Nr. 2/2009

schürt. Und nicht nur das, sondern durch die vorangegangene Entmündigung durch die Führungskräfte haben sich die Mitarbeiter eine Art von Unterwerfung angewöhnt, die Doppler als »höfisches Verhalten« beschreibt.[10] Und das führt wiederum dazu, dass die Mitarbeiter einen nicht messbaren Anteil ihrer Ideen und Erkenntnisse zurückhalten, sie gehen nicht mehr wirklich in die Verantwortung, sondern führen aus.

Veränderte Führungskultur durch eine Unternehmenskrise – ein Beispiel

Die Auswirkungen eines solchen Wandels in der Führungskultur an der Spitze eines Unternehmens konnte ich vor einigen Jahren beobachten: Durch die (vorab bekannt gewordenen) Baupläne eines größeren Mitbewerbers in unmittelbarer Nähe entstand bei einem regionalen mittelständischen Handelsbetrieb eine existenzielle Krise. Zunächst aufgrund von Annahmen, Ängsten und Phantasien über das mögliche Kaufverhalten bzw. Abwandern der eigenen Kunden. Dies löste einen regelrechten Kulturwandel in der Führung aus, einen Rückfall in den autoritären Führungsstil mit sehr vielen und engen Kontrollen und mehr Kritik als Wertschätzung. In der Folge sank spürbar der Umsatz – obwohl die Konkurrenz noch gar nicht existierte. Die Mitarbeiter haben starke Ängste im Hinblick auf ihre Zukunft entwickelt, und dem Management ist es über einen längeren Zeitraum nicht in den Sinn gekommen, dass mit ihrer eigenen Zukunftsangst ihre Mitarbeiter regelrecht infiziert wurden, und das wiederum hatte unmittelbar Einfluss auf deren Produktivität. So direkt wie im Handel lässt sich dieser Zusammenhang häufig nicht messbar nachweisen. In diesem Beispiel gelang es, mit gezielten Maßnahmen zur Mitarbeiterbeteiligung an der gemeinsamen Zukunftsgestaltung das Ruder entscheidend herumzureißen. Als der Konkurrenzbetrieb zwei Jahre später eröffnete, hatte die Geschäftsleitung gemeinsam mit den Mitarbeitern ein Konzept entwickelt und realisiert, welches die Stammkunden noch

10 Doppler, ebd.

stärker einband, Spezialangebote ausweitete und die Kundenberatung professionalisierte. Das Ergebnis war ein messbarer zweistelliger Umsatzzuwachs, der unter anderem aufgrund der Zukunftsorientierung im gesamten Prozess gelang.

Lernen in Krisen und aus Krisensituationen

Zukunftsorientierte Führungskräfte sehen gerade in solchen Krisenphasen eine große Chance, innovatives Potenzial in ihren Mitarbeitern zu heben. Meist bedarf es wie im vorliegenden Falle einer externen Beratung und professionellen Begleitung, die das Vorhandene würdigt und mit Respekt einlädt, nach vorne zu schauen. Durch eine Kultur von Offenheit, Vertrauen und Zutrauen in die Mitarbeiter kann eine neue Sicht auf eine schwierige Situation entstehen. Dabei setzt ein gigantischer Lernprozess auf allen Ebenen ein. »Führung hat mehr damit zu tun, etwas ›zu sein‹ als ›zu tun‹. Es hat etwas mit unserem Charakter, dem Zustand unserer inneren Aktivität zu tun. Ich glaube nicht, dass wir härter arbeiten müssen, sondern intelligenter und bewusster.«[11]

Führungskräfte entwickeln Leadership-Qualitäten in solchen Situationen, Fähigkeiten, mit ständigen Veränderungen, Überraschungen und Unsicherheiten umzugehen: Führungspersönlichkeiten gründen sich auf innere Sicherheit. Wenn im Umfeld alles in Bewegung und unsicher ist, letztendlich niemand wirklich weiß, wo es hingeht und was in 5 Jahren sein wird, dann braucht es an der Spitze Persönlichkeiten. Persönlichkeiten, die eine innere Souveränität ausstrahlen, die ganz besonders in Krisenzeiten ihre Mitarbeiter ermutigen und »bei der Stange halten« können. Klaus Doppler spricht auch von »Weisen«, die dafür sorgen, dass »möglichst viele Mitarbeiter ihr Potenzial zur Selbstführung und Selbstverantwortung entfalten können und wollen«.[12]

---

11 Joseph Jaworski, Synchronicity: The Inner Path of Leadership, an exploration of the way leaders deepen their understanding of reality and gain the capacity to shape the future.

12 Doppler, ebd.

Hier liegt ein breites Feld für die TZI: die Grundlagen des Systems sind hier gefragt. In turbulenten Zeiten bleibt eigentlich nur das eigene ICH als Referenzpunkt. Das eigene ICH, die eigene Persönlichkeit zu kennen ist eine Anforderung ganz besonders an Führungskräfte. Dazu gehört, dass man sich selbst bewusst ist über das eigene Lieblingsverhalten in Gruppen, die eigenen Muster kennt. Wenn einen eine ganz bestimmte Verhaltensweise praktisch immer wie auf Knopfdruck auf die Palme bringt, dann ist man manipulierbar. Diese Punkte sollte man von sich kennen (und bestenfalls dazu ein Frühwarnsystem entwickelt haben, um gegenzusteuern). Viele gute Teamleiter können das und tun es auch, aber ihnen fehlt meist die Reflexionsebene, die das TZI-System bietet und damit für Nachhaltigkeit sorgt. Mit TZI zu arbeiten bedeutet zu üben, Sprache bewusst einzusetzen, um die Dinge beim Namen zu nennen. Den Gesprächspartner auf ICH-Themen anzusprechen – seine eigenen und auch die des Gegenübers – benötigt Worte, angemessene, nicht verletzende, konstruktive und dialogförderliche Sprache.

Ruth Cohn hat als Entdeckerin der TZI das Chairpersonprinzip entwickelt, was zu eigener Klarheit verhilft und eine wunderbare Entscheidungsgrundlage liefert dafür, was und wie über etwas gesprochen werden kann. Das Chairpersonprinzip[13] fordert vorrangig Eigenverantwortlichkeit. Handeln und Entscheiden, nachdem die Einflussfaktoren – sowohl innere als auch äußere – in der jeweiligen Situation sorgfältig beachtet wurden. Das bedeutet im ersten Schritt, zu reflektieren, wie es mir als Führungskraft persönlich mit der Situation geht. Was wird in mir ausgelöst? Welche Gefühle machen sich bemerkbar? Welche Gedanken gehen mir durch den Kopf? Welche Sorgen bewegen mich? Was sind meine Ängste, Hoffnungen, Wünsche?

Im zweiten Schritt geht es um den Blick nach außen und die genaue, umfassende Wahrnehmung der Realität. Welche Informationen liegen vor, welche fehlen? Welche Dinge wurden vielleicht bisher nicht beachtet und sind aber jetzt relevant? Und welche Verbündeten für eine Kooperation gibt es? Welche müssen gesucht

---

13 Siehe dazu Seite

werden und auf welche Ressourcen von Mitarbeitern kann zurückgegriffen werden? Im dritten Schritt wägt die Führungskraft alles ab und trifft verantwortungsvolle Entscheidungen. Wenn es einem Vorgesetzten gelingt, seine eigene Chairperson sowie die seiner Mitarbeiter zu entwickeln – dann hat er einen wesentlichen Schritt in Richtung Leadership getan.

Wie kann eine solche Persönlichkeitsentwicklung von Vorgesetzten aussehen, die Leadership wirklich umsetzen wollen? Durch die Arbeit am ICH – im Sinne der TZI. Dies stellt die wahre Herausforderung für Unternehmen dar, die sich auf das TZI-Konzept einlassen: die ICH-Entwicklung der Einzelnen.

Was kann ICH-Entwicklung in Unternehmen heute bedeuten?

In den Anfängen der TZI hat Ruth Cohn in Unternehmen damit Aufsehen erregt, dass sie die Anwesenden dazu brachte, von sich selbst zu sprechen. Die Benutzung des Wortes ICH war noch bis in die 1980er-Jahre hinein in Unternehmen ungewohnt bis tabuisiert. In den Selbsterfahrungsgruppen der 1970er und frühen 1980er dagegen galt es als erwünscht; es wurde zu einer Regel der guten Kommunikation, überall und in jeder Diskussion den persönlichen Bezug herzustellen: Was empfindest Du, wie geht es Dir damit? Die individuelle Ebene eines Inhaltes, eines Arbeitsthemas spielte eine wichtige Rolle für die Entwicklung nicht nur von Personen, sondern auch von Sachthemen.

Im Feld der Wirtschaft jedoch erlebte das Wort Ich eine ganz andere Entwicklung: Es stand für die Ellbogengesellschaft, für die negative Seite der Ich-Bezogenheit, für Egoismus und Rücksichtslosigkeit. Noch vor wenigen Monaten erwiderte ein Teilnehmer in einem Führungsseminar für Nachwuchskräfte auf die Frage, wie er denn plane, seine künftigen Mitarbeiterinnen und Mitarbeiter zu fördern und deren Entwicklung zu unterstützen: »Gar nicht.« Schließlich sei sich doch »jeder selbst der Nächste, wir sind doch hier in der Wirtschaft und nicht in der Caritas«. Er blickte auffordernd im Kreis der Kollegen umher und erwartete offensichtlich Beifall. Er bekam ihn nicht, sondern es entstand eine lebhafte Debatte. (In der darauffolgenden Sitzung hatte ich ohnehin geplant, das Chairpersonprinzip einzuführen …)[14]

Die Entwicklung der eigenen Persönlichkeit zu stärken, das ganz individuelle ICH mit allen Facetten ist eines der zentralen Anliegen der TZI – jedoch immer in Verbundenheit mit den anderen. Dazu passt eines der Axiome von Ruth Cohn: Der Mensch ist autonom **und** interdependent. Das **und** ist dabei von ganz entscheidender Bedeutung. Nur wenn es gelingt, die eigenen Stärken und Schwächen mit denen der anderen zu verknüpfen, entstehen förderliche Aspekte für die gemeinsame Organisation. Wenn einer allein nur auf sich schaut, ohne mit anderen verbunden zu sein, dann wächst zwar möglicherweise sein individuelles ICH, aber die Wahrscheinlichkeit ist groß, dass das irgendwann auf Kosten seiner Mitarbeiter geht und er zu einem Egoisten wird. Das andere Extrem gibt es jedoch auch und das ist ebenso wenig hilfreich: eine Persönlichkeit, die nur auf die anderen schaut, alles den eigenen Mitarbeitern recht machen möchte. Dabei entsteht ein deutlich umgedrehtes Abhängigkeitsverhältnis zwischen Führungskraft und Mitarbeitern, eine disbalancierte Beziehung. Mitarbeiter können mit offener oder unterschwelliger Androhung von »Liebesentzug« solche Führungskräfte steuern. Es ist hier sicher nicht nötig, zu beschreiben, welche Formen von Machtspielen bis hin zu Mobbing in Teams dadurch entstehen. Oder es kann zu einem Rückfall in pubertäre Verhaltensweisen kommen, wenn sich Mitarbeiter ähnlich wie Heranwachsende gegen eine überfürsorgliche »Übermutter« mit aller Macht zur Wehr setzen müssen – ebenfalls gänzlich unpassende Verhaltensweisen im Arbeitskontext.

Warum sollten Führungskräfte in Unternehmen sich mit ihrem ICH befassen?

Schon Jaworski beschreibt in seinem grundlegenden Werk zu Führung: »Es kann nicht sein, dass diejenigen, die eine hohe Verantwortung tragen, glauben, sie hätten keine Zeit, um tiefer nachzudenken.

14 siehe Seite 123 ff.

Konsequenterweise haben sie auch Schwierigkeiten, einen höheren Zweck, ein Lebensziel in ihrem Unternehmen zu entwickeln.«

»Führung ist keine Sache für Workaholics. Sie erfordert einen umfassenden lebenslangen Prozess des Lernens und der Selbstentdeckung.«[15]

Wir erleben in Unternehmen seit den 1990er-Jahren eine ständig wachsende Geschwindigkeit auf mehreren Ebenen: unter anderem bezüglich Zeit, Tempo, Sprache und Kommunikation und Wissen. Das Fachwissen entwickelt sich stetig weiter, in bestimmten Branchen ganz besonders schnell, z. B. ist in der IT-Branche das Wissen nach ca. 2 Jahren bereits überholt. Auch in anderen beruflichen Feldern findet durch die zunehmende Globalisierung und auch durch neue wissenschaftliche Erkenntnisse und neue Methoden eine beschleunigte Entwicklung statt. Dieses Tempo hat zu einer großen Veränderung in der Führung geführt. Früher hat man noch den besten Fachmann zur Führungskraft befördert, heute sind die Mitarbeiter/-innen meist bessere Fachleute als ihre Vorgesetzten, und das ist auch gut so. Denn als Führungskraft von Schraubern braucht man heute keinen Oberschrauber, sondern den Organisator, Motivator und jemanden, der Potenziale erkennen und fördern kann, und auch jemanden, der hoffentlich in der Lage ist, zu erkennen, dass man in 10 Jahren vielleicht keine Schrauben mehr braucht. Da braucht die Führungskraft dann wieder ganz andere Fähigkeiten.

Im Moment scheint es so, als hätten wir die Wirtschaftskrise der Jahre 2008/2009 mit einem blauen Auge überstanden. Dennoch bleibt das Gefühl, dass wir heute nur eines wissen: Niemand kann zuverlässig sagen, wohin uns der Weg führt und welcher Kurs der richtige ist. Mitarbeiter erwarten von ihren Vorgesetzten heute Antworten und wollen nicht warten, bis die fünf Weisen ausgewertet haben, was die eben beschlossenen Maßnahmen der Regierung nun wirklich bewirken. Das bedeutet: Die Führungskraft muss in

15 Jaworski, ebd.

der Lage sein, in unsicheren Zeiten eine Aussage zu machen. Eigentlich geht es um nichts anderes als das.

Wenn Unternehmen in die Krise rutschen, weil sich im globalen Markt die Verhältnisse verschieben, weil die Börse sich anders entwickelt als erwartet, weil der Vorstand falsche Entscheidungen getroffen hat, weil sich Analysten geirrt haben, weil, weil, weil …, dann ist jeder Vorgesetzte in ganz besonderer Weise gefordert, seinen Mitarbeitern Sicherheit zu vermitteln, damit sie arbeitsfähig bleiben. Und diese Sicherheit können sie kaum einem unsicheren Umfeld entnehmen, sondern nur aus sich selbst heraus.

Sicherheit kann eine Führungskraft nur in sich selbst finden, denn auf sehr viele Situationen im Führungsalltag kann man sich kaum vorbereiten. Dies haben ganz besonders die Jahre der Wirtschafts- und Finanzkrise gezeigt. Die eigene innere Einstellung, die Haltung nach außen, gepaart mit Wissen und Erfahrung, machen für uns eine Führungspersönlichkeit aus. Ein Mensch strahlt Sicherheit aus und wirkt überzeugend, wenn das von innen nach außen transportiert wird, also die Sicherheit in sich selbst vorhanden ist.

Das Besondere an der Arbeit von Führungskräften ist, dass der »Gegenstand« der Arbeit, also das Objekt, ein Subjekt ist. Und dies fordert ganz besondere Arbeitsweisen. Diese gilt es in der Führungskräfteentwicklung zu beachten und zu vermitteln. Führungskräfteentwicklung, Führungstrainings, Managementworkshops – all dies bezeichnet nichts anderes als die Arbeit an Menschen, die mit Menschen arbeiten.

Täglich sehen sich Führungskräfte, Manager, Vorgesetzte, Leiterinnen und Leiter mit Situationen konfrontiert, in denen sie überrascht werden, die zum ersten Mal vorkommen und wofür es im Unternehmen wahrscheinlich auch noch keine Richtlinien gibt. Aber meist wird eine schnelle Entscheidung von ihnen erwartet.

Das funktioniert nur, wenn sie in sich selbst sicher sind. Es schützt nicht vor einer Fehlentscheidung, aber es hilft, überhaupt zu einer Entscheidung zu kommen. Mit Überraschungen umzugehen, Mut zum Risiko zu haben und dann die eigenen Mitarbeiter zu überzeugen, dazu braucht es etwas in der eigenen Person, was nach außen entsprechend Wirkung zeigt.

Meine Erfahrung aus der Praxis

Seit über 20 Jahren arbeite ich auf der Grundlage der TZI in Unternehmen, und was ich dabei am häufigsten getan habe, ist eben genau dies: Entwicklung von Führungskräften. Nach meiner Erfahrung funktioniert TZI in der Arbeit mit Führungskräften deshalb, weil es ein Balancemodell ist; es ist nicht statisch, sondern flexibel auf jede Situation anwendbar.

Es gibt z. B. Situationen, in denen es gerade ums WIR geht, um das Verbindende, Gemeinsame oder darum, eine verbindliche Lösung mit einem Team zu entwickeln, die dann auch von allen getragen und realisiert wird, dann muss die Führungskraft mit den Mitarbeitern diskutieren, sie einbeziehen. In anderen Situationen, wenn es um eine schnelle Sachentscheidung geht, z. B., weil Gefahr im Verzug ist, muss die Führungskraft auch schnell alleine entscheiden. Mit dem TZI-Modell gibt es eine erlernbare Möglichkeit, zu erkennen, wann welches Verhalten angebracht ist.

Die Grundwerte des Konzeptes der TZI erweisen sich auch bei dieser Frage als hilfreiche Unterstützung und Schutz vor Fehlentwicklungen: in Richtung Egoismus oder Größenwahn auf der einen Seite und in Richtung auf ein falsches Demokratieverständnis auf der anderen Seite.

Unter falschem Demokratieverständnis verstehe ich solche Situationen, in denen Führungskräfte nicht entscheiden können oder wollen und das mit dem Mantel der Demokratie zudecken. Dabei geht es um die Übernahme von Verantwortung, auch bei Fehlentscheidungen. Führungskräfte müssen entscheiden, sie können nicht in jeder Situation jede Entscheidung mit ihren Mitarbeitern abstimmen und diskutieren, dann wären sie handlungsunfähig und das Unternehmen würde in den wirtschaftlichen Ruin geführt. Mitsprache, Abstimmung und Partizipation an der richtigen Stelle wirken wahre Wunder. Mitarbeiterinnen und Mitarbeiter wollen Verantwortung übernehmen, Ideen einbringen und ihre Kompetenzen dem Unternehmen zur Verfügung stellen – dazu brauchen sie Führungskräfte, die ihnen Einflussmöglichkeiten einräumen, Gestaltungsräume definieren und vor allem Verantwortung geben. (Und es auch ertragen, wenn Mitarbeiter sie übernehmen!)

Die TZI bietet mit dem Vier-Faktoren-Modell ein Konzept, diese Balance lebendig, flexibel und situationsgerecht in Bewegung zu halten und damit einen Prozess zu steuern, der den gemeinsamen Erfolg bringen kann.

Die Balance zwischen Entscheiden und Diskutieren im Team, Zuhören und Abwägen, Räumegeben und Grenzendefinieren. Vor allem Klarheit und Transparenz in ihrem Handeln und Entscheiden sind es, was Mitarbeiter von ihren Führungskräften erwarten.

Führungskräfte, die nicht entscheiden, richten Schaden an – an denen, die ihnen anvertraut sind. Denn sie bieten keine Orientierung, kein Gegenüber, auch keinen Raum für Widerstand, an dem jemand wachsen könnte. Sie verunsichern zutiefst. Das wiederum schafft Spielraum für alle möglichen negativen Verhaltensweisen wie Mobbing, Machtspiele, Rivalitäten usw.

Aus meiner Sicht ist jede Führungskraft, die nicht entscheidet, eine Fehlbesetzung.

Auch Doppler beschreibt in seinem Artikel den »Weisen als angemessenen Führungstypus«: »Insgesamt ein kluger und entscheidungsfreudiger Expeditionsleiter oder wie der Trainer einer abstiegsbedrohten oder aufstiegswilligen Mannschaft, der die Spieler eng herannimmt, sie überzeugt und fit macht – im Hinblick darauf, dass nicht er, sondern nur sie das Spiel gewinnen können, dass er aber für die Strategie verantwortlich ist.«[16]

Häufig kommt es in Unternehmen zu scheinbar unlösbaren Situationen. Dazu ein Beispiel aus meiner Praxis.

Chairpersonprinzip praktisch – ein unlösbares Beispiel

Bei einem meiner Kunden stand der Geschäftsführer vor einer sehr schwierigen Personalentscheidung. Er hatte das Gefühl, er könne nur falsch entscheiden. Ein zentrales neues Produkt sollte zu einem festgelegten Termin fertiggestellt werden. Der beauftragte Projektleiter gab mehrfach die Zusage dafür. Zwischenkontrollen hatten keine Auffälligkeiten gezeigt, jedoch beim internen Auftraggeber

16 Doppler, ebd.

eine leise Unruhe hervorgerufen, da seinen Wünschen nach konkreter Vorlage bisheriger Leistungen immer mit gut begründeten Ablehnungen begegnet wurde. Letztendlich stellte sich heraus, dass der verantwortliche Projektleiter in Bezug auf den Arbeitsfortschritt, die erbrachten Leistungen und die vereinbarte Zeitleiste gelogen hatte. Das Dilemma des Vorgesetzten lag in seinem Mitgefühl für den Mitarbeiter in privaten Nöten, im berechtigten Anspruch auf Leistungserbringung und in seinen eigenen Gefühlen von Ärger, Enttäuschung und Wut, weil er persönlich gegenüber dem externen Kunden in Verantwortung für den Zeitverzug gehen musste (ganz abgesehen von einer möglichen Konventionalstrafe wg. Lieferverzögerung).

Ein intensives Coaching des Geschäftsführers, in dem ich ihn unterstützte, mit seiner Chairperson zu arbeiten, half ihm, eine Entscheidung zu treffen. Dabei ging es zunächst nur darum, alle Teilnehmer seiner »inneren Diskussionsrunde« zu Wort kommen zu lassen, zu hören, was alles an Gefühlen, Impulsen und Informationen da war.

Daraus entwickelte sich die Lösung: die Entlassung des Mitarbeiters, um die Glaubwürdigkeit im Unternehmen wieder herzustellen und zu bewahren.

Nach einer kurzen Erschütterung zeigte das gesamte Team ohne Ausnahme Erleichterung über die Entscheidung des Vorgesetzten. In einem vertraulichen Gespräch teilten mir mehrere Mitarbeiter mit, wenn der Kollege nicht entlassen worden wäre, hätten sie sich einen neuen Job gesucht. Sie hätten nicht mehr vertrauen können, vertrauen in den Vorgesetzten, in die Unternehmensleitsätze, in die immer wieder herbeibeschworene Unternehmenskultur und in ihre eigene Einschätzung von Verbindlichkeit und Leistung. (Der Mitarbeiter hatte sich in der Vergangenheit bereits zu viel herausgenommen.)

Also hatte diese zunächst kritisch erscheinende Führungsentscheidung am Ende ein gutes Ergebnis gebracht. Die Mitarbeiter waren wieder motiviert und glaubten daran, dass sie miteinander gute Ergebnisse erzielen könnten auf der Basis von Kompetenz, Vertrauen und Eigenverantwortlichkeit.

Fazit

Um diese Basis schaffen zu können, braucht es Führungspersönlichkeiten, die sich mit sich selbst beschäftigt und über sich selbst reflektiert haben. Spielräume für die Entwicklung von starken Mitarbeiterpersönlichkeiten können nur starke und selbstbewusste Führungspersönlichkeiten geben.

In der TZI-Sprache gesprochen: Alle vier Faktoren des 4-Faktoren-Modells müssen einer starken Führungspersönlichkeit bewusst sein, und sie braucht auch die Verbindungslinien dazwischen. Das sind die Pfade, die tagtäglich beschritten werden müssen.

Die Arbeit an den Sachinhalten (ES), das Erzielen von Ergebnissen und der Unternehmensertrag sichern erst dann das gemeinsame Überleben, wenn die Mitarbeiter als gemeinsame Gruppe, als Team (WIR) mit den dazugehörigen Entwicklungsprozessen begriffen werden. Die individuelle Ebene, das Nutzen ganz persönlicher Erfahrungen und Potenziale (ICH), trägt ebenso zum Gedeihen des Gesamten bei wie die Kenntnisse der Umweltfaktoren, des Marktes und der gesellschaftlichen Einflüsse auf das Unternehmen (Globe). Und all das kann aus meiner Sicht nur eine Führungspersönlichkeit lenken und verantwortungsvoll steuern.[17] Ein Vorgesetzter wäre damit überfordert – Vorsitzen genügt heute einfach nicht mehr. Das sind die letzten Dinosaurier in der heutigen Wirtschaft.

Die Weiterentwicklung des Systems: das Generative-Leadership-Konzept von Dr. Ivo Callens

Ivo Callens, ein erfahrener TZI-Ausbilder aus den Niederlanden, hat das TZI-Konzept kompatibel und anschlussfähig an die heutige gesellschaftliche Komplexität gemacht. Daraus ergeben sich tiefgreifende Veränderungen in Organisationen und im täglichen Leben.

---

17 Die Weiterentwicklung des TZI-Konzeptes in ein zukunftsweisendes Leadership-Konzept wurde von Dr. Ivo Callens in den letzten 10 Jahren geleistet. Siehe dazu: *Generatief Leiderschap. Over leven en leren in een turbulente wereld. – Het transformatieve leiderschapsconcept van de Themagecentreerde Interactie.* Utrecht, Centre for Generative Leadership 2007. Das neueste Buch: *Generative Leadership. Leadership for Renewal: the Call of our Time.* wird 2012 in deutscher Sprache erscheinen

Die wesentliche Fragestellung für Führungskräfte ist dann: »Wie will ich als ›Leader‹ wirken? Wie kann ich tiefgehende Veränderungen bei mir und bei anderen generieren?« Die Antwort auf diese Fragen gibt Callens mit seinem Generative-Leadership-Konzept:

Dabei greift er für die Interpretation gruppendynamischer Prozesse auf das 4-Faktoren-Modell Ruth Cohns zurück, wobei er die systemische Dynamik und Verbundenheit dieser vier Komponenten bei gleichgewichtiger Verteilung der Aufmerksamkeit auf »ICH«, »WIR«, »ES« und »GLOBE« betont.

Ein lebendes lernendes System entwickelt sich (Abb. 26)

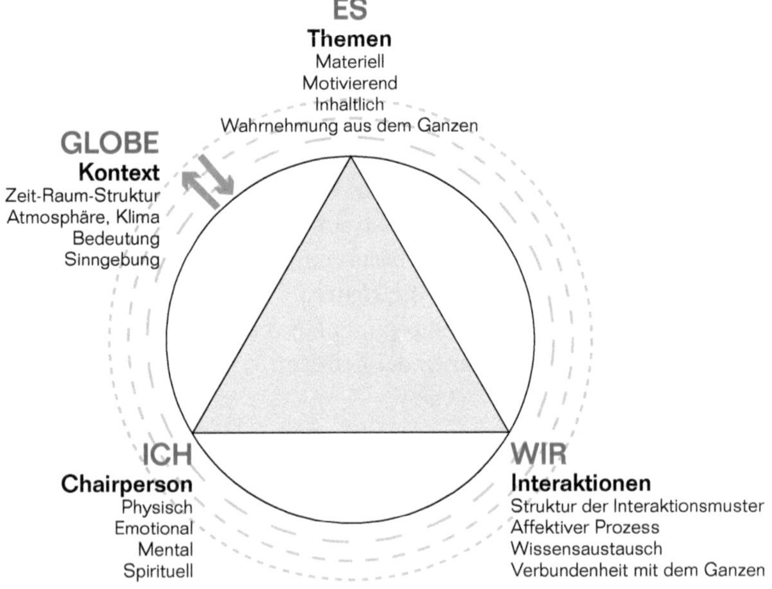

Abb. 26: Der Generative-Leadership-Kompass
Der system-dynamische Zusammenhang der vier Komponenten auf vier Ebenen

Dabei gilt:

- Ein WIR entsteht, indem sich alle Beteiligten im vorhandenen GLOBE demselben ES (THEMA) zuwenden.

- Anhand des THEMAS begibt sich jedes ICH in vielfältige Interaktionen (Variety).
- Persönliche Unterschiede werden aus der Selbstleitung heraus aktiviert (Diversity).
- Unterschiedlichkeit (Diversity) und Vielfältigkeit (Variety) werden anhand des THEMAS generiert und miteinander verknüpft.

Aus dem Zusammenspiel von Unterschiedlichkeit und Vielfältigkeit entwickelt sich das lebende System. Die vier Komponenten »ICH«, »WIR«, »ES« und »GLOBE« wirken auf vier verschiedenen Ebenen zusammen: physisch, emotional, mental und spirituell.

Durch diese komplexen Verbindungsmöglichkeiten entstehen die Voraussetzungen für einen echten Transformationsprozess.[18] Diesen Transformationsprozess braucht es, um die oben beschriebenen tiefgreifenden Veränderungen auszulösen, die die Antwort auf die Komplexität der heutigen Welt darstellen.

Durch die Kombination der vier Komponenten mit den vier Ebenen lässt sich ein Grundraster mit 16 Leitungskompetenzen bilden.

Im Herzen steht der persönliche Leitungsauftrag – Bestimmung (*purpose*) und Werte (*values*) der Leiter: Wer bin ich eigentlich?

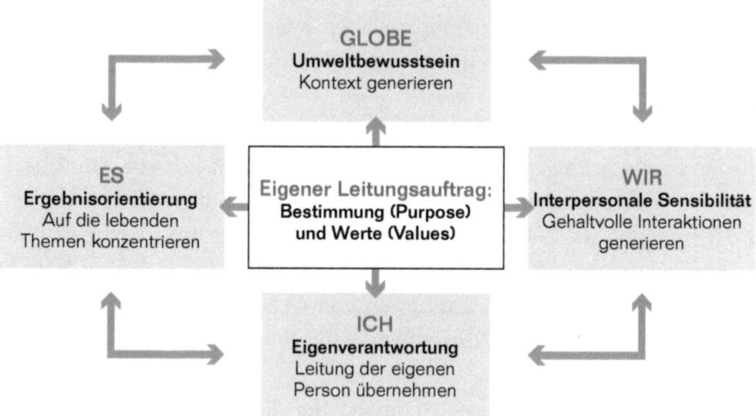

Abb. 27: Die 16 Leitungskompetenzen

18 Siehe dazu: Ivo Callens, *Generative Leadership: Das transformative Leitungskonzept der TZI* in: Handbuch Themenzentrierte Interaktion (*TZI*), Vandenhoek & Ruprecht, S. 228 ff.

Oder wer sind wir: unser kollektiver/Team-Purpose? Darin spiegelt sich das Kompetenzspektrum einer Führungskraft, einer Abteilung oder einer gesamten Organisation wider.

Im Generative-Leadership-Kompass werden Ergebnisorientierung und interpersonale Sensibilität, Eigenverantwortung und Umweltbewusstsein ganzheitlich eingesetzt.

Ivo Callens hat auf Basis der TZI ein in sich konsistentes und umfassendes System zur Analyse des Führungsverhaltens in sich verändernden Zeiten entwickelt. Sein Generative-Leadership-Konzept wendet er mit großem Erfolg sowohl bei der Begleitung von Führungskräften als auch bei Leadershipentwicklung und Transformationsprozessen in Vorständen, Managementteams und Organisationen an.[19]

5. Das Projekt 18–27 TZI für junge Erwachsene

Ein Beitrag von Heidi Greving,
Lehrbeauftragte des Ruth Cohn Institute for TZI-international, Mitgründerin und Mitarbeiterin des Projekts 18–27 TZI-Ausbildung für junge Erwachsene

Das Projekt 18–27, das ich hier vorstellen möchte, wendet sich an junge Erwachsene zwischen 18 und 27 Jahren in Europa, unabhängig von Bildungsstand und Berufsfeldern, mit und ohne Migrationshintergrund. Was zählt, ist die Motivation, in einer Gruppe Haltung und Methodik der TZI erlernen zu wollen. Durch das Projekt sollen junge Menschen zum Leiten von Gruppen auf der Grundlage der TZI befähigt und in ihrer Persönlichkeit gestärkt werden.

Eine Gruppe von Lehrbeauftragten des Ruth-Cohn-Instituts begann 2003, dieses Projekt auf den Weg zu bringen. Folgende Ideen leiteten uns:

19 Mehr Informationen dazu: www.centreforgenrativeleadership.com

1. Junge Erwachsene sollten die Möglichkeit bekommen, in einer Gruppe Gleichaltriger, (also in einer Gruppe mit ähnlichen Interessen, ähnlichen Lebenssituationen und Lebensproblemen) die TZI zu erleben und zu erlernen.
2. Die Struktur der Ausbildung entspricht der zu Beginn dieses Jahrhunderts vom Ruth-Cohn-Institut neu entwickelten 2,5-jährigen Grundausbildung in einer festen Ausbildungsgruppe (Abschluss Zertifikat).
3. Da diese Ausbildung möglichst für alle interessierten jungen Menschen offen sein sollte, musste sie finanziell wesentlich günstiger angeboten werden als die anderen Kursangebote des Instituts. So beschlossen die Lehrbeauftragten, ohne Honorar ehrenamtlich zu arbeiten. Die Teilnehmer/-innen zahlen neben den Kosten für Unterkunft und Verpflegung in besonders günstigen Tagungsstätten nur geringe Kurskosten für die Reisekosten und anfallenden Spesen des jeweiligen Leitungsteams.

Eine kleine Gruppe von Lehrbeauftragten entwickelte das erste Curriculum für die TZI-Ausbildung mit jungen Erwachsenen. Es fanden sich spontan etwa 12 Lehrbeauftragte, die ehrenamtlich in das Projekt einstiegen und sich sowohl organisatorisch als auch kursleitend engagierten.

In der für die Entwicklung der Persönlichkeit wichtigen Zeit, dem dritten Lebensjahrzehnt, das eine Nahtstelle in der Identitätsentwicklung junger Menschen darstellt, geht es um Ablösungsprozesse aus dem Elternhaus und um den Beginn selbst verantworteter neuer Bindungen. Selbstständigkeit, Partnerschaft und Gedanken an Familiengründung stehen im Mittelpunkt der persönlichen Entwicklung. Beruflich gilt es, Ausbildungsgänge und Studien zu absolvieren, in neue Rollen hineinzuwachsen. Die TZI-Grundausbildung fällt somit auch in die sensible Phase erster Rollenidentifikationen im Berufs- und Arbeitsleben.

Zunächst wurden Wochenenden zum Kennenlernen der TZI initiiert. Aus diesen Wochenendgruppen kamen die meisten Teilnehmer/-innen für die Grundausbildung.

Im ersten Curriculum kam es uns darauf an, den jungen Menschen ein freiwilliges Lernangebot zu machen, das sie in ihrer persönlichen und beruflichen Entwicklung förderte und ihnen eine Erfahrung in der altershomogenen Gruppe ermöglichte. Dabei war uns wichtig, sowohl die Persönlichkeit unterstützende Selbsterfahrungsbausteine als auch berufsbezogene TZI-methodische Elemente in einer guten Balance anzubieten. Heute, nach nun 8 Jahren, sind die Grundausbildungen ein fester Bestandteil der TZI-Ausbildung im Ruth-Cohn-Institut. Die 14. und 15. Durchgänge beginnen in diesem Jahr mit weiterhin regem Zulauf, und ca. 30 engagierte TZI-Lehrbeauftragte arbeiten im Projekt.

An den Ausbildungskursen nehmen in der Regel 20 bis 24 junge Leute im Alter zwischen 19 und 27 Jahren teil, einige sind Student/-innen aus den Bereichen Schule, Sozialarbeit und Kirche, andere kommen aus Ausbildungen in Lehrberufen, und einige sind noch Schüler/-innen. Inzwischen sind auch Naturwissenschaftler/-innen und junge Leute aus der Wirtschaft zunehmend vertreten. Der Grundgedanke der im Projekt tätigen Lehrbeauftragten, interessierte junge Erwachsene aus allen Bildungsschichten zu erreichen, also auch aus nichtakademischen Berufsfeldern und mit Migrationshintergrund, braucht weitere intensive Bemühungen.

Zunächst kamen die Teilnehmer/-innen durch ihre TZI-Eltern und -Verwandten und durch Angebote an Universitäten und Hochschulen zur TZI. Inzwischen hat sich die Ausbildung herumgesprochen, und die jungen Erwachsenen werben selber in ihrem Umfeld. Einige von ihnen bringen Erfahrungen in der Leitung von Jugendgruppen mit, in Freizeiten, bei den Pfadfindern, im kirchlichen Bereich, in ökologisch orientierten und in schulischen oder vorschulischen Bereichen. Sie haben erlebnispädagogische Erfahrungen und bereichern damit die Gruppen mit vielen spielerischen Aspekten. Sie sind leitungserprobt, oft auch leidenserprobt durch sie überfordernde Rollen und Kontexte der Institutionen, in denen sie tätig waren und sind. Aber auch leitungsunerfahrene junge Erwachsene sind willkommen und finden ihren Platz in der Ausbildung.

Die Themenvielfalt, die uns in den Kursen begegnet, ist faszinierend. Ich möchte hier einige Schwerpunkte – nach dem 4-Faktoren-Modell geordnet – aufzählen. Im Anschluss an jeden Schwerpunkt lasse ich Teilnehmer/-innen zu Wort kommen:

ES-Aspekte:
Es werden deutliche Fragen an die Wertebasis der TZI gestellt, TZI wird mit anderen philosophischen und theologischen Ansätzen verglichen. Die jungen Menschen bringen ebenso großes historisches Interesse an der Entstehungsgeschichte der TZI und am Leben und Wirken Ruth Cohns mit.

GLOBE-Aspekte:
Politische und soziale Globes in der heutigen Zeit, das Leben im Medienzeitalter, die ökologische Situation der Erde und die veränderten Realitäten im Computer- und Medienzeitalter werden kritisch reflektiert.

Markus: In unserer TZI-Gruppe hatten wir endlich einmal Zeit, ernsthaft politische und ökologische Themen »themenzentriert« ohne Ausschweifungen zu diskutieren. Ruth Cohn hat mich unglaublich fasziniert (Teilnehmer/-innen sahen den Film: »Ruth Cohn« in der Reihe »Zeugen des Jahrhunderts«, Anm. der Verf.). Dass sie neben der psychoanalytischen Orientierung durch die Einbeziehung des Globes die politische Verantwortung des Menschen mit bedachte, macht die TZI zu einer ganzheitlichen Orientierung für mich.
Zum Stichwort Ökologie gibt es eine wichtige Erfahrung: mit der 2. Grundausbildung, der Gruppe in Laase im Wendland, erlebten wir unmittelbar einen Atommülltransport in das Zwischenlager Gorleben.
Lukas: Das Seminar an diesem Wochenende war massiv gestört. Die Art, wie die Gruppenleitung diese Störung aufgenommen hat, fand ich beeindruckend. Wir haben es geschafft trotz der gewaltigen Störung an einem Thema zu arbeiten, und hatten genug Raum, uns mit dem Thema Castor zu beschäftigen. Für das WIR war dieses machtvolle Erlebnis sehr positiv. Wir konnten uns alle in einer ganz anderen Situation kennen lernen, und ich hatte das Gefühl, dass dieses Ohnmachts-Globe-Gefühl uns alle sehr sensibel gemacht hat, auf die einzelnen Ichs einzugehen.

WIR-Aspekte:
Das gemeinsame Lernen mit TZI in einer festen Gruppe ist für viele junge Erwachsene ein ganz wichtiges Zentrum der Ausbildung. In Studium und Ausbildung bleibt heute wenig Zeit zum Innehalten, zum Nachsinnen über Begegnungen und für Beziehungspflege. Die Gruppe wird zum Ort intensiven Kennenlernens Gleichaltriger in oft ähnlichen Lebenssituationen, sie gibt nicht selten das Gefühl, endlich zu erleben, dass es den anderen im Studien- und Ausbildungsstress genauso geht, sie wird damit zur helfenden und entlastenden Instanz. Es zeigte sich oft, wie allein die jungen Menschen in ihren Studien- und Ausbildungssituationen sind, in überfüllten Vorlesungen und Seminaren und einem gewaltigen Leistungspensum ausgesetzt. Dagegen bildet die TZI-Ausbildungsgruppe einen gedeihlichen Raum besonderer Art: Die Gruppe wird häufig als einziges Übungsfeld für wichtige soziale Lernprozesse erlebt, für das Ausprobieren neuer Verhaltensweisen, für offene und neue Kommunikationsformen, für den Umgang mit eigenen und fremden Gefühlen, mit vielfältigen Anregungen für die Weiterentwicklung der Selbst- und Fremdwahrnehmung, für das Üben von Feedback und den Umgang mit Störungen und Konflikten.

> **Tanja:** Wichtig waren für mich Gespräche und Austausch mit anderen Seminarteilnehmern, offenes und anregendes Feedback, Offenheit der anderen Seminarteilnehmer, über ihre Probleme, Ansichten, Lösungen in Bezug auf sich selbst und auf die Gruppe (…) zu sprechen, die Möglichkeit, zu sehen, wie andere sich in der Gruppe verhalten und welche Vor- und Nachteile für die Gruppe bzw. den Einzelnen dies mit sich bringt; ich konnte oft nur staunen, welche vielfältigen Erfahrungen mit Menschen aus meinem »Lebensabschnitt«, mit ihren professionellen/ehrenamtlichen Gruppen und ihrem persönlichen Umfeld ich machen konnte.
> **Andrea:** Ich habe versucht, meine Position in der Gruppe gewinnbringend für den Gruppen- und Lernprozess zu nutzen, indem ich versucht habe, meine Vorkenntnisse an geeigneten Stellen mit einfließen zu lassen. Gruppendynamische Aspekte habe ich durch die Unterstützung der Leitung immer besser ver-

standen. In der offenen Atmosphäre mit den vielen gemeinsamen Gruppenaktionen habe ich sehr viel über mich, aber auch über Gruppendynamik insgesamt gelernt.
Ich bin froh, mich so eingelassen zu haben, mein in der Ausbildung geführtes Lerntagebuch ist meine persönliche »Bibel« geworden, ich bin froh, darin so viel fest gehalten zu haben.

ICH-Aspekte:
Die Umbruchsituationen in dieser Altersstufe, Auszug von zu Hause, erste Partnerschaften und auch erste Trennungen, Familiengründung, Mutterschaft, aber auch sehr viele Zukunftsängste, sind zentrale Themen. Das führt oft zum Durcharbeiten positiver, aber auch schmerzhafter Erfahrungen und zur Begleitung wichtiger persönlicher Entscheidungsprozesse. Ebenso ist die Suche nach eigener spiritueller Orientierung bedeutsam. In diesem Zusammenhang brauchen Projektions- und Übertragungsphänomene in der Erarbeitung im Gruppenprozess viel Zeit und ein gutes Containment der Leitung und der Gesamtgruppe. Es war und ist immer wieder beeindruckend, wie tragfähig und feinfühlig die Gruppe mit Konflikten und Schicksalen Einzelner in der Gruppe umgeht.

Judith: Ich bin froh, die TZI kennen gelernt zu haben, ich kann die drei Axiome der TZI mit vielen Aspekten meines christlichen Glaubens verbinden, mein Dialog mit Gott hat sich verändert; seit ich das Postulat der Chairperson kenne, beachte ich mehr meine eigenen inneren Stimmen, wenn ich Entscheidungen zu treffen habe. Ich bin irgendwie freier, aber gleichzeitig auch verantwortungsbewusster geworden (…).
Julia: Betrachte ich rückblickend die Erfahrungen, die ich in der TZI-Grundausbildung gemacht habe, kommt mir spontan das Wort »Schatz« in den Sinn. Durch die TZI habe ich einen Schatz entdeckt, mit dem ich nicht gerechnet habe: eine Haltung, die in kleinen Zügen bereits meinen privaten und beruflichen Alltag prägt (…). Einige wertvoll scheinende Objekte in dieser »TZI-Schatztruhe« kann ich noch nicht entziffern, es benötigt vermutlich Zeit und Hilfen (…), das Schöne ist, sie ist robust und überdauert auch stürmische Zeiten, das habe ich schon erfahren.

Aspekte, die Leitung betreffend:
Der Wunsch der jungen Erwachsenen, sich mit uns als Autoritätspersonen auseinanderzusetzen, bringt viel Nähe und Dynamik in die Kurse. So lassen wir uns mit unseren Erfahrungen, unserem Verständnis von TZI und auch mit unseren persönlichen Vorlieben, Stärken und Schwächen einfordern. Die Begegnung der Generationen ist ein zentrales Erlebensfeld für die Teilnehmer/-innen und für uns. Biographische Vergleiche bringen eine historische Themenvielfalt: Häufig sind die Leiter/-innen noch Kriegs- bzw. Nachkriegsjahrgänge und haben mit ihren Eltern, die in der Nazizeit lebten, viele Auseinandersetzungen geführt, oder waren aktive 68er, haben die Frauenbewegung mitgestaltet, Mauerbau und Mauerfall und natürlich auch Woodstock und die Beatles in ihren Ursprüngen erlebt.

Gleichzeitig rücken die Lebensgeschichte Ruth Cohns und damit die Entstehungsgeschichte der TZI ins Zentrum der Ausbildung. Die TZI als Haltung und Modell vermittelt sich auf dem Hintergrund dieser »erlebten Geschichte« konkret erfahrbar und nicht deduktiv gelehrt, also in bester TZI-Manier. Damit ist dieses Ausbildungsprojekt für mich ein faszinierendes Beispiel für das generationsübergreifende Lernen.

Christel: Die Leitenden waren sehr gute Anschauungsbeispiele. Zu sehen, wie andere leiten und was dabei gut klappen kann und wo auch diese sehr sattelsichere Leitung manchmal ins Rudern kommt, hat mich neugierig gemacht, mehr über »wahre Autorität« zu lernen, und auch den Leistungsdruck gemindert. Wichtig war für mich, dass so unterschiedliche Leiterpersönlichkeiten dabei waren. So hatte ich das Gefühl, dass für jede Situation die »richtige Person« dabei war: die zum Erzählen von früher, die zum Lernen, jemand zum Streiten, die zum Zurechtweisen, die, die zuhört, unterstützt und tröstet.
Max: Wichtig war, dass ich immer das Gefühl hatte, dass jedes Gruppenmitglied als Individuum wahrgenommen und mit all seinen/ihren Eigenheiten wertgeschätzt wurde. Dennoch, und das war für mich sehr wichtig, habe ich die Leitung meist als konstruktiv kritisch erlebt. In manchen Situationen hätte ich

von dieser Komponente auch noch mehr vertragen können – gerade weil die grundlegende Wertschätzung stets spürbar war, hätten sie für meinen Geschmack manchmal auch weniger »milde« sein dürfen. Die Leitung hat offenbar TZI gelebt, das war sehr beeindruckend für mich und nach dem Prinzip »Lernen am Modell« für meine persönliche Entwicklung sehr hilfreich.

Nach drei Grundausbildungen machten wir 2007/2008 eine erste Evaluation, in der es uns vor allem darauf ankam, zu prüfen, ob Organisationsform und Inhalte für die jungen Erwachsenen den Erfolg brachten, den wir uns in der Planung vorgestellt hatten. Erfolg maßen wir daran, in welcher Form die TZI in ihrer Haltung und Methodik ein Instrument zur persönlichen Entwicklung einerseits und als Planungs-, Methoden- und Reflexionsmodell andererseits für die jungen Menschen hilfreich und fördernd war. Wir waren erstaunt und erfreut über die überwiegend positiven Rückmeldungen. Zentral waren folgende Aspekte:

- die feste Ausbildungsgruppe als Homegroup, die Sicherheit, wichtige Herausforderung und Vertrauensbasis gleichermaßen bedeutete,
- die Unterstützung durch die Leitung, die durchweg als authentisch und in ihrer Haltung mit der TZI verbunden erlebt wurde, was endlich einmal die Möglichkeit bot, sich an der Eltern- und Lehrergeneration reiben und abarbeiten zu können, d. h. auch Konflikte in einem nicht wertenden Kontext austragen zu dürfen,
- das konkrete Einüben des Umgangs mit Störungen
- an der Selbstleitung und auch als Leiter/-in von Gruppensequenzen konkret, erfahrungsorientiert arbeiten zu dürfen,
- die Fallarbeit, die es ermöglichte, den eigenen Globe zu bearbeiten, dabei in der großen Methodenvielfalt neue Handlungsstrategien zu erlernen
- die TZI-Methode am eigenen beruflichen oder studentischen Globe reflektieren und auch erproben zu können und ein Methodenrepertoire zu erleben.

Einige Aspekte der Rückmeldung führten dazu, dass das Lehrbeauftragtenteam im Mai 2008 in Josefstal (Schliersee)noch einmal ein überarbeitetes Curriculum auf den Weg brachte, in dem die einzelnen Bausteine der Grundausbildung noch weiter ausdifferenziert wurden.

So wurden im P2-Kurs **Persönlichkeit und Leitung** Leitung und Autorität noch einmal im biographischen und im gesellschaftlichen Kontext deutlicher thematisiert, um eine breite Plattform für die Auseinandersetzung der jungen Erwachsenen in ihren beruflichen Kontexten zu ermöglichen. Konkret bedeutet das, Raum für Fallarbeit und Supervision bereitzustellen.

Im P3-Kurs **Gruppe, Konflikt und Standfestigkeit** entwickelten wir den Dreischritt: standhalten – dagegenhalten – durchhalten. Zu diesem Aspekt des Curriculums möchte ich eine Sequenz mit dem Thema *Mein Konfliktverhalten hat eine Geschichte, ich schaue zurück* vorstellen.

Wir begannen mit einer ganzheitlichen, zum Thema hinführenden Partnerübung zur Vertretung des eigenen Standpunkts: mit der *Nein-Doch*-Übung. In dieser Übung probierten die Teilnehmer/-innen ihre Standfestigkeit aus. Das »Alleine-auf-sich-gestellt-sein« im Kontakt mit der eigenen Stimme, mit Bodenkontakt und dem eigenen Repertoire an Durchsetzungsvermögen und einem Gegenüber, das eine konträre Meinung ebenfalls mit Kraft zum Ausdruck bringt, ist eine gute Modellsituation für unmittelbares Erleben in biographischen und aktuellen Kontexten.

Nach einer kurzen Resonanzrunde leiteten wir eine gelenkte Erinnerung ein, in der Bilder und Szenen aus der Biographie entstehen konnten und schließlich fokussiert wurden: *Findet eine typische Szene, die euer Verhalten in Konflikten deutlich macht.*

Gelenkte Erinnerungen sind eine gute Hilfe, zu innerer Aufmerksamkeit auf eigene Konflikte, Erfahrungen und erlernte Handlungsmuster zu stoßen, und sie bringen eine Zeit der Ruhe und Besinnung in einen Gruppenprozess. Der anschließende Eintrag des gefundenen Themenschwerpunkts in das Lerntagebuch bietet eine weitere Verankerung und Bewusstwerdung des eigenen Themas. Erst danach gehen die Teilnehmer/-innen in den Austausch mit den anderen Halbgruppen mit dem Thema: *Ich erzähle euch meine Szene. Ich bin in meinem Konfliktverhalten geprägt worden. Was ist mir heute noch hilfreich? Was habe ich abgelegt, was will ich dazulernen?*

In der dichten Atmosphäre der geleiteten Halbgruppen können die Teilnehmer/-innen sowohl aus der Betrachtung ihrer eigener Erfahrungen als auch aus der anderer Gruppenmitglieder lernen. Sie erleben sich im Spiegel der Gruppe und gelangen zu Erkenntnissen dessen, was sie ändern wollen, und probieren das im geschützten Raum der Gruppe auch aus. Was sie als wichtige Ressource aus ihren Erfahrungen mitnehmen können, erstaunt sie oft.

Maria: Mein Selbstwertgefühl steht noch auf wackeligen Beinen, aber es ist erwacht und ich lasse mir nicht mehr alles gefallen. Das habe ich deutlich beim »Nein-Doch«-Spiel während des letzten TZI-Seminars wahrgenommen. Ich habe versucht, mehr »Authentizität« im Privaten und in der TZI-Gruppe zu leben. Es fiel mir immer leichter, anderen meine für mich negativ besetzten Gefühle wie Trauer und Schmerz zu zeigen und meine Bedürfnisse mitzuteilen. Aufgrund der intensiven Auseinandersetzung mit mir kam ich nämlich unbefangener an meine Gefühle heran. Dadurch habe ich jedoch auch meine »Schutzhülle« verloren. Es fiel mir plötzlich schwer, »selektiv« authentisch zu sein. So habe ich teilweise Personen etwas von meinem Inneren gezeigt, denen ich es gar nicht anvertrauen wollte. Mich davor zu schützen sehe ich nun – angestoßen durch das letzte TZI-Seminar – als wichtige Aufgabe der Selbstleitung an. (...). Beim letzten Seminar konnte ich am meisten ich selbst und zugleich der Gruppe so nah sein wie noch nie zuvor. Mir schien, dass ich durch das Bei-mir-Bleiben mehr Kraft hatte und dadurch auch mehr geben konnte. (...). Dies war für mich eine sehr wichtige Erfahrung. Bisher lebte ich in Gruppen wie auch in anderen Beziehungen entweder die totale Abgrenzung, gepaart mit Schuldgefühlen und Angst vor Isolation, oder aber das totale Aufgehen in der Gruppe, das Zu-stark-bei-den-anderen-Sein, und dadurch den Selbstverlust. Es war für mich jedoch noch eine große Überwindung, zu meiner Autonomie zu stehen. Wenn jemand etwas von mir erwartet, was ich nicht erfüllen kann, bin ich immer noch unsicher, aber bei der Übung »Nein – Doch« habe ich, dadurch dass der Körper und die Stimme so mitbeteiligt waren, eine große Standhaftigkeit gespürt.

Das neue Curriculum der zweijährigen TZI-Grundausbildung in seiner Gesamtheit für junge Erwachsene 18–27 Jahre

I Entscheidungsworkshop

Die Teilnehmer/-innen erhalten einen Überblick über die Themenzentrierte Interaktion und über die Grundausbildung. Auf dieser Basis setzen sie sich mit folgenden Fragen auseinander: Was suche ich?
Welche Kompetenzen möchte ich entwickeln? Inwieweit stimmt das Angebot mit meinen Wünschen und Interessen überein?
Wie komme ich zu einer Entscheidung?

II Persönlichkeit und Entwicklung – P1

- Eigene und Fremdwahrnehmung sensibilisieren
- Umgang mit Gefühlen und Phantasien
- Die eigene Persönlichkeit und biographische Hintergründe wahrnehmen und reflektieren
- Eigenständiges Denken und Handeln fördern

III Methodische Grundlagen der TZI – M1

- Das Gruppenverständnis
- Grundannahmen und Werteorientierung: die Axiome
- Impulse zur Erweiterung von Wahrnehmung und Handlungsspielräumen: die Postulate
- Das Vier-Faktoren-Modell als Wahrnehmungs-, Reflexions- und Planungsinstrument
- Bedeutung und Funktion des Themas

IV Persönlichkeit und Leitung – P2

- Leitung und Autorität wahrnehmen und im biographischen und gesellschaftlichen Kontext verstehen

- Selbstständigkeit und Abhängigkeit, Macht und Ohnmacht im Gruppenprozess
- Übertragung, Gegenübertragung und Projektion erkennen und für den Lernprozess nutzbar machen
- Motive, Wünsche und Ängste beim Leiten
- Eigene Ressourcen entdecken und nutzen

V Gruppe, Konflikt und Standfestigkeit – P3

- Erlebte Gruppenprozesse untersuchen
- Eigene Strategien zur Vermeidung und Lösung von Konflikten bewusst machen
- Störungen und Konflikte deutlich machen und bearbeiten
- Standhalten, dagegenhalten, durchhalten
- Das Potenzial der TZI zur Konfliktprävention erschließen

VI Methode und Haltung
Prozess und Transfer – M3 und ZWS

- Prozessreflexion als Arbeitsinstrument
- TZI in den Kursen: Rückschau und Ertrag
- TZI in der eigenen Praxis: Transfer
- TZI als Haltung und TZI als Methode: ihre Potenziale und ihre Grenzen
- Auswertung der Zertifikatsarbeiten
- Abschluss der Grundausbildung und Zertifikatsverleihung

Arbeiteten und arbeiten wir heute noch ehrenamtlich, d. h., schenken wir unser Wissen und Können an die junge Generation weiter, so werden wir genauso bereichert durch das große Interesse, das uns entgegenkommt. Es ist spannend und eindrucksvoll, die jungen Erwachsenen mit ihren aktuellen Themen kennen zu lernen. Die Gruppe wird zum Forum der Auseinandersetzung mit den vier Faktoren der TZI – mit intensiver Arbeit am ICH und energischem und mutigem Zugang zur eigenen Persönlichkeit, mit Empathie und Solidarität und dem Wunsch nach besserem Verstehen von Gruppenprozessen im WIR, mit gründlicher Arbeit an den verschiedenen GLOBES, den persönlichen, den sozialen, den politischen, dem der

Universitäten und Hochschulen, mit einem wachen und oft auch kontroversen Vergnügen am Diskurs im ES.

Persönlich erlebe ich die Arbeit mit jungen Erwachsenen als beglückende Herausforderung. Mit meinen Erfahrungen und mit meiner »gelebten Geschichte«, nicht nur mit meinem TZI-Hintergrund, angefragt und auch hinterfragt zu werden löste bei mir einen neuen Prozess der Verarbeitung und Reflexion aus. Das ermöglichte mir eine neue Form der Begegnung mit der jungen Generation. Was ich dabei gelernt habe? Wie alt ich schon bin und auch noch wie jung. Wie groß die Welt ist, denn die jungen Erwachsenen leben selbstverständlich in der globalisierten Welt. Wie wichtig es ist, politisch wach zu sein und ein wertegebundenes Geschichtsverständnis zu haben und als Zeitzeugin vermitteln zu können. Wie viel ich und wir alle von der jungen Generation lernen können und vice versa. Nicht zuletzt: mit welchem Mut sich diese jungen Menschen der ökologischen und ökonomischen Situation aussetzen und für Veränderungen im Privaten und im Beruflichen einsetzen.

In den schriftlichen Hausarbeiten reflektieren sie erste Versuche der Umsetzung von Elementen der TZI häufig im beruflichen Globe. An der Schwelle zum Berufseinstieg wird die TZI als Herausforderung und Chance gleichermaßen erlebt. Ich stelle hier einige Arbeiten und Feedbacks vor:

1. Wer den Globe kennt, kann seine Spielräume nutzen

Theresa beschreibt in ihrer Zertifikatsarbeit sehr ausführlich ein TZI-Seminar an der Universität, das sie zusammen mit einer Kollegin plante und leitete. Es war ein Angebot für Kommiliton/-innen. Das Thema hieß *Rahmenbedingungen erfolgreicher Kooperation I: Soziale Kompetenz.* Sie zentriert ihre Planung, Durchführung und Reflexion dieser Arbeit um den Globe. Ein interessanter und kreativer Blick, ein logischer und sinnvoller zugleich.

2. Ein Literaturkurs an der École d'Humanité: »Was alle angeht, können nur alle lösen«

Anna konnte ein Praktikum an der École d'Humanité absolvieren und eine Schülergruppe in einem Literaturkurs begleiten. Sie setzte sich intensiv mit ihrer eigenen Chairperson und der ihrer Schüler/-innen auseinander und bestimmte im Verständnis von Selbstleitung und Selbstverantwortung ihre pädagogische Arbeit.

3. Störungen klopfen an – stören sie?

Dieser Frage geht Julia nach, die an der Universität als Tutorin ein Theaterseminar leitet und an Grenzen kommt. Sie zeigt dann ihre Bereitschaft, mit Konflikten kreativ umzugehen. Nach der ersten Begeisterung der Student/-innen für das Projekt kommt es zunehmend zu Unregelmäßigkeiten, sodass die ganze Arbeit zu scheitern droht. Julia versucht nun, die Ereignisse mit Hilfe des Vier-Faktoren-Modells und des Störungspostulats zu reflektieren, nimmt sich und ihre hohen Erwartungen kritisch mit in den Blick und entwickelt eine Alternative.

4. TZI an Wirtschaftshochschulen – Entwicklung eines persönlichen Lehrleitfadens

Um Wandel und Veränderung, um *Lebendiges Lernen mit TZI* auch im Hochschulkontext geht es im nächsten Beispiel:

> **Florian:** Ich sehe mich »toten Räumen« gegenüber, denen ich gerne Leben einhauchen würde; und das nicht irgendwo, sondern an Wirtschaftshochschulen. Dazu möchte ich eine Themenverschiebung in der wirtschaftswissenschaftlichen Hochschulausbildung vorantreiben, hin zur Akzeptanz einer Sicht auf den Menschen, die eher den Axiomen der TZI als der Definition des Homo oeconomicus entspricht. (…) ich möchte (Anm. der Verf.) als zukünftiger Hochschullehrer (…) mit meinen aktuellen Kursen etwas zur Verbreitung der TZI beitragen. Ich bin der Meinung, dass gerade die Ausbildung einer humanistischen Haltung in der betriebswirtschaftlichen Hochschulausbildung zu kurz kommt. In den meisten Curricula ist eben kein Platz für Persönlichkeitsbildung; das, was wir oft als »Soft Skills« bezeichnen. Stattdessen bombardieren wir unsere Studenten mit Informationen, die es auswendig zu lernen gilt und (…) die in der Klausur abzurufen sind. Auch an diesem Punkt möchte ich ansetzen.

In den Rückmeldungen zur Bedeutung der TZI-Grundausbildung im Berufsfeld finden sich immer wieder folgende Punkte:

- Das Verständnis von Gruppenleiten hat sich stark verändert, die Leitungsrolle wird am Postulat der Chairperson orientiert, die erweiterte Eigen- und Fremdwahrnehmung stärken das eigene Verantwortungsgefühl und entlasten dort, wo Verantwortung bei den andern gesehen und eingefordert wird.
- Die reichhaltigen Übungen im Umgang mit Konflikten und Störungen haben die jungen Erwachsenen mutiger gemacht, Stellung zu beziehen, Schwächen einzugestehen, in schwierigen Situationen, denen sie früher ausgewichen wären, standzuhalten, sich einzusetzen für wertgebundene Arbeits- und Handlungsformen.
- Die Teilnehmer/-innen betonen, klarer und offener zu kommunizieren, eine Feedback-Kultur fördern zu wollen und themenzentriert Schwerpunkte in Gruppensituationen setzen zu können und diese auch einzufordern. Dabei machen sie die Erfahrung, wie entlastend das ist, wie sie Ressourcen gewinnen und Beziehungen positiver gestalten können.
- Sie setzen sich das Ziel, für humanistische Werte einzustehen, ohne sich aber im Kampf darum *umzubringen* (wie es eine Teilnehmerin schreibt), denn: *Wir sind nicht allmächtig, wir sind nicht ohnmächtig, wir sind teilmächtig,* diesen wichtigen Leitsatz haben die jungen Erwachsenen von Ruth Cohn besonders häufig mit in ihr Leben genommen.

Zum Schluss möchte ich Anja zu Wort kommen lassen:

> **Anja:** Ich möchte hier nochmals betonen, dass ich die »Grundausbildung für junge Erwachsene« für eine sehr tolle und unterstützenswerte Idee halte. Erstens wäre ich ohne so eine explizite Ansprache »an junge Erwachsene« nie auf die Idee gekommen, an einer solchen Ausbildung teilzunehmen. Zweitens wäre es für den Großteil von uns wirklich nicht bezahlbar, wenn das Programm nicht so stark vergünstigt angeboten würde. Daher auch nochmals mein Danke an unsere Trainer und an alle im RCI, die

sich hier ehrenamtlich und mit so viel Engagement an diesem Projekt beteiligen. Ich bin mir auch sicher, dass sich das für das RCI und die Idee der TZI »auszahlen« wird, auf diese Art und Weise junge Menschen begeistert und als Nachwuchs »herangezogen« zu haben. Zumindest kann ich für mich selbst sagen, von der TZI begeistert worden zu sein und dass ich auch in Zukunft Interesse habe, der TZI und dem RCI verbunden zu bleiben.

Hinweise auf aktuelle Ausbildungsprogramme für junge Erwachsene und auf die Stiftung *Ruth Cohn zur Förderung junger Erwachsener* erhalten Sie auf der Homepage des Instituts:
www.ruth-cohn-institute.org

18 Zum aktuellen Stand der TZI

Ein Beitrag von Dietrich Stollberg

Seit 1955, als Ruth C. Cohn in den USA die Themenzentrierte Interaktion (TZI) zu entwickeln begann, 1972, als der internationale Fachverband (das Werkstatt-Institut für Lebendiges Lernen, »WILL«, heute Ruth-Cohn-Institut, »RCI«) in der Schweiz gegründet wurde, und 1991, als Barbara Langmaacks Buch zum ersten Mal erschien, sind Jahre vergangen. Die sozialpsychologische Situation scheint sich seitdem in mancher Hinsicht geändert zu haben. Trotzdem hat sich das vorliegende Buch innerhalb der inzwischen recht umfangreichen Fachliteratur zur TZI als der absolute »Renner« und in gewisser Beziehung als fast zeitlos erwiesen. Es wird deshalb zu Recht neu aufgelegt.

Freilich haben sich manche Probleme, die beim Entstehen sowohl der TZI als auch dieses Buches von großer Bedeutung waren, wenn nicht erledigt, so doch gewandelt. Deshalb seien einige aktuelle Aspekte angesprochen. Die für die TZI grundlegende *Einstellung* ging ja nicht zuletzt aus den historisch-konkreten *Erfahrungen* einerseits von Diktatur, Pogrom, Flucht und Holocaust, andererseits aus der mit diesen Erfahrungen ebenfalls verbundenen Humanistischen Psychologie und der antiautoritären Emanzipationsbewegung (Flowerpower, »68er«) hervor. Damals bestand z.B. die Notwendigkeit, Menschen das *»Ich«-Sagen* zu lehren, damit sie mehr *Verantwortung für sich selbst* übernehmen und sich weniger über Gehorsam und andere definieren. Autonomie war ein wichtiges Thema. Im »narzisstischen Zeitalter« (Chr. Lasch) eines ausgeprägten Individualismus können viele zwar sehr gut eigene Interessen vertreten, lassen jedoch eine ausreichende *soziale Wahr-*

nehmung und das *»Wir-« oder »Gemeinschaftsgefühl«* (A. Adler) bzw. *Solidarität* vermissen.

Der Akzent innerhalb des *»ersten« TZI*-Dreiecks (dynamisches Gleichgewicht von Thema, Ich und Wir im Umfeld) wird heute vielleicht eher auf dem Wir als auf dem Ich liegen müssen. Einst selbstverständliche soziale Tugenden müssen neu eingeübt werden. Man kann allerdings zu Recht fragen, ob die Menschen heute tatsächlich autonomer seien als 1972. Beobachtbare symbiotische Tendenzen (z. B. »Hotel Mama«) sprechen dagegen. Ist also die »Befreiung zum Ich« nicht nach wie vor nötig?

Allerdings bedeuten weder Narzissmus noch Selbstlosigkeit, zwei gar nicht so seltene Extremformen von »Ich« und »Wir«, eine Lösung des Problems konstruktiven Zusammenlebens und -arbeitens, auch nicht ihre Balance, sondern es bedarf mindestens eines weiteren Faktors, der Ich und Wir *relativiert:* des *Themas* bzw. der *gemeinsamen Aufgabe. Sachlichkeit* wird in der TZI nicht, wie manche meinen, ausgeblendet oder gar aufgegeben, sondern präziser gefasst: Je bewusster die Eigeninteressen der Beteiligten zur Erreichung des gemeinsamen Ziels einkalkuliert und von ihnen verantwortet werden, desto sachgemäßer lässt sich arbeiten.

Auf TZI-Kursen werden Ich und Wir oft selbst zum Thema: So weit, so gut, weil Selbsterfahrung ein wichtiger Bestandteil des TZI-Lernens ist. Die TZI macht jedoch erst dann Sinn, wenn sie zur Bewältigung von Sachthemen – z. B. zur konsequenten Bearbeitung der trockenen Tagesordnung der Mitgliederversammlung eines TZI-Vereins – eingesetzt wird. Auf einem TZI-Kurs ein bisschen »herumzuspielen« mag der Einübung einer neuen und alternativen Haltung dienen. Bewähren muss sie sich im Alltag. In dieser Hinsicht ist die TZI nach wie vor höchst aktuell, ja vielleicht noch nicht einmal bei allen Anhänger/-innen angekommen. Der gefühlsbetonte Pionier der TZI Norman Liberman sagte mir einmal: »People want to *play*.« TZI will helfen, dass Menschen spielend miteinander arbeiten und arbeitend miteinander spielen.

Hier zeigt sich dann auch, dass (und ob) TZI nicht nur ein bisschen Erlebnislernen mit möglichst vielen und abwechslungsreichen Methoden aus der pädagogisch-didaktischen Trickkiste, sondern eine grundsätzlich andere *Einstellung (Haltung)* zu gemeinsamer und sachgemäßer Arbeit, zu sich selbst, zu den anderen Mitgliedern der Gruppe *und* zum *Umfeld* ist.

Auch in dieser Hinsicht ist (TZI-didaktisch) noch viel zu tun: *Wie* integrieren heute die mit der TZI arbeitenden Menschen nicht nur die Qualität des Raumes und anderer äußerer Bedingungen, in denen man sich begegnet, den individuellen Lebens- und aktuellen Leidenshintergrund der Mitglieder in das interaktionelle Geschehen hier und jetzt, sondern auch die politische Lage und vor allem diesbezügliche *Differenzen* in die Kooperationsprozesse? Und wie spiegelt sich dieses – teilweise unausgesprochene – *Umfeld* in der Gruppensituation? Diesbezüglich stehen der TZI große und bisher kaum bearbeitete Potenziale offen.

In diesen Zusammenhang gehört auch das Problem der *Leitung.* Ich sehe hier quasi einen Geburtsfehler der TZI, insofern von Ruth Cohn wie von den meisten ihrer Schüler/-innen einerseits stets die Notwendigkeit einer klaren Führung durch einen Leiter oder eine Leiterin betont, andererseits aber als ganz essentiell die »Chairpersonship« jedes einzelnen Gruppenmitglieds gefordert wurde bzw. wird: Jede und jeder hat hier den Vorsitz. Das sog. Chairperson-Postulat konstituiert jede Gruppe, die themenzentriert-interaktionell arbeiten will, als eine Versammlung von gleichberechtigten Leiter/-innen – auch wenn dieser *Verzicht* auf die (womöglich rotierende) Delegation der Führung an einen oder zwei Mitglieder *Konflikte* einschließt.

Immer wieder ist die TZI von Ruth Cohn als »die Kunst, *sich selbst und andere* zu leiten« bezeichnet worden, als ein radikal demokratisches und partnerschaftliches Verhalten also, dem nicht sogleich dadurch die Spitze abgebrochen werden sollte, dass die Mitglieder ihre Leitungs-*Mitverantwortung* wieder delegieren, sich genüsslich zurücklehnen und abwarten, was die nächste Sitzung und die Leitung denn bringen werden. Je mehr Leitung durch andere, desto weniger *Eigeninitiative.* Selbstverständlich wird man hinsichtlich der hier geforderten *Mündigkeit* große *Unterschiede* machen müssen: etwa zwischen einer Grundschulklasse und einer Gruppe von Mitarbeiter/-innen aus dem sozialen Bereich. Leider lässt sich in unserer »verschulten Gesellschaft« (E. Spranger, I. Illich) jedoch immer wieder beobachten, dass selbst erfahrene Führungskräfte in einer Gruppe Gleichberechtigter ohne klare Leitungshierarchie und ohne ihre eigene besondere Führungsrolle hilflos regredieren, nach straffer Leitung rufen und entweder völlig undemokratisch oder auf dem rein formaldemokratischen Weg einer Wahl vielleicht sogar selbst die Führung zu übernehmen versuchen. Dass es für viele in unserer Gesellschaft nach wie vor kaum vorstellbar ist, mit anderen im Sinne »geteilter Leitung« (»shared leadership«) ohne Delegation von Führungsaufgaben konstruktiv zusammenzuarbeiten, erfüllt mich mit Besorgnis. Wie weit ist der antiautoritäre Impuls Ruth Cohns überhaupt verstanden worden? Die – letzten Endes politischen – Aufgaben, die der TZI aus dieser Situation zuwachsen, sind kaum erkannt, geschweige denn gelöst.

Das *»zweite« cohnsche TZI*-Dreieck (Struktur, Prozess, Vertrauen) gehört in diesen Kontext. Wird eine basisdemokratische Gruppe durch ihre Aufgabe (»Thema«) und die Konzentration aller darauf geleitet, so bedarf es doch einer Reihe weiterer Faktoren, die Zusammenarbeit erst ermöglichen, z. B. einer von allen bejahte *Ordnung* (»Struktur«: etwa der beabsichtigten Arbeitsschritte und des zeitlichen Ablaufs), des Eingehens auf die *organische Entwicklung* der sozialen und thematischen Abläufe (»Prozess«: im Gegensatz zu einem pseudosachlichen Durchpauken von Tagesordnungspunkten z. B.) und des *Vertrauens* zwischen allen an dem Projekt Beteiligten wenigstens hinsichtlich der für die Lösung der gemeinsamen Aufgabe nötigen Informationen und Verhaltensweisen.

Gerade das Stichwort »Vertrauen« weist hin auf die Notwendigkeit, bei aller Begeisterung für Mitmenschlichkeit und gegenseitige Verständigung *realistisch* zu bleiben, sich selbst und andere nicht zu überfordern und an die auch von Ruth Cohn immer wieder zitierte Einsicht W. Reichs zu erinnern, dass jede *Wahrheit* alsbald ihre *Gegenwahrheit* hervorbringt. Im TZI-Modell lässt sich dies als das jeweilige Verhältnis von Dreiecken und *Schatten*dreiecken darstellen: Wo man Vertrauen bräuchte, ist Misstrauen nicht weit; wo das Ich gefragt ist, meldet sich alsbald Egoismus; wo es um das Thema geht, lauert die Unsachlichkeit, usw. Wo TZI angemessen praktiziert wird, bleiben die Beteiligten realistisch. *Realistische Zusammenarbeit* ist nach wie vor ein nicht leicht zu erreichendes TZI-Ziel.

Möge Barbara Langmaacks Buch weiterhin so erfolgreich wie bisher dazu beitragen, Autonomie und Solidarität so zu fördern, dass Zusammenarbeit Freude macht und Gutes bewirkt!

Fürth, August 2010 Dietrich Stollberg

LITERATUR

Im Text verarbeitete und erwähnte Literatur

Adler, Alfred: Menschenkenntnis. Fischer, Frankfurt 1966 (Original 1927).

Antoch, Robert E.: Von der Kommunikation zur Kooperation. Fischer, Frankfurt 1989.

Arendt, Hanna: Vita activa. Piper, München 1981.

Barth, Hans-Martin: Wie ein Segel sich entfalten. Chr. Kaiser Verlag, München 1979.

Baumgartner, Isidor (Hrsg.): Pastoralpsychologie. Einführung in die Praxis heilender Seelsorge. Patmos, Düsseldorf 1990.

Belz, Helga: Auf dem Weg zur arbeitsfähigen Gruppe. Matthias-Grünewald-Verlag, Mainz 1988.

Betz, Otto & Betz, Felicitas: Tastende Gebete. Texte zur Ortsbestimmung. Pfeiffer, München 1982, 4. Auflage.

Bodenheimer, Aron Ronald: Warum? Von der Obszönität des Fragens. Reclam, Stuttgart 1985.

Böhme, Gernot: Briefe an meine Töchter. Insel-Verlag, Frankfurt a.M./Leipzig 1995, 1. Auflage

Brocher, Tobias: Gruppendynamik und Erwachsenenbildung. G. Westermann Verlag, Braunschweig 1980.

Brühlmann-Jecklin, Erica: Das Mögliche tun. Zytglogge Verlag 2010

Cohn, Ruth C.: Von der Psychoanalyse zur Themenzentrierten Interaktion. Ernst Klett Verlag, Stuttgart 1975.

Cohn, Ruth C.: Es geht ums Anteilnehmen. Herder Verlag, Freiburg i. Br. 1989.

Cohn, Ruth C.: Brief an Barbara Langmaack vom 19.7.1990.

Cohn, Ruth C.: Autismus oder Autonomie. In: Von der Psychoanalyse zur Themenzentrierten Interaktion. Ernst Klett Verlag, Stuttgart 1975.

Cohn, Ruth C. und Farau, A.: Gelebte Geschichte der Psychotherapie. Klett Cotta, Stuttgart 1984 und 1989.

Festschrift für Ruth C. Cohn. Gesellschaft für Humanistische Psychologie (Hrsg.). Zeitschrift für Humanistische Psychologie 4, 1980.

Eicke, Dieter: Der Körper als Partner. Kindler Verlag, München 1973.

Fatzer, Gerhard: Ganzheitliches Lernen. Humanistische Pädagogik und Organisationsentwicklung. Junfermann-Verlag, Paderborn 1987.

Frankl, Viktor E.: Das Leiden am sinnlosen Leben. Herder Verlag, Freiburg 1977.

Dirks, Walter: Das schmutzige Geschäft. Walter Verlag, Olten 1964.
French, W.L. und Bell, D.H.: Organisation development. Englewood Cliffs, N.Y. 1973.
Goldstein, K.: Der Organismus als Aufbau. Martinus Nijhoff, Den Haag 1934.
Greiwe, Wolfgang (Hrsg.): Das Bild vom Menschen in der neuen Gruppenarbeit. Loccumer Protokolle 22/88, Rehburg-Loccum 1989.
Hesse, Hermann: Demian. Suhrkamp, Frankfurt 1977.
Hampden-Turner, Charles: Modelle des Menschen, Beltz Psychologie Verlags Union, München/Weinheim 1966.
Jahoda, Maria: Interview. In: Psychologie-heute-Red. (Hrsg.): Geschafft: Über Arbeit und Freizeit. Beltz Verlag, Weinheim und Basel 1985.
Kant, Immanuel: Was ist Aufklärung? Berlinische Monatshefte 1784.
Klages, Helmut: Wertedynamik. Über die Wandelbarkeit des Selbstverständlichen. Edition Interfrom, Zürich 1988.
Keupp, Heiner: Identitätskonstruktionen. Rowohlt, Reinbek 1999.
Klemmer, Gemot: Lebendiges Lernen im naturwissenschaftlichen Unterricht. IPN-Arbeitsberichte. Kiel 1985.
Krämer, Manfred: Jugend zwischen Gewalt und Gewaltlosigkeit. Ein Unterrichtsprojekt mit TZI und Karate. In: TZI. Pädagogisch-therapeutische Gruppenarbeit, hrsg. v. Löhmer/Standhardt. Stuttgart 1995, 3. Auflage.
Krämer, Manfred: Schulalltag und politische Bildung. In: Festschrift 125 Jahre Pestalozzi-Fröbel-Haus, hrsg. v. Erika Sommer. Berlin 1999.
Kroeger, Matthias: Themenzentrierte Seelsorge. Verlag W. Kohlhammer, Stuttgart 1989.
Kroeger, Matthias: Modell der Selbstsupervision im TZI. In: Themenzentrierte Seelsorge. Stuttgart 1983.
Kügler, Hermann: Die Schlüsselmethode in Persönlichkeitsgruppen nach TZI. In: Frielingsdorf, Karl: Mein Leben annehmen. Der pastoraltherapeutische Impuls der Schlüsselmethode. Mainz 1993a, S. 132–143.
Ders.: Die inneren Bewegungen unterscheiden. Zu Lernziel und Psychodynamik der Ignatianischen Exerzitien. In: Lebendige Katechese 15, 1993 b, S. 69–75.
Ders.: Probleme heutiger Priester- und Ordensausbildung. In: Stimmen der Zeit 215, 1997, S. 160–170.
Ders.: Persönlichkeitsarbeit in der Ausbildung katholischer Priester und Ordensmitglieder. In: TZI 2/1998, S. 107–120.
Kühlewind, Georg: Vom Normalen zum Gesunden. Verlag Freies Geistesleben, Stuttgart 1983.
Künkel, Fritz: Das Wir. Verlag Friedrich Bahn, Schwerin 1939.
Langmaack, Barbara: Aufeinander hören – miteinander sprechen. Zeitschrift für Gruppenpädagogik 3/78. Akademische Verlagsgesellschaft, Wiesbaden 1978.
Langmaack, Barbara: Mein wichtigstes Handwerkszeug bin ich selbst. Materialien zur Gruppenarbeit, Heft 5. Kübel-Stiftung, Bensheim 1984.

Langmaack, Barbara & Braune-Krickau, Michael: Wie die Gruppe laufen lernt. Beltz Psychologie Verlags Union, Weinheim, 5. Aufl. 1995.
Ludwig, Karl Josef (Hrsg.): Im Ursprung ist Beziehung. Theologisches Lernen als themenzentrierte Interaktion. Matthias-Grünewald-Verlag, Mainz 1997.
Maslow, Abraham H.: Psychologie des Seins. Kindler Verlag, München 1973.
Matzdorf, Paul & Cohn, Ruth C.: Themenzentrierte Interaktion. In: R. Corsini (Hrsg.). Handbuch der Psychotherapie, Bd. 2 (S. 1272–1314). Psychologie Verlags Union, München und Weinheim, 2. Aufl. 1987.
Neddens, Martin C. & Wucher, Waldemar: Die Wiederkehr des Genius Loci. Bauverlag, Wiesbaden und Berlin 1987.
Neubert, H.: Themenzentrierte Interaktion oder die Dramaturgie »Lebendigen Lernens«. In: Grundschule, Heft 7/8, 1985.
Nozick, Robert A.: The identity of the self. Oxford 1981.
Ockel, Anita: Abenteuer. In: Anfänge in Gruppen, Heft 1, Eigenherausgabe WILL-Niedersachsen, S. 22, 1978.
Platzer, Karl: Fortbildung und Ausbildung von Lehrern: Lehrerausbildung und Unterricht mit TZI. In: TZI-Zeitschrift, 1. Jahrg., 1 Sept. 87, S. 50–56.
Raguse, Hartmut: Was ist Themenzentrierte Interaktion. In: Gruppenarbeit themenzentriert. Matthias-Grünewald-Verlag, Mainz, 1987.
Richter, Horst Eberhardt: Flüchten oder Standhalten. Rowohlt, Reinbek 1972.
Riemann, Fritz: Grundformen der Angst. Ernst Reinhardt Verlag, München 1961.
Rietz, Ulrike & Schaper, Janne: Humanisierung der Schule – über die Umsetzung humanistischer Ideen im Schulalltag. In: Ulrich Völker (Hrsg.): Humanistische Psychologie. Beltz Verlag, Weinheim 1980.
Rogers, Carl: Entwicklung der Persönlichkeit. Klett-Cotta, Stuttgart 1989.
Rogers, Carl: Lernen in Freiheit. Kösel Verlag, München 1984.
Saint-Exupéry, Antoine de: Der kleine Prinz. Karl Rauch Verlag, Düsseldorf 1953.
Satir, Virginia: Selbstwert und Kommunikation. Pfeiffer Verlag, München 1988.
Schaffer, Ulrich: Entdecke das Wunder, das du bist. Kreuz Verlag, Stuttgart 1987.
Scharer, Matthias: Gott entdecken statt vermitteln. Theologische Hermeneutik themenzentrierter Interaktion. In: TZI 2/1993, S. 41–51.
Schmidbauer, Wolfgang: Ich in der Gruppe. Otto Maier Verlag, Ravensburg 1975.
Schneider-Landolf, M., Spielmann. J., Zitterbarth, W. (Herausg.) Handbuch Themenzentrierte Interaktion (TZI), Vandenhoek und Ruprecht, 2010.
Ein Sammelband, in dem ca. 40 Autoren das System der TZI erläutern und mit Anwendungsbeispielen in die Praxis einführen.
Schreyögg, Astrid: »Globe« die unbekannte Größe. In: Themenzentrierte Interaktion, Heft 1, 1993, S. 12–28.
Schulz, Martin: Humanität und Menschenwürde. Die Faehre, Düsseldorf-Kaiserswerth 1946.
Schulz von Thun, Friedemann: Miteinander reden, Störungen und Klärungen. Rowohlt Taschenbuch Verlag, Reinbek 1981.

Schulz von Thun, Friedemann: Miteinander reden, Kommunikationspsychologie für Führungskräfte, Rowohlt Taschenbuch Verlag, Reinbek 2000.
Shaffer, John B.P. & Galinsky, M. David: Handbuch der Gruppenmodelle 1. Burckhardthaus-Verlag, Gelnhausen/Berlin. Christophorus-Verlag, Herder, Freiburg i. Br. Laetare-Verlag, Stein bei Nürnberg 1977.
Steffensky, Fulbert: Feier des Lebens. Kreuz Verlag, Stuttgart 1988.
Stollberg, Dietrich: Lernen weil es Freude macht. Kösel-Verlag, München 1982.
Themenzentrierte Interaktion. Zeitschrift, 1. Jahrgang, Sept. 1987, Heft 1, WILL-INTERNATIONAL (Hrsg.).
Watzlawick, Paul & Beavin, Janet H.: Menschliche Kommunikation. Verlag Hans Huber, Bern 1974.
Wex, Marianne: »Weibliche« und »männliche« Körpersprache als Folge patriarchalischer Machtverhältnisse. Verlag Marianne Wex, Frankfurt 1980.
WILL-Bibliographie, erweiterte Neuauflage der 1.–4. Lieferung 1984. Ca. 200 Titel verschiedener Autoren zur Themenzentrierten Interaktion. Theorie, Praxisberichte und kritische Auseinandersetzungen.

Weiterführende und vertiefende Literatur

Corsini, Raymond (Hrsg.): Handbuch der Psychotherapie. Psychologie Verlags Union, Weinheim, 4. Aufl. 1994.
Geißler, Karlheinz A.: Anfangssituationen. Max Hueber Verlag, München 1983.
Haller, Wilhelm: Die heilsame Alternative. Peter Hammer Verlag, Wuppertal 1989.
Lowen, Alexander: Bio-Energetik. Rowohlt Taschenbuch Verlag, Reinbek bei Hamburg 1979.
Lowen, Alexander: Der Verrat am Körper. Rowohlt Taschenbuch Verlag, Reinbek bei Hamburg 1982.
Mettler – von Meibom: Gelebte Wertschätzung: Eine Haltung wird lebendig. Kösel, 2. Aufl. 2010
Meueler, Erhard: Erwachsene lernen. Klett-Cotta, Stuttgart 1982.
Rattner, Josef: Klassiker der Tiefen-Psychologie. Psychologie Verlags Union, München/Weinheim 1990.
Schulz von Thun, Friedemann: Klärungshilfe. Rowohlt Taschenbuch Verlag, Reinbek bei Hamburg 1988.
Schwenk, Theodor: Das sensible Chaos. Verlag Freies Geistesleben, Stuttgart 1962.
Sölle, Dorothee: Phantasie und Gehorsam. Kreuz-Verlag, Stuttgart 1968.
Yalom, Irvin: Theorie und Praxis der Gruppenpsychotherapie. Verlag J. Pfeiffer, München 1989.

Personen- und Sachregister

Adressen der Autoren

Elisabeth Gores-Pieper
Coaching & Consulting
Friedrichstraße 127,
10117 Berlin
office@gores-pieper.de

Heidi Greving
Gretherstraße 21
79539 Lörrach
Heidi.greving@t-
online.de

Barbara Langmaack
An der Alster 39
20099 Hamburg
Ulrike Rietz
Hähnelstr. 2
12159 Berlin
beratung@ulrike-rietz.com

Prof. Dr. Dietrich Stollberg
Lilienstr. 10
90762 Fürth
Dietrichstollberg@web.de

Der Mensch in der Gruppe

Otto Marmet
Ich und du und so weiter
Kleine Einführung in die Sozialpsychologie
16. Auflage 2020. EUR 14,95
112 Seiten. Broschiert.
ISBN 978-3-621-28506-3

Dieses Buch ist auch als E-Book erhältlich
ISBN 978-3-621-28508-7

Was ist eine Gruppe, was eine soziale Rolle? Was heißt eigentlich Kommunikation? Otto Marmets kleiner Abriss der Sozialpsychologie führt anschaulich und leicht verständlich in die wichtigsten Grundbegriffe ein. Vorkenntnisse und Fremdwörterbuch sind nicht nötig!

»Das Buch wendet sich an alle, für die sozial- und gruppenpsychologische Grundkenntnisse eine wichtige Voraussetzung ihrer beruflichen Tätigkeit darstellen. Alltagsnah und anschaulich geschrieben, ist es für praxisbezogene Eltern- und Erwachsenenbildung sowie für die Verwendung im Schulunterricht (Oberstufe) geeignet.«

Zentralblatt Neurologie – Psychiatrie